税務行政における
ネゴシエーション

The Negotiation in the Tax Administration

日税研論集
Journal of Japan Tax Research Institute

VOL 65

研究にあたって

早稲田大学教授　首藤　重幸

　近時，先進各国において，税務行政過程や税務争訟における紛争を課税庁と納税者の合意にもとづいて解決・終結させる手法が積極的に採用され，もしくは拡大されてきている状況がある。先進諸国においても厳然として合法性の原則が存在している点では日本と差異がないにもかかわらず，そこでは，なぜ合法性の原則と矛盾する側面を有する合意による納税義務の終結という手法が広く容認されるのであろうか。日本における租税法理論史の伝統的表現をつかえば，先進諸外国において，税務行政過程や税務訴訟の領域で広く「和解」が認められている根拠は何であろうかということである。

　わずかな修正も許さぬかにみえる租税法律主義原則の具体化たる合法性の原則は，戦後日本における公正な税務行政の実現にとって重要な機能をはたしてきたことは疑いない。しかし，時代や状況の変化に対しても不変という法原則など存在しえるものではなく，すでに合法性の原則も国民の信頼保護（信義則）のまえに制限をうけることがあることは最高裁判決の認めるところである。この関連でいえば，税務行政過程や税務争訟における和解の問題は，信頼保護（信義則）による制限の次に登場してきた，合法性の原則の制限の可能性を本格的に問題とするものであるともいえる。

　本研究が「税務行政におけるネゴシエーション」という研究題目を設定したのは，戦後の租税法における和解について研究蓄積を踏まえながらも，そこでの和解の可能性に関する極めて消極的な評価やイメージから一定の距離をおいて検討作業をするためである。とくに，従来の行政法や租税法おける和解の研究の関心は，主として抗告訴訟における裁判上の和解の可能性についてのものであり，税務行政過程での和解については十分な検討作業をしてきたとは言い難い。このような状況のなかで使用されてきた消極的イメージが付着する「和解」という用語から離れて，従来の和解も含む，課税庁と納

税者の協議や合意による租税の法関係の終結にむけての行動・現象を，広く「ネゴシエーション」という用語でとらえて自由に検討してみようとする観点から，本研究を「税務行政におけるネゴシエーション」というテーマで進めることにしたものである。

　本研究では，いまだ税務行政過程と税務訴訟における「ネゴシエーション」現象を，正確に体系的に検討する地点には到達できていない。しかし，すくなくとも，先進各国の税務行政・争訟において課税庁と納税者のネゴシエーションが，どのようなスタイル・レベルで展開しているのかを紹介することで，ネゴシエーションに関わる日本の税務行政の，世界地図のなかでの位置を測定する材料を提供できるのではないかと考えている。

　「税務行政の効率化」という税務行政の課題は，常に合法性の原則のまえでは沈黙を強いられるものではなく，その課題が納税者の権利保護と両立しうるものであるならば，合法性の原則の一部を修正するに十分な価値を有するものであるといえる。諸外国の税務行政におけるネゴシエーションの手法の採用・拡大は，まさしく，この納税者の権利を守りながら税務行政の効率化を実現しようとするものであるとの評価が可能である。租税法におけるネゴシエーションの研究は，これまで租税法原理の片隅に追いやられてきた「税務行政の効率化」を，ひとつの租税法原理にまで引き上げる梃子（テコ）となる可能性さえ含んでいるようにおもわれる。日本の税務行政におけるネゴシエーション研究は，日本という国において納税者の権利擁護と税務行政の効率化を同時に達成できるのかという，すでに先進諸外国が検討済みの問題を，新たに検討しなおすための素材を提供するものである。

　本研究では，日本，ドイツ，アメリカ，イギリス，フランスの租税領域でのネゴシエーションにかかわる制度を整理し，その問題を検討している。そして，さらに，租税法領域では行政裁量は存在しないことから和解現象もありえないとの考え方が存在することから，租税法における裁量という問題の性格についての検討をしておく必要があると考え，主としてドイツを素材にしながら，ネゴシエーション問題の基礎理論研究として租税法における裁量

というテーマでの検討もおこなうこととした。なお，フランスのネゴシエーションについては，研究分担者が公務を含む諸般の事情で研究会に出席できない場合もあったことから，「補章」という形での掲載ということにさせていただいた（フランスの租税法テキストにネゴシエーションというテーマの章があることの紹介と分析など，この章の内容は本研究にとって極めて有益な情報と分析を提供するものになっている）。

目　　次

研究にあたって……………………………………首藤　重幸

第1章　「税務行政におけるネゴシエーション」
　　　　の研究……………………………首藤　重幸・1

 I　はじめに……………………………………………………1
 II　「ネゴシエーション」という用語について………………4
 III　税務訴訟における裁判上の和解（東京都銀行税条例裁判訴訟）・6
  1　民事訴訟における訴訟上の和解……………………7
  2　税務訴訟における和解………………………………7
  3　東京都銀行税条例裁判訴訟における和解…………13
 IV　諸外国の税務行政過程におけるネゴシエーション……17
 V　ネゴシエーション制度の導入の基礎にある考え方……20
  1　客観的な唯一の課税要件事実認定等の困難…………20
  2　税務行政の効率化……………………………………23
  3　納税者の権利救済（権利保護）……………………24

第2章　ドイツのネゴシエーション………手塚　貴大・29

 I　はじめに……………………………………………………29
 II　事実に関する合意…………………………………………31
  1　事実に関する合意の意義，機能，要件………………31
  2　事実に関する合意の基礎理論………………………45

Ⅲ　事前照会制度—事前確認も含めて—······························62
　　　1　事前照会制度·······································62
　　　2　事前確認制度·······································63
　　Ⅳ　結　　　語···65
　　　1　ドイツにおける議論のまとめ···························65
　　　2　わが国のネゴシエーションへの示唆——一試論—·········66
　　Ⅴ　補論—ドイツにおける事実に関する合意に係る運用—········69
　　　1　導　　　入···69
　　　2　管　　　轄···70
　　　3　要　　　件···70
　　　4　適　用　領　域·····································71
　　　5　執　　　行···71
　　　6　法　的　効　果·····································73
　　　7　事実に関する合意の取消／変更·······················74
　　　8　事実に関する合意の無効···························74

第3章　米国における納税者とIRSとの交渉と和解·················一高　龍司・77

　はじめに···77
　Ⅰ　米国における税務争訟手続···································79
　　　1　争訟過程の概観·····································79
　　　2　課税要件事実の証明責任·····························82
　Ⅱ　IRSの組織改革と使命······································83
　　　1　IRSの組織···83
　　　2　納税者サービスの重視······························86
　Ⅲ　IRSの調査と交渉···87
　　　1　調査の類型···87

	2 調査とその終結···91
Ⅳ	調査と秘密···93
	1 情報開示と守秘義務···93
	2 税務調査権限と秘密性···94
Ⅴ	終結合意と和解プログラム···96
	1 終結合意···96
	2 各種の和解プログラム···99
Ⅵ	コンプロマイズ···102
	1 根拠条文と基本政策···102
	2 三種のコンプロマイズとその要件·····················104
	3 IRSの対応···105
	4 交渉上のツールの例···106
	5 ある学説の紹介···107
	6 若干の比較検討···109
Ⅶ	不服審査部での協議···111
	1 不服審査部の使命と和解···································111
	2 納税者不在のIRS内通信の制限·························112
	3 和解の態様···113
	4 不服審査部での協議の選択·······························114
	5 租税裁判所係属事案と同非係属事案···············116
	6 協議における交渉···120
	7 不服審査部が扱う他の問題·······························121
Ⅷ	代替的紛争解決手続···124
	1 制定法上の根拠···124
	2 早期審査···124
	3 早期調停···126
	4 早期和解（Fast Track Settlement）···················127
	5 不服審査後調停···129

```
      6  仲      裁‥‥‥‥‥‥‥‥‥‥‥‥‥‥‥‥‥‥‥‥131
   Ⅸ  租税裁判所での和解‥‥‥‥‥‥‥‥‥‥‥‥‥‥‥‥134
      1  概      説‥‥‥‥‥‥‥‥‥‥‥‥‥‥‥‥‥‥‥‥134
      2  S 事 件‥‥‥‥‥‥‥‥‥‥‥‥‥‥‥‥‥‥‥‥135
      3  事実に関する合意‥‥‥‥‥‥‥‥‥‥‥‥‥‥‥‥137
      4  事実に関する合意を巡る駆け引きの例‥‥‥‥‥‥‥140
      5  租税裁判所における裁判上の和解‥‥‥‥‥‥‥‥‥141
   Ⅹ  和解の申立と争訟費用‥‥‥‥‥‥‥‥‥‥‥‥‥‥‥143
   Ⅺ  交渉の現場（補論）‥‥‥‥‥‥‥‥‥‥‥‥‥‥‥‥146
      1  交渉スタイル‥‥‥‥‥‥‥‥‥‥‥‥‥‥‥‥‥‥147
      2  交 渉 過 程‥‥‥‥‥‥‥‥‥‥‥‥‥‥‥‥‥‥‥148
      3  各段階での戦術上の論点‥‥‥‥‥‥‥‥‥‥‥‥‥151
   Ⅻ  お わ り に‥‥‥‥‥‥‥‥‥‥‥‥‥‥‥‥‥‥‥‥154
```

第4章 イギリスにおけるネゴシエーション　高野　幸大・157

```
   は じ め に‥‥‥‥‥‥‥‥‥‥‥‥‥‥‥‥‥‥‥‥‥‥‥157
   Ⅰ  合意形成手続の必要性と合意の対象等‥‥‥‥‥‥‥‥159
      1  合意形成手続の必要性‥‥‥‥‥‥‥‥‥‥‥‥‥‥159
      2  合意形成の対象‥‥‥‥‥‥‥‥‥‥‥‥‥‥‥‥‥160
      3  合意形成が成立した場合‥‥‥‥‥‥‥‥‥‥‥‥‥162
      4  終結合意の面談‥‥‥‥‥‥‥‥‥‥‥‥‥‥‥‥‥162
   Ⅱ  イギリスにおける合意形成の法的根拠‥‥‥‥‥‥‥‥163
   Ⅲ  合意形成と裁量‥‥‥‥‥‥‥‥‥‥‥‥‥‥‥‥‥‥168
   Ⅳ  裁量権の限界‥‥‥‥‥‥‥‥‥‥‥‥‥‥‥‥‥‥‥176
   Ⅴ  行政主体の対応的手法‥‥‥‥‥‥‥‥‥‥‥‥‥‥‥180
      1  導      入‥‥‥‥‥‥‥‥‥‥‥‥‥‥‥‥‥‥‥180
      2  イギリスの制度の前提となったオーストラリア
```

　　　　　国税庁（ATO）の法令遵守モデル･･････････････････183
　　　3　イギリスにおける対応的規制（responsive regulation）
　　　　　のモデル･･･186
　　　4　対応的規制の理論的問題点―法の支配との関係･･･････194
　　　5　リスクの序列化と対応的規制･･････････････････････196
　　　6　イギリスの議論から導き出されること･････････････198
　お わ り に･･･199

第5章　税務調査等におけるネゴシエーションの分析･･････････････････････････････････････ 藤曲　武美・201

　は じ め に･･･201
　Ⅰ　税務調査，税務争訟の各段階･･････････････････････････････202
　Ⅱ　税務調査の段階でのネゴシエーション･････････････････････203
　　　1　平成23年12月改正後の税務調査手続きの概要･･････････203
　　　2　平成23年12月改正後の税務調査手続きの留意点･･････205
　　　3　税務調査によるネゴシエーション･････････････････････209
　　　4　ネゴシエーション「現象」の例････････････････････････210
　　　5　ネゴシエーションの事情･････････････････････････････218
　Ⅲ　異議申立・審査請求における「ネゴシエーション」･･････････220
　　　1　異議申立，審査請求における「事実上の和解」･････････220
　　　2　取下件数について･･･････････････････････････････････222
　　　3　人数（事件）ベースの件数･･･････････････････････････223
　Ⅳ　不当な処分の取消裁決･･･････････････････････････････････224
　　　1　不当を基準として処分を取り消した裁決例の概要･･････224
　　　2　所得税法150条第1項について･･･････････････････････226
　　　3　不当基準について･･･････････････････････････････････227
　お わ り に･･･229

第6章　租税法における行政裁量……………森　稔樹・233

　はじめに……………………………………………………………233
　Ⅰ　租税法律主義との関連――問題の所在――……………………234
　Ⅱ　日本における行政裁量論の現状………………………………241
　　　1　課税要件明確主義と行政裁量……………………………241
　　　2　要件裁量と効果裁量………………………………………242
　　　3　自由裁量と覊束裁量………………………………………248
　Ⅲ　ドイツの公法学における裁量の概念…………………………249
　　　1　裁量に関する一般的な規定………………………………250
　　　2　行政裁量の概念……………………………………………252
　　　3　「意図を伴った裁量」（intendiertes Ermessen）………258
　　　4　小　　括……………………………………………………260
　Ⅳ　ドイツの公法学における不確定的法概念および判断余地の
　　　概念…………………………………………………………261
　　　1　問題の所在…………………………………………………261
　　　2　不確定的法概念と判断余地………………………………262
　　　3　連 結 規 定（Koppelungsvorschriften）………………265
　　　4　小　　括……………………………………………………266
　おわりに……………………………………………………………267

補　章　フランス税務行政における
　　　　　ネゴシエーション………………平川　英子・269

　はじめに……………………………………………………………269
　Ⅰ　コレ教授の『租税法』における「ネゴシエーション」の位置
　　　付け…………………………………………………………270

1　テキストの構成･････････････････････････････270
　　2　租税調整（régulation fiscal）という概念･････････272
　　3　ネゴシエーションの位置付け･････････････････273
Ⅱ　「納税者のための自由な領域の整備」･･････････････275
　　1　管理の選択および選択に対する法的安定性の保障･････275
　　2　課税庁と納税者とのネゴシエーション･････････278
　　3　課税庁と納税者との対話の改善･･･････････････282
Ⅲ　ま　と　め･････････････････････････････････････284

第1章 「税務行政におけるネゴシエーション」の研究

早稲田大学教授 首藤 重幸

I はじめに

 現在、税務行政や税務争訟の過程における課税庁と納税義務者との協議・互譲にもとづく合意等（以下、＜互譲・合意＞という）によって、納税義務を完結・終結させる手法への注目が高まっている。この手法への現在の注目を、日本の租税法学の理論史という側面から見た場合、それは以下のような二つの流れの先に存在するものであるとの意義を有するものであろう。

 一つは、課税処分などの行政処分の効力を争う行政訴訟（抗告訴訟）において裁判上の和解が許容されるのかという、日本においても長い論争の歴史を有する流れの延長線上にある現象であるといえる。そこでは、納税義務の確定のための前提となる「事実関係や法状況（法解釈）が不明確」である場合、それらについての税務訴訟での和解が認められるかということが問題とされてきた（ここで留意すべきは、事実関係や法状況が明確である場合には、税務訴訟における和解の問題が登場する余地はないのであり、この点の確認が不明確なもとでの抽象的議論は、税務訴訟における和解の問題に混乱を与えることになる）。租税法律主義のもと、たとえば租税法規の定めにもとづいてなされたはずの行政処分（納税義務者の同意を得る必要はなく、一方的な課税庁の意思や判断の表示

により法効果が生じる行為）としての更正処分の違法性が訴訟の対象（訴訟物）になっている場合に，訴訟当事者の裁判上の和解により裁判を終結させることは，租税法律主義に反するものであり許されないとするのが，従来からの変わらぬ日本での学説の一般的考え方であった。しかし，諸外国は，税務争訟（不服審査と訴訟）における和解を認める運用を，近時ますます拡大してきており，税務訴訟における裁判上の和解を認めない日本の現状を再検討すべきとの声が特に税務訴訟に関与する弁護士などの実務に携わる法曹[1]の間から強く出されてきている。これが，現在の＜互譲・合意＞により納税義務を完結・終結させる手法への注目が集まる現象の背景にある。

　もう一つは，租税の本質をめぐる租税権力関係説と租税債権債務関係説のかつての論争の系譜にあるともいえる納税義務の確定をめぐる根源的な問題で，より正確な租税法規にもとづく税額の確定は，課税庁の判断によってのみ担保されるものかという議論の流れの先に位置付けられるものということができよう。これは，課税をめぐる事実関係や法状況（法解釈）が不明確という場合，いかなる場合でも課税庁の判断にのみ最終的優先権を与えることが，納税義務者の権利を害する誤った税額の確定に至らしめるのではないかという疑問と関連するものである。すなわち，事実関係や法状況が不明確

---

[1]　弁護士などの実務家のみならず，裁判官からも，行政訴訟における和解に違和感をもたない趣旨の発言が繰り返しなされてきている。たとえば，町田顕判事（判例タイムズ169号33頁，1965年）は，行政訴訟での和解の否定論は客観的に決まっている行政処分の適否を明らかにするのが行政訴訟とする誤解によるものであるとしたうえで，裁判所の判断以外に処分の適法の有権的判断はないのであるから，裁判所が和解による当事者の妥協を適法と認めれば，和解が法律による行政の原理を害することにはならないとの見解を披歴していた。そのさい町田判事は，裁判上の和解が認められにくいことから，当事者の間で事実上の裁判外の和解が行われ，結果として政治的配慮の不透明な要素が入り込む余地をのこしてしまうとともに，原処分の取消や変更には，事実上の和解にはもともと法律的な制約がともなっているのであるから，そういう視点に法技術的視点も加えて考えると，とりわけ租税事件などは裁判所の前で（訴訟）で，堂々と和解をしたほうがよいのではないかとも述べられている。
　以上のような町田判事の見解は，現在においても，行政訴訟における和解についての裁判官の典型的感覚を示しているように思われる。

で，課税庁と納税義務者の課税要件事実等に関する認識が一致しない場合，課税庁の判断をゼロか百かということで決着をつけるのではなく，税務行政過程における両者の＜互譲・合意＞によって，それを確定することが，より真実に接近し，さらに税務調査や税務争訟に費やされる行政コストを縮減する意味での税務行政の効率化に資するということになるのではないかという考え方である。現在の＜互譲・合意＞によって，納税義務を完結・終結させる現象への注目は，税務行政過程での租税法にもとづく納税義務の確定の正しさが課税庁の認定・判断によって担保されるものであるとして設計されている既存の納税義務の確定手続体系を，再度，見直してみようとするものである[2]。この点においても，近時の先進各国は，その税務行政過程において，納税義務の確定を課税庁と納税義務者の協議によっておこなう手続を積極的に導入してきている。もちろん，日本の税務行政過程における租税実務においても，課税庁と納税義務者の＜互譲・合意＞にもとづく合意といえる現象の一部は日常的になされていることは周知の通りである（その一端が，以下の「藤曲論文」において示される）が，その課税要件事実の認定や税額の確定のための課税庁と納税義務者の協議等は，以下の諸論文において示される諸外国と異なって，日本においては租税確定手続における確たる法的制度として位置付けられているわけではない。税務行政における協議や合意に対す

（2）　租税法律関係をめぐる権力関係説と債権債務説の対立は，現在では，租税法律関係が両説の主張する性格をあわせもつということの認識で収束に至っている（この対立の理解については，村井正「租税法律関係の構成」租税法研究 5 号 1 頁以下，1977 年等参照）。しかし，この両説の対立は，納税義務の確定の客観的正しさを担保するについては，さらに課税庁と納税義務者の協議・合意というルートもあることの検討にまで展開する可能性も有していたように思われる。この可能性については，更正処分と納税申告が手続的主従の関係に立つものではなく，客観的に正しい税額等の認識という同一地点に向かっていく対等な手続であることを論証しようとする新井隆一『課税権力の本質』（1972 年）5 頁以下において，その基礎理論が提供されたとも評価できるが，その後の租税法領域での学界の問題関心は，日本の税務行政が抱える当面の課題との関係では時期尚早ということであろうか，課税庁と納税義務者の協議・合意による税額の確定という手法の可能性への検討に向かうことはなかったといえる。

る注目の基礎にあるのは，税務行政過程における納税義務の確定手続のなかに，納税申告や更正処分というルートのみでなく，日本においても＜互譲・合意＞にもとづく確定というルートを法的に位置付けるべきとする考え方の出現である。

　さらに，＜互譲・合意＞にもとづく確定という手法への注目の背景にあるものとして，上記の租税法学理論史の流れとは別の要因も注目しておく必要がある。

　従来，納税者の権利保護を担うのは，主として議会（立法）と裁判所であると考えられる傾向が存した。しかし，行政（課税組織）を財産権侵害組織として固定し，納税者の権利保護は議会と裁判所によって担保するという考え方は硬直的であり，権利保護の実効性や徴税の効率化からして妥当ではないとして，各国は「納税者権利憲章」の策定などを通して，行政による納税者の権利保護という要素を強化する方向に政策転換をしてきている。納税者を「顧客」と位置付け，租税法律主義に反しない範囲内において，課税庁と納税者がともに満足度を得る結論(税務行政の効率化と納税者の権利保護)を導くために，税務行政過程での＜互譲・合意＞を積極的に活用する英米の動向[3]は，疑いもなく，現在の日本における税務行政過程での＜互譲・合意＞の手法への注目の背景にあるものである。

Ⅱ　「ネゴシエーション」という用語について

　税務行政過程のみならず，税務訴訟においても，課税庁と納税義務者の＜互譲・合意＞による納税義務の完結・確定という現象が多様に存在していることは誰しも否定しないであろう。この多様な＜互譲・合意＞現象を，租税法学のもとで認識・検討するためには，その現象を，まずは民事訴訟におけ

---

(3)　これを鋭く指摘するものとして，本庄資「『納税者との合意』,『和解』を税務調査に導入できるか」（税経通信63巻2号，2008年）149頁以下がある。

る（裁判上の）「和解」のイメージから解放する必要があると思われる。このことから，本書における研究においては，既存のイメージと結合していない「ネゴシエーション」という用語を使用することで，まず税務行政・争訟過程に存在する，＜互譲・合意＞の諸現象を，従来の和解のイメージと切り離して広く把握し（拾い上げ），そのうえで，法的認識と検討の俎上に乗せることとした。さらに今回の研究では，税務行政過程におけるネゴシエーション（＜互譲・合意＞）現象を，日本のみならず，ドイツ・アメリカ・イギリス・フランスの状況にも視野を広げて検討してゆくことで，「和解」というイメージでとらえられていた従来の日本における課税庁と納税義務者の＜互譲・合意＞という現象の理解が狭小であったことが理解されるものと思われる。そして，特に注目されているドイツ税務訴訟における「事実関係に関する合意（和解）」についても，より明快な位置付けがなされることになろう。

　税務行政過程や税務訴訟において，課税庁と納税義務者のネゴシエーションによる納税義務の完結・確定という現象が多様に存在している。税務調査の段階での課税要件事実に関するネゴシエーション，訴訟段階でのネゴシエーションにもとづく更正処分の職権取消と訴訟の取り下げなど，課税庁と納税義務者の多様なネゴシエーションの現象は，これまで「和解」，「和解類似」という用語で表現されてきた。しかし，その「和解」という用語は，民事訴訟で使用される「裁判上の和解」のイメージと結合し，そのイメージをもつ和解に租税法における厳格な「合法性の原則」が対置されて，税務訴訟におけるばかりか，税務行政過程におけるネゴシエーション現象も租税法研究の対象外に追いやられる傾向，もしくは租税法領域では「理論的」・「原理的」には許容されえないものと考えられる傾向を生じさせてきた。

　戦後の行政法領域での和解をめぐる議論をかえりみるとき，その議論が想定する中心的行政法領域は税務行政領域，それも税務訴訟における和解に関するものであることがわかる。一般的にいえば，租税法領域を含む行政法領域での和解をめぐる問題の本質は，和解が法律による行政の原理と相容れないのではないかということに尽きる。法律にもとづく行政の原理の貫徹する

行政法領域において, 特に当該原理が厳格に機能すると考えられている租税法領域においては, 当該原理の考え方と, 法の定めにもとづかない当事者のネゴシエーションによる和解という考え方は, 厳しく対立するものと考えられてきた（このことから, 行政法・租税法領域に「和解」を法制度として導入する通路は, その「入口」において閉じられていたといえる）。行政法領域における和解の許容性を「原理的」に考えるうえで, 税務行政領域の行政過程・争訟過程での和解問題は, 和解に関する最も明快な理論モデルを構築する場を提供することになり, これが行政法における和解が租税法領域を中心に論じられてきた理由であろう。たとえば, 現在の行政事件訴訟法が制定されるまえの行政事件訴訟特例法の時代においても, 行政訴訟において裁判上の和解が認められるかについては, 税務訴訟の場面での議論が中心となっている[4]。

III 税務訴訟における裁判上の和解（東京都銀行税条例裁判訴訟）

日本においても税務行政におけるネゴシエーションへの注目が高まっていることの理論史的位置付けについては前述した所であるが, このネゴシエーションへの注目を直接的に導いた具体的事件として, 東京都銀行税裁判の最高裁での裁判上の和解の成立があったことは否定しえない。本論集の研究では, 税務行政過程でのネゴシエーションの検討が中心となることから, 税務訴訟における和解の問題についても, 東京都銀行税条例裁判訴訟を素材にして, 若干の言及をしておきたい。

（4）　その一例として,『行政事件訴訟特例法逐条研究』(1957 年) 110 頁以下がある。ここでの, 裁判官と行政法研究者の裁判上の和解に関する見解の相違は, すでに, 現在における和解に寛容な実務と和解否定説が優勢な学説の意見の相違の原型を示している。しかし, ここでの議論は, 行政訴訟での和解を認めるドイツの動向の情報が不十分という時代的制約もあり, いまだ租税法における（裁判上の）和解という問題が「事実関係または法状態が不明確」という場合に生じる問題であるとの限定がなされていないことから, 問題の核心に迫り得ていない感がある。

1 民事訴訟における訴訟上の和解

まず,民事訴訟法においての裁判上(訴訟上)の和解[5]とは,訴訟の係属中に両当事者が訴訟の対象(訴訟物)に関するそれぞれの主張を譲歩したうえで,期日[6]において訴訟の対象に関する一定内容の実体法上の合意と,訴訟終了についての訴訟法上の合意をなすことをいう。この和解が効力を生じるためには,これを裁判所が調書に記載しなければならない。そして,和解調書の記載は確定判決と同一の効力を有する(民訴法267条)ことから,和解には執行力(それゆえ,和解調書に給付義務が具体的に記載されると,その記載に執行力が付与され,和解調書は債務名義として扱われる[7])や既判力が認められることになるが,成立した和解の効力が否定されることになる事由の理解や,それが既判力に与える影響の理解等については学説上の対立がある。

さて,行政訴訟における裁判上の和解も,民訴法上の和解の法的性格と効力を有するものと考えられることになるが,税務訴訟における税金還付請求訴訟(課税処分の効力を争うものでなく,給付訴訟としての性格を有する実質的当事者訴訟)などについては,従来からも裁判上の和解が認められるとされてきたところである[8]。

2 税務訴訟における和解

ⅰ)行政訴訟における和解

学説においては,行政処分の違法性が争われる抗告訴訟を念頭に,法律による行政の原理が支配する行政法領域での裁判上の和解は認められないとの和解否定説が有力である。行政処分は,法律にもとづき行政庁が処分の名宛

---

(5) 以下の民事訴訟における和解の理解については,主として伊藤眞『民事訴訟法』(第3版・2004年)417頁以下に依拠した。
(6) 期日とは,訴訟の当事者や訴訟関係人ならびに裁判所が会合して訴訟行為をなすための時間を意味し,この期日が開かれる場所が法廷と呼ばれる(伊藤・同上196頁)。
(7) 伊藤・同上428頁。

人の同意の有無に関係なく，行政庁の責任において一方的におこなうものであり，当事者の協議・合意で確定・修正されるものではないとのことが，和解否定説の出発点にある理解である[9]。そのうえに和解否定説は，裁判上の和解が確定判決と同一の効力を有することから，執行力や既判力，さらには第三者への効力等の和解の効力の関係で行政法上の法関係等に困難な問題を生じるとの理由も挙げる。

　これに対して和解肯定説は，まず，裁判上の和解は行政処分のための要件事実や法状況（法解釈）が不明確な場合に限定して考慮されるものであり，裁判所が適法であると考える範囲内で和解がなされるのであるから，裁判上の和解が法律による行政の原理に反するわけではないとして，和解の効力についての否定説の理解は硬直的にすぎるとも批判する。そして，この当事者が訴えの対象を処分することができる（行政庁の側でいえば，和解を履行しうる事物管轄を有しているということ）場合には和解を認めうるとする和解肯定説の理論的バックボーンとしてあるのが，行政訴訟につき裁判上の和解を認めるドイツの法制度と理論である。

　ドイツ行政裁判所法106条は，「関係人は，訴えの対象を処分することが

---

(8) 違法な課税処分に対する国家賠償請求について事前に課税処分の効力を取消訴訟等で排除しておく必要はないとした名古屋冷凍倉庫固定資産税事件最高裁判決（最高裁平成22年6月3日判決・判例時報2083号71頁）は，従来の有力学説や一部の下級審判決の考え方（一般的に，行政行為が違法であることを理由とする国家賠償請求にあたっては，当該行政行為の公定力を排除しておく必要がないが，国家賠償請求を認めると，行政行為を取り消したと同様の経済的効果が得られる金銭納付を目的とする行政行為にかかわる場合のみは，取消訴訟等で公定力を排除しておく必要がある）を否定したことで注目されたが，この差戻審・名古屋高裁で和解が成立している。本件は税務訴訟であるが，国家賠償は民事訴訟とされることから裁判上の和解（平成22年10月20日）をもって終結となった。

(9) 交告尚史「行政訴訟における和解」（行政法の争点・第3版，2004年）126頁参照。行政法における和解の肯定説と否定説の対立を分析する文献は多数あり，これについては必ずしも網羅的ではないが，行政法・租税法領域における和解について言及しているもので，本章の作成のためにも参照した主要な文献を本章の最後に一覧表を掲げておく。

できる場合に限り，主張に係る請求の全部または一部を解決するため，裁判所または受命もしくは受託裁判官の調書に記載させる方法により，和解をすることができる」[10]として，行政訴訟における裁判上の和解を認める。さらにドイツには裁判上の和解規定ではないが，行政訴訟に影響することになる規定が存在している。それは連邦行政手続法55条であり，事実関係または法状態の理性的評価において存在する不明確を除去するために和解を締結することが合目的である場合には，和解を締結できると規定するものである[11]。日本の行政法学における和解肯定説は，特に連邦行政手続法55条をめぐるドイツでの立法理由や学説の評価を積極的に摂取して，これを行政過程段階のみでなく行政訴訟段階での和解の肯定説の論拠として据えてきたといえよう[12]。なお，連邦行政手続法は租税領域について適用除外とされているが，ドイツでは，この同法55条の趣旨にもとづく租税行政領域での和解（行政契約）は許容されると解するのが通常である。

ⅱ）税務訴訟における和解

租税法学における学説は，租税法律主義の合法性の原則からして，税務訴

---

(10) 本条の日本語訳は，南博方編『条解行政事件訴訟法』(1987年) 1016頁による。
(11) この連邦行政手続法55条は訴訟手続に関する規定ではないが，行政訴訟の基礎となることはいうまでもないことから，ドイツの行政訴訟制度は二つの和解に関する一般的法律規定を有していると表現される。これについては，Hufen, Verwaltungsprozessrecht, 4.Aufl. 2000, S.625 を参照。
(12) たとえば，石井昇「行政上の和解契約の許容性」（甲南法学30巻3＝4号213頁以下，1990年）は，ドイツでの以下のような行政過程での和解の正当根拠に関する議論に着目している。
① 事実関係または法状態に関して不明確がある場合には，国民・行政庁間に意見の相違のある対象と比例しない資金および時間を浪費して，この不明確を除去しようとすることは，しばしば不適切であること。
② 行政庁により一方的に確定される法的効果は，その決定の適切性について，和解の締結より高度の保障を与えるものではない。
③ 事実関係または法状態に関して不明確がある場合に，行政庁による一方的な確定が，和解の締結以上に平等取扱いを保障しないのであり，逆に，そのような不明確がある者の不利益を和解で緩和することにより平等取扱いを促進する。

訟における和解の許容性を原則として認めない和解否定説が有力である。しかし，実際には裁判上の和解と同様の性質をもった「裁判外の和解」という名で呼ばれる実務が一般的に存在していることについては，これには問題がないものとしている。すなわち，裁判過程で課税処分の一部（または全部）が違法であることが明らかになった場合，課税庁側は更正処分の一部（全部）を職権で取り消し，納税者側は訴訟を取り下げるということで双方が合意するというような場合である。しかし，このような違法性が明らかになった場合の上記のような例は，和解という現象に該当するものとはいえない。ネゴシエーションという用語で理解しようとする税務行政過程や裁判過程での和解と呼ばれてきた現象は，「事実関係や法関係が不明確」であり，それゆえ違法であるかどうかも容易に判定できない場合でなければならない。それゆえ，裁判外の和解よる裁判の取り下げが実質的には裁判上の和解と同様の機能を果たしてきたと説明される場合があるが，それは正しくないように思われる。あくまでも，事実関係や法状況が不明確という場合の職権取消と訴訟の取り下げであれば，それは実質的には裁判上の和解と同様の機能を果たしてきたといえる。従来の裁判上の和解と同様の機能を有するとされてきた職権取消と訴訟の取り下げの組み合わせの多くは，実は和解（ネゴシエーション）という性格を有するものではないのではなかろうか[13]。

　さて，租税法領域におけるネゴシエーションという語で検討対象に入ってくる諸現象と，最も厳しい緊張関係をもって登場するのが合法性の原則であることはいうまでもない。日本では，合法性の原則の適用が極めて厳格に維持されるべきことが主張されてきた。その原則は租税法律主義から当然に導

---

(13)　古都保存協力税をめぐる京都市と寺社との紛争解決のために締結された「覚書」（6項2文：この種の税はいかなる名目においても新設または延長はしない）の法的効力を有するかが争われた事件につき，これを和解という観点から考えようとする見解もあるが，本稿での和解（ネゴシエーション）の定義からすれば，これは和解をめぐる問題ではない。この覚書の法的性格の検討をおこなうものとして，石井昇「行政上の法律関係における和解」（甲南法学37巻3号，1997年）23頁以下，畠山武道「京都市古都保存協力税について」（ジュリスト786号，1983年）26頁以下等がある。

かれるものであり，租税法の厳格な適用によって客観的に導き出される税額等につき，実際になされる徴収・納付での税額等はそれ以上でも，それ以下でもあってはならないとすることで，違法に納税者の租税負担を増加させる方向での課税権の行使の濫用を防ぐばかりでなく，違法に特定の納税者の租税負担を軽減させる方向での課税権の行使の濫用を防止することで課税の公平という目的を実現する内容をも含むものである。このような合法性の原則（課税の公平の実現を内在させている）を抽象的に考える限り，この原則は絶対普遍のものと評価されることになる。

　この合法性の原則を厳格に維持したままで，実務に存在する租税法でのネゴシエーションを説明することになれば，「法的に見る限りは，両当事者の合意になんらかの法的効果が結びついたというのではなく，納税義務者と租税行政庁との話し合いの結果が，租税行政庁による課税要件事実の認定に反映したものと理解すべきであろう」(14) ということになる。この理解は，税務行政過程でのネゴシエーションによる合意についてのものであるが，このような厳格な合法性の原則の理解によるのであれば，税務訴訟における裁判上の和解が認められる余地は，ほぼ存在しないということになろう。

　しかし，租税法領域における信義則の適用問題が提起したように，この合法性の原則の適用が納税者の信頼保護という他の原理のもとで後退しなければならない場合があることを学説・判例(15) は認める。そして，もう一つ，この絶対普遍の原理に見える合法性の原則の後退が検討される場面が存在してきており，それが本書での「税務行政領域におけるネゴシエーション」という名で表現される現象にかかわる場面であるといえる。

---

(14) 金子宏『租税法』（14 版・2009 年）74 頁。
(15) 青色申告と信義則の適用に関する最高裁昭和 62 年 10 月 30 日判決（訟務月報 34 巻 4 号 853 頁）は，特別の事情がある場合には法の一般原理である信義則の法理の適用により，租税法規に適合する課税処分を違法なものとして取り消すことができるとして，信義則（信頼保護）の原理のまえに合法性の原則が後退する場合があることを初めて認めた最高裁判決という点に大きな意義がある。

近時の日本の税務訴訟における裁判上の和解の議論の活性化については，もう一つの要因の存在を指摘しておく必要がある。それは，ドイツ連邦財政裁判所が判例法理として発展させてきた「事実関係に関する話し合いによる合意」の理論にかかわるものである。この理論は，税務訴訟における当事者の合意を，「課税権に関して許容されない合意」と「事実関係解明を通して許容される合意」に分け，事実関係の解明が困難なケース（例：推計課税や財産評価など）についての当事者の合意を後者に属するものとして，それに裁判上の和解としての法的拘束力を認める（純粋な法律問題については拘束力を認めない）とするものである[16]。このドイツの理論は，日本における税務訴訟での和解をめぐる理論的閉塞状況を打開するものとして，学界や実務の一部において注目されてきたものである[17]。この従来からの一部での注目が，学界や実務で広範囲に注目を浴びるきっかけとなったのは，2012年に，前ハンブルグ財政裁判所長（独日法律家協会会長）であるヤン・グロテア博士（Dr. Jan Grotheer）による日本の租税法学会や税務訴訟学会における講演である。自らの裁判官として和解に携わった経験を紹介しながら，ドイツにおける税務訴訟での和解の実務と理論を明快に紹介するグロテア博士の講演[18]は，税務訴訟における和解への関心ばかりか，不明確な課税要件事実の認定に関する和解の理論的根拠を提示するものであった。

　グロテア博士は，扱った裁判の約80％で当事者と協議をおこない，その多くのケース（約70％）で双方が同意して解決に至り，訴訟を取り下げたり，課税処分の変更をしたりすることが実現したと述べている。そして，そのような同意による解決が実現するのは，「事実関係に関する話し合いよ

---

(16) ヤン・グロテア「ドイツの税務訴訟について ― 名誉職裁判官を含む参審制及び話し合いによる合意制度」（税務事例44巻3号，2012年）4頁以下。
(17) 吉村典久「ドイツにおける租税上の合意に関する判例の展開」（『公法学の法と政策（上）』所収，2000年）239頁以下などがある。
(18) この講演の内容を紹介するものが，グロテア・前掲（注16），同（手塚貴大訳）「ドイツにおける財政裁判所の手続」（租税法研究40号17頁以下，2012年）である。

る合意」にかかわるものであるが，法解釈にかかわる合意もなされるようになっているとの状況も指摘している（このドイツにおける「事実関係に関する話し合いによる合意」の理論については，本書第2章の「手塚論文」において詳細に検討される[19]）。

3　東京都銀行税条例裁判訴訟における和解

ⅰ）和解に至る経緯

2003年10月8日，最高裁第三小法廷において，東京都銀行税裁判についての裁判上の和解が成立した。議会の承認によって条例が改正され，その改正にもとづいて徴収済みの事業税を還付するとの合意であることから，従来の裁判上の和解をめぐる論争の中心にあった課税処分の変更に直接的にかかわる和解ではないが，税務訴訟における和解が最高裁で成立したことは重要な意義を有する。東京都銀行税条例裁判訴訟において2003年10月8日に最高裁で裁判上の和解が成立するに至る経過は次のようなものになる[20]。なお，原告の銀行は，東京都銀行税条例（東京都における銀行業等に対する事業税の課税標準等の特例に関する条例）を無効なものであるとの留保付きで，まず本条例にもとづく事業税の納付をおこなったのち，それに対してただちに更正の請求をおこなうという対応をとった（この更正の請求に対しては，東京都知事からの拒否処分がなされた）。

平成15年8月15日：東京都が徴収済みの事業税の3分の2を返却する和解
　　　　　　　　　を銀行に申し入れたことが明らかになる

---

(19)　本論集の手塚論文において精密に文献検証の対象とされている，Judith Lockmann, Verständigung zwischen Finanzbehörde und Steuerpflifitungen, 2013. の著作は，ドイツの税務訴訟における事実問題についての和解が判例法理として成立するに至る理論と過程を詳細に検討するものであり，日本での同種の議論に大きな影響を与えうる文献である。

(20)　最高裁において和解が成立する詳しい経過と意義については，藤本哲也「東京都銀行税条例訴訟における和解の位置づけについて」（中央ロー・ジャーナル3巻1号，2006年）48頁以下，山下清兵衛「東京都銀行税条例事件判決と和解」（月刊税務事例38巻5号38頁，2006年）38頁以下等参照。

9月17日：最高裁での協議で両者が和解に合意

9月22日：東京都が、和解方針を公表

10月2日：東京都が、さらに詳細な「基本合意書（骨子）」を公表

10月6日：基本合意書にしたがって、「東京都は条例の税率を平成12年事業年度分に遡って業務粗利益の3パーセントから0.9パーセントに引き下げる」等の条例改正案が都議会に提案され可決成立（翌日に公布・施行）

10月8日：基本合意書の「最高裁判所において、本件合意書の内容に基づき本件が解決したことを確認して、訴訟上の和解をする」との条項にもとづき和解が成立、訴訟の取り下げ（和解調書を作成して、裁判上の和解）[21]

ⅱ）本件和解の評価

a）東京都銀行税条例訴訟の訴訟形式

東京都銀行税条例訴訟において原告が第一審の東京地裁に提起した請求の訴訟形式は、大きく分けて以下の九つの請求に分類される。東京地裁平成14年3月26日判決（判例時報1787号42頁）と、その控訴審である東京高裁平成15年1月30日判決（判例時報1814号44頁）は、ともに以下の請求5.〜9.については判断を示し、請求1.〜4.については「裁判上の争訟」ではないとして訴えを却下している[22]。そして、結論において東京都銀行税条例を無効（条例制定行為を処分としてとらえて、その処分を無効と判断をしたということではない）としたうえで、それゆえに更正の請求に対する拒否処分の効力を取り消すまでもなく、本条例によって増加した既納税額分については、

---

[21] 和解条項（要旨）は、「1. 一審原告銀行と一審被告東京都及び東京都知事は、改正条例が公布、施行され、一審被告東京都から各一審原告に還付金（還付加算金を含む。）が支払われたことにより、本件が解決されたことを確認する。2. 一審原告らは本件各訴えを取り下げ、一審被告らはこれに同意する。3. 訴訟の総費用は各自の負担とする。」というものである（藤本・同上57頁、山下・同上38頁に紹介されているものを参照した）。

誤納金としてその還付を請求し得るとして，原告である銀行側の請求を認めた（なお，国家賠償請求について，その請求の一部を東京地裁は認めたが，東京高裁は認めなかった）。

　請求1．被告：東京都　　　銀行税条例制定行為の無効確認訴訟
　請求2．被告：東京都知事　銀行税条例制定行為の無効確認訴訟
　　　　（請求1．と2．は単純併合または予備的併合関係）
　請求3．被告：東京都知事　更正処分・決定処分の予防的差止訴訟
　請求4．被告：東京都　　　予防的租税債務不存在確認訴訟（当事者訴訟）
　請求5．被告：東京都　　　誤納金の還付請求訴訟（当事者訴訟）
　　　　（＊平成12年事業年度分を留保文言つきで事業税額を納付したことによるもの）
　請求6．被告：東京都　　　条例制定に関係する一連の行為ならびに公布行為に対する国家賠償請求
　請求7．被告：東京都知事　更正の請求の拒否処分の取消訴訟
　　　　（＊事業税の納付後に更正の請求をおこない，拒否処分がなされたことによるもの）
　請求8．被告：東京都　　　過納金の還付請求訴訟
　　　　（＊更正の請求の拒否処分後になされたもの）
　請求9．被告：東京都　　　更正の請求の拒否処分に関する国家賠償請求

　b）東京都銀行税条例訴訟における和解の意義
　本件訴訟の核心にある争点は，東京都銀行税条例が地方税法の定めとの関連で無効であるかという点である。そうであれば，東京都銀行税条例訴訟の訴訟形式の中心点にあるのは，無効を前提とする還付請求訴訟であり，これは処分を攻撃する抗告訴訟ではなく，給付訴訟としての性格を有する公法上

---
(22)　東京都銀行税条例訴訟の訴訟形式については，多田雄司「銀行税訴訟の考察Ⅰ」（税研103号，2002年）55頁以下等参照。

の当事者訴訟である。

　東京都銀行税条例が地方税の定めに適合するか否かは，条例が地方税法に違反して無効という結論では一致した地裁判決と高裁判決の，その理由付けは異なるものであることからも分かるように，その法解釈論的確定は容易ではない。さらに，本件訴訟は多様で複雑な論点を有する訴訟であることから，訴訟を通して膨大な数の書証が原告の銀行側から裁判に提出されており，それに対する東京都の対応には大きな行政コスト（費用）と時間が費やされたと想像される[23]。

　このようななかで，銀行税条例に定められた税率を遡及的に引き下げる改正条例を議会で成立させたうえで，事業税の還付にかかわる裁判上の和解をもって訴訟を終結させる方向を主導し，それを達成した裁判所の対応は極めて柔軟なものである。本件和解の意義は，和解調書が作成される形で裁判上の和解が成立したという結果ではなく，法状況が不明確な状況のなかで，訴訟当事者のネゴシエーションによる合意をもって紛争の解決をはかろうとした点にある。この和解は，事実関係や法状況が不明確な場合に，税務訴訟の終結を訴訟当事者のネゴシエーションによる解決の可能性を裁判所が柔軟に考えるべき方向への議論の活発化の出発点になったものと考えることができる（ネゴシエーションにより双方の互譲で訴訟が終結する場合の形式が，和解調書の作成によるものか，調書が作成されない形での訴訟の取り下げかということは，それ

---

(23)　東京都は事業税に関する本銀行税条例の正当性の基礎を，地方税たる事業税が利益説によって説明される租税の性格を有することに求め，大手銀行側が東京都から行政サービスを享受しているにもかかわらず，既存の事業税の定めによることで，それへの対価（事業税）を負担していないという点に求めていた。これに対して，原告の銀行側は，実際に東京都から享受している行政サービスの経済的価値を推計して反論する作業もおこなったようであるが，この推計作業にかかる費用・時間と，それへの反論のために費やされた東京都側の行政コスト等を想像するのみでも，両者に和解による訴訟の終結を考慮させるに十分な事情が存在するといえよう。
(24)　渡辺裕泰「租税法における和解」（『政府規制とソフトロー』所収，2008年）227頁，本庄・前掲（注3）151頁以下。

第 1 章　「税務行政におけるネゴシエーション」の研究　17

ほど重要なことではなく，裁判が和解により終結するということが，重要なのである）。

Ⅳ　諸外国の税務行政過程におけるネゴシエーション

　アメリカの内国歳入法典は，財務長官と納税義務者との間での納税義務についての合意を書面で結ぶことを認め，その合意が納税義務者の詐欺等の不誠実な行為にもとづくような事情がない限り，当該合意は拘束的な効力を有することを定めている[24]。

　また，アメリカで1998年（平成10年）の内国歳入庁改革法により導入された「内国歳入庁協議審判官制度」（IRSアピールズ）の制度は，税務行政過程における課税庁と納税義務者の協議・合意による税額の確定を導くものといえ，日本における税務行政過程でのネゴシエーションの議論に大きな影響を与えたといえる。納税義務の履行にかかわるアメリカ内国歳入庁の処分等に不服がある者は，内国歳入庁のなかに置かれる内国歳入庁協議審判官制度のもとで設置された部局の担当官と協議をして，そこでの合意にもとづく租税の納税によって納税義務の履行が完了となる。納税義務の範囲に関する不明確な部分の多くが，法制度的裏付けをもった課税庁と納税義務者とのネゴシエーションによって合意され確認される現象は，それが，いかなる納税思想をもって成立するものか，そして，そのネゴシエーションが不当に濫用されない仕組みは，どのように設計されているのか極めて興味のあるところである。このアメリカの状況は，日本では単純に対立するものと理解されてきた租税法における合法性の原則とネゴシエーションによる税務行政の効率化という二つの課題を，いかに融合させていくかのモデルを提供するものであろう。納税者の権利を擁護する核とされてきた租税法における合法性の原則が，逆の機能を有している場面が存在しているのではないかの検証が必要であるとの問題意識こそが，日本におけるネゴシエーション研究の意義であるともいえよう（このような問題意識のもとで，アメリカのネゴシエーションの検討

をおこなうのが，第3章の一高論文である）。

　さらに，ドイツにおける税務行政過程での課税庁と納税義務者のネゴシエーションによる合意の制度が広く認められる傾向にある。イギリスでも歳入関税庁（HMRC）で，裁判外紛争解決手続（ADR）による紛争解決手続（課税庁と納税義務者の紛争に対する調停・仲裁）への取り組みが開始されている（イギリスの法の定めによらない協議については，第4章の高野論文において検討がなされる）。

　加えて重要なことは，先進各国においては，事実関係や法状況が不明確な場合，納税義務の範囲が課税庁と納税義務者のネゴシエーションによって決められる現象・制度の存在していることが，一般的に国民に認識され了解されており，租税法のテキストでも，このようなことが取り上げられるにいたっていることである。そして，そこでの了解やテキストの記述で強く認識されているのは，客観的に一つだけ存在する正しい課税要件事実や法解釈を認定・確定する最終権限は課税庁が有しており，それらに関する納税義務者とのネゴシエーションは，あくまでも課税庁がそれらを認定・確認のための材料を納税義務者が提供するものとの考え方を採用しないということである。まさしく，不明確な状況が存在する場合には，両者のネゴシエーションによって課税要件事実や法状況（法解釈のネゴシエーションについては，若干の制約があるが，事実関係と法関係の境界は明確に画することはできないことからすれば，法状況についても一定範囲内でネゴシエーションによる合意が成立することになる）が確定されるのである。

　なお，本「ネゴシエーション」の研究会において話題になったことを一つ，付け加えておきたい。それは，シャウプ勧告における，税務官吏よりなる「協議団」（the Conference Group of Tax Officials）の制度についての勧告部分についてのものである。その部分の勧告は，おおよそ次のような内容となっている[25]。

　不服申立ての扱いにつき，すでに調査がなされているのであれば納税者は合意（settlement）に到達するために調査官とすべての事項について討議でき

るのであり，特に問題の額があまり大きくない場合には，できるだけ敏速にそして「非公式」に処理するため，あらゆる努力が傾注されるべきである。そして「もし調査官とのこのような討議が事件を解決するにいたらなければ，さらに行政的考慮による手段に訴える必要がある。未解決の不服申立事件を考慮し，かつ決定する機能をもつ税務職員よりなる協議団を創設することを提案する。協議団は税務職員の中で，比較的に有能で，永年の経験豊富な者から選出されるであろう。現在の人手不足にかんがみ，調査官を臨時に協議官に指定することも可能であろう。以前に調査または最初の協定の段階で特定の事件を直接取り扱った調査官は，同一事件の協議官とすべきではない。しかし，可能な限り，協議団はできるだけ調査官以外の者によって構成されるべきであり，それによって納税者に対し，かれらの不服申立ては最初の更正決定または調査の過程と関係のない全然異なった税務職員の団体によって考慮されているということが保障されなければならない。

　納税者は，自分の事件を一名またはそれ以上の協議官に提出し，各事項を十分に検討して，協議官は問題となっている点について決定をおこなう[26]。

　この勧告当時でも認められていた国税局等への審査請求制度の利用のまえに，協議団への不服申立てによる協議と合意でもって，可能な限りこの段階で紛争を解決すべきとするのが勧告の趣旨である。この勧告によって協議団が創設されるところとなったが，協議団は有効に機能することなく廃止に至る。ここで，注目したいのは，当時の税務当局が「協議」という意味をどのように理解したかである。「非公式」な調査官と納税者の交渉はありえるとしても，結局は課税庁によって権力的（＝一方的）に税額は確定されるものであるとの当時の日本の課税庁の発想からは，この税務署内等に設けられる協議団での「協議」・「合意」によって税額を決めるという場合の，その勧告が

---
(25)　『シャウプ使節団日本税制報告書（復元版）』（1979年）263頁以下，福田幸弘（監修）『シャウプの税制勧告』（1985年）388頁以下。
(26)　福田監修・同上389頁。

指摘する「協議」・「合意」の意味を理解することができなかったのではないかとの想像もなしえる[27]。現在の税務行政過程におけるネゴシエーションへの検討は，改めてシャウプ勧告のいう「協議団」，「協議」，「合意」の意味を正当にとらえなおす作業であるともいえる（そして，後の第3章の一高論文で明確になるアメリカの「内国歳入庁協議審判官制度」（IRSアピールズ）制度は，このシャウプ勧告が目指した協議団の構想と共通するものであり，このことを基礎に実際に日本で成立した協議団を評価することになれば，シャウプ勧告が目指したものとは似て非なるものであることを示すことになるであろう）[28]。

V　ネゴシエーション制度の導入の基礎にある考え方

　以上で見てきた，税務行政過程・争訟過程におけるネゴシエーションによる納税義務の範囲の確定という制度の積極的導入の基礎を改めて整理するならば，次のような三つの基軸があるといえる。以下の各章で紹介・検討される先進各国の司法救済を含む税務行政領域でのネゴシエーションの現状は，以下のような三つの基軸のもとで展開・発展する各国の状況を伝えようとするものである。

1　客観的な唯一の課税要件事認定等の困難

　租税法の定める課税要件が不確定概念によって定められている場合でも，要件裁量を原則として認めない行政法の通説からすれば，その概念の理解について二つの解釈が成立することはない。しかし，課税要件事実の認定については，一つの客観的事実を認定，確定するのは容易でない場合がある。たとえば，美術品が相続財産である場合などの相続税財産評価については，そ

---

(27)　この点は，本論集のための研究会で金子宏東大名誉教授が指摘された。
(28)　実際に成立した協議団制度の評価については厳しい批判のあるところであるが，その実際に成立した協議団と勧告がめざしたであろう協議団制度は分けて考える必要がある。

もそも一つの客観的な評価額が存在するとはいえない。さらには，役員の給与の損金算入が否定される「不相当に高額な部分」の判定には，当該役員の職務内容の実態(29)についての事実把握と評価が必要であるが，これについても，ただ一つの客観的に正しい事実認定が存在するとはいえない。納税義務者の責任ではない理由で取引資料が散逸・消滅したような場合には，客観的な取引事実を把握することはできない。

以上のような場合に，課税庁と納税義務者が協議し，(著しく) 課税の公平を害しない範囲で，美術品の相続税評価額，役員の活動実態の認定，推計による収益・費用の認定等についてネゴシエーションがなされ，納税額が算出されるということは，日常的になされていることであろう。しかし，この現象を，租税法学的にどのように表現するかについては見解の相違がある。

一つは，両当事者のネゴシエーションになんらかの法的効果が結びついたというのではなく，納税義務者と課税庁との話合いの結果が，課税庁による課税要件事実の認定に反映したものとする理解がある。

これに対して，判定が困難な課税要件事実の認定過程は課税庁の権力的な調査や認定よって進められるものではなく，納税義務者との協働のもとで進められるものであるとしたうえで，上記の現象を両者のネゴシエーションによって定まったもの表現し，このネゴシエーションの法的拘束力を信義則等(30)によって導き出そうとするものである。

税務行政過程でのネゴシエーションを制度として承認・創設することは，実務において事実上，ネゴシエーションによる課税がなされている現実もあり，認定が困難な課税要件事実に関する限り，合法性の原則に反するもので

---

(29) 不当に高額と認定するための実質基準としては，役員の職務内容のほか，法人の収益，当該法人の使用人に対する給与の支給状況，同業種・同規模の類似法人の役員給与支給状況等の事実認定が必要になる。

(30) ドイツの財政裁判所は合意の法的拘束力を信義則によって導出するが，学説は公法契約として構成すべきとするのが有力である。学説は，信義則の適用にもとめられる厳しい要件が，公法契約には求められないことを重視するもののようである。

はないと考えられる。実際にネゴシエーションによる課税の事実がある以上，それを正式な制度として認めてよいのではないかということである。

OECD加盟の先進国のなかで，日本は租税や税務行政に対する国民の不信が強いという特徴が従来から指摘されてきている。このような租税環境があることを考慮すれば，税務行政過程においてネゴシエーションを制度化する場合には，その制度設計につき国民の不信を招かないような制度設計が必要である。課税の公平を害することのないよう，「馴れ合い」合意の発生を阻止する工夫が必要であり，合意手続（組織体制を含む）のルールを作成し，その運用の第三者機関による監督制度が必要である。

本「ネゴシエーション」研究では，この合意手続のルールを考えていくうえでの参考情報を得るために，アメリカ，ドイツ，イギリス（，フランス）における税務行政過程での合意制度を検討の対象としたものでもある。これらの研究から得られる，合意手続のルールとして必要と思われる重要なものは以下のようなものである。

① 税務行政過程や税務訴訟でのネゴシエーションによる合意は税義務の確定のための前提となる「事実関係や法状況（法解釈）が不明確」である場合に限る。
② ネゴシエーションを協議する課税行政庁の部門を，課税や徴収の部門とは分離して設置する。
③ ネゴシエーションを監視する組織を設置する（課税庁の内部組織として設置するとしても，課税徴収部門からは組織的分離をおこなう）
④ 上記の「事実関係や法状況（法解釈）が不明確」であるとの認定については，ネゴシエーションを監視する組織の了解を得る。
⑤ 納税義務者側に事実の隠ぺいなどがない限り，合意に法的拘束力を認める。

2 税務行政の効率化

　諸外国のネゴシエーション制度の導入の要因には，税務行政の効率化という観点がある。とくにアメリカの場合には，税務行政過程から税務訴訟のすべての段階で，財務長官に納税義務者との合意による紛争の解決権限が認められている。これは，限られた内国歳入庁の人的資源のもとで，行政コストに配慮することなく租税紛争において内国歳入庁側の主張を維持するのは妥当ではなく，（合意できる事項と合意できない事項は選別したうえで）一定の段階で納税義務者との合意をはかることによって，最小の行政コストで最大の税収効果を達成しようとするものである。このような考え方により，アメリカでの租税紛争のほとんどが行政過程での合意や裁判過程での和解によって終結をしている。このように，税務のすべての過程で合意による税務処理を追及することで，実際にもアメリカの徴税コストは極めて低いものになっていると指摘されている[31]。

　税務行政の効率化や徴税コストの最小化を目的とするネゴシエーションの制度的導入は，課税庁による課税要件事実の探求を緩和することになり，ネゴシエーションの制度によらないで納税義務を履行した納税義務者との対比で，課税の公平に反するとの問題が提起されうる。これについてはドイツの議論が興味深い。課税要件事実についての合意・協議を認めず，マン・パワーと時間をかけて税務調査をおこなう方法で課税要件事実を追及して納税義務の範囲を認定しようとすると，税務調査の件数（実調率）が減少することで，調査の対象とならない納税義務者が増加し，それによって課税の不公平が増大する可能性がでてくる。ネゴシエーションによって，租税をめぐる個々の紛争が効率的に処理できることで，調査の件数が増大し，課税の公平が達成できるとするものである。

---

(31)　本庄・前掲（注3）は，アメリカの徴税コストの低さの一因を，税務行政における合意の制度の存在に求めている。

3　納税者の権利救済（権利保護）

　納税者をカスタマー（顧客）とし，税務行政を当該カスタマーへのサービスとして位置付けるタイプの納税者権利憲章を有するアメリカ，イギリスにおいては，課税にかかわる納税者の不満を解決する方法を，時間と費用のかかる不服審査や税務訴訟に限定する必要はなく，第一次的に納税者と課税庁がともに（一定の）満足を得る合意にもとめるべきものとされているようである。この両者の満足の達成ということからは，もちろん，税務争訟においても和解が排除される理由はないことになる。

　日本での行訴法の改正，さらには法科大学院の開設などの一連の司法改革後において，行政訴訟での原告勝訴率は逆に低下しているとの指摘がなされている[32]。行政訴訟の原告勝訴率（一部勝訴を含む）は約10%であるが，2011年度の税務訴訟における原告勝訴率は13.4%である（同年度の異議申立ての救済率8.3%，審査請求では13.6%となっている）。この数値については様々な評価がありえるが，形式的な数値のみに着目するならば，ドイツなどと比較する限り極めて低い原告勝訴率といえよう。

　ドイツやアメリカに対する日本の税務争訟の特徴は，その救済率の低さという点のみならず，不服審査や訴訟の件数が極めて少ないということである。このことは，税務争訟における救済への納税義務者の不信ということを示しているとも指摘される。しかし，課税をめぐる納税義務者の不満自体が外国に比して極端に少ないとは考えられず，上記の税務争訟件数の少なさは，それらの不満の大半が税務行政過程において，なんらかの形で「処理」されているということであろう。その調整の内容の評価については様々な考え方があると思われるが，少なくとも，多くの税務行政過程における租税紛争に対して，課税庁と納税義務者のネゴシエーションによる処理がなされているということであろう。

---

(32)　山下清兵衛「軽装備の専門的紛争解決システムの優位と協議・和解制度の必要性」（税務訴訟6号・2012年）83頁

このように考えることができるとすれば，日本における納税者の権利救済にとって，税務行政過程でのネゴシエーションの実態の分析にもとづく手続的ルール（その基礎には法律による特別の定めが必要である）の作成は，納税者権利憲章をもつ国のアプローチとは異なる意味で重要な意義を有することになる。

［参考：行政上の和解をめぐる文献］
1．『行政事件訴訟特例法逐条研究』（1957 年，110 頁以下）
2．松浦馨「裁判上の和解－その概念について－」（『契約法大系Ⅴ（特殊の契約 1）』所収・1963 年，219 頁）
3．南博方「行政訴訟上の和解」（『行政訴訟の制度と理論』所収・1968 年,133 頁）
4．三宅弘「情報非公開決定処分取消訴訟における和解」（判例タイムズ 705 号 29 頁，1989 年）
5．「研究会・現代型行政訴訟の検討課題」（ジュリスト 925 号 86 頁，1989 年）
6．東條武治「行政事件訴訟における和解」（『行政法の争点＜新版＞』234 頁，1990 年）
7．石井昇「行政上の和解契約の許容性」（甲南法学 30 巻 3・4 号 213 頁，1990 年）
8．石井昇「行政上の法律関係における和解――その許容性と有効性」（甲南法学 37 巻 3 号 23 頁，1997 年 4 月）
9．栗本雅和「行政訴訟における和解――諸学説の整理と展望」（南山法学 23 号 1・2 号 69 頁，1999 年）
10．司法研修所編『行政事件訴訟の一般的問題に関する実務的研究（改訂版）』（2000 年，233 頁）
11．吉村典久「ドイツにおける租税上の合意に関する判例の展開」（『公法学の法と政策（上）』2000 年，239 頁）
12．森尾成之「行政上の和解――手続規定の導入によるその共用化」（法政策学の試み（法政策研究 4）155 頁，2001 年）
13．交告尚史「行政訴訟における和解」（『行政法の争点＜第 3 版＞』126 頁，2004 年）
14．伊川正樹「アメリカにおける税務訴訟の実体（一）――税務訴訟における和解再検討の一素材として（一）・（二・完）」（民商法雑誌 133 巻 1 号 99 頁，2 号 299 頁，2005 年）

15. ホワイト＆ケース外国法事務弁護士事務所「税務上の和解――納付困難時における滞納額を巡って（Robinette 事案）」（月刊税務事例 37 巻 6 号 53 頁，2005 年 6 月）
16. 藤本哲也「東京都銀行税条例訴訟における和解の位置づけについて」（中央ロー・ジャーナル 3 巻 1 号 48 頁，2006 年）
17. 山下清兵衛「東京都銀行税条例事件判決と和解」（月刊税務事例 38 巻 5 号 38 頁，2006 年）
18. 三木晋「米国における規則制定手続と和解 (Rulemaking – Settlement) についての一考察」（法学新法（中央大学）112 巻 11・12 号 563 頁，2006 年）
19. 室井力・芝池義一・浜川清『コンメンタール行政法 II（第 2 版） 行政事件訴訟法・国家賠償法』（2006 年）103 頁以下（曾和担当）
20. 長谷川博「税務訴訟における和解の意義とその課題」（租税訴訟 1 号 174 頁，2007 年）
21. 長谷川博「税務訴訟における和解の意義」（税理 50 巻 8 号 122 頁，2007 年）
22. 本庄資「『納税者との合意』，『和解』を税務調査に導入できるか（税経通信 63 巻 2 号 149 頁，2008 年）
23. 本庄資「LMSB 局国際調査体制――『和解』を基本とする移転価格課税における不服審査局の重要な役割」（税経通信 63 巻 3 号 253 頁，2008 年）
24. 渡辺裕泰 「租税法における和解」（中山信弘・中里実『政府規制とソフトロー』209 頁，2008 年）
25. 松塚晋輔「ドイツ行政訴訟の和解と調停」（久留米大学法学 59・60 号 342 頁，2008 年）
26. 恩地紀代子「ドイツ行政裁判における和解」（北九州市立大学法政論集 36 巻 1・2 号 332 頁，2008 年）
27. クリストフ・ショーエンフェルト「ドイツ・ハンブルグ財政裁判所の概要」（租税訴訟学会・横浜支部「アメリカの税務争訟制度の実情視察報告書」（2008 年）
28. 酒井克彦「和解と租税行政における裁量権――納税者と租税行政庁との間の『合意形成』は許容されるべきか」税理 53 巻 3 号 187 頁，2010 年）
29. 斎藤浩「行政訴訟における和解――ニューオーリンズケースを素材とする考察」（立命館法学 336 号 1 頁，2011 年）
30. ヤン・グロテア「ドイツの税務訴訟について」（税務事例 44 巻 3 号 1 頁・2012 年）
31. 片山直子「イギリスの租税審判所による納税者の権利保護」（経済理論 369 号 17 頁，2012 年）

32. 山下清兵衛「軽装備の専門的紛争解決システムの優位性と協議・和解制度の必要性」（租税訴訟 6 号 159 頁，2012 年月）
33. 志賀櫻「合衆国租税裁判所」（租税訴訟 6 号 331 頁，2012 年）
34. 石川美津子「アメリカにおける ALJ（行政法審判官）制度の概要（租税訴訟 6 号 288 頁，2012 年）
35. 片山直子「イギリス歳入関税庁（HMRC）による調停（mediation）の活用に向けた取り組み」（和歌山大学経済学会「研究年報」16 号 41 頁，2012 年）
36. ヤン・グロテア（手塚貴大訳）「ドイツにおける財政裁判所の手続」（租税法研究 40 号 17 頁，2012 年）

税務行政におけるネゴシエーション

第2章 ドイツのネゴシエーション

広島大学法学部准教授 手塚 貴大

I はじめに

　本稿は，ドイツ税務行政におけるネゴシエーションに係る議論を扱う。こ
こでネゴシエーションの定義であるが，差し当たり，課税庁と納税義務者と
の間の接触を広く含むものと理解しておく。通常税務行政においては合法性
の原則に基づいて課税庁の法適用作用は厳格な法律の執行と性質決定され
る。すなわち，ドイツ租税法学においては凡そ次のように言われる。法律は
課税権力の行使に係る制約ではなく，推進装置（Antrieb）であり，ドイツ租
税通則法85条は法律に基づいた賦課徴収を要請し，法律に基づかない租税
の減免を許さないことを求める。また，課税に際しては事実関係の解明は職
権主義に基づいて行われる，と[1]。この言明の意味するものは，おそらく
は，凡そ合法性の原則は，課税という国家権力の行使について一定の枠を設
定し，その中で課税庁に自由に行動することを許すというものではなく，課
税は厳格な法律の覊束のもとで課税庁により行われるべきものであることを

---

(1) Hey, Johanna, in: Tipke, Klaus/Joachim Lang (Hrsg.), Steuerrecht 21.Aufl.,
　　 Köln 2013, §3 Rz.238; Seer, Roman, a.a.O., §21 Rz.1ff.

示し，そうした課税を執行する動力となるものが法律である，ということであろう。とするならば，法解釈および事実認定の両方の場面において，課税庁は厳格に法律の覊束のもとに置かれているように思われる。しかし，現実には一定の裁量，納税義務者との間の交渉的な作業に基づく事実認定等が行われていると考えられる。この点，わが国でもドイツ租税法学における議論に倣い，租税法領域において，課税庁による慎重な事実解明後において事実認定の余地がある場合に，許される限りで，法律要件適合性に反することなく，課税庁と納税義務者との間で和解契約の締結可能性はあるとする見解もある[2]。さらに，わが国では，裁判終了までにかかる時間と費用を考慮し，早期に法的安定性を確保する必要性等が実務家により認識され，それ故租税法上も和解に係る需要は相当あるという指摘もある[3]。そこで，課税庁と納税義務者との間のそうした性質を持つ作用を幅広く検討俎上に乗せることが研究上有意義であろうし，加えて，そうしたネゴシエーションという作用の外延は明確に画することができるほど理論上整理ができているとは言い難いと思われる。

さて，かような状況を直視して，本稿は以上の問題を以下の手順で検討する。まず，先に触れた問題意識としてネゴシエーション，つまり交渉的性質を有する課税庁と納税義務者との間で行われる作業を掬い上げるという趣旨から，一つの例としてドイツ租税法学において議論の対象となる事実に関する合意（tatsächliche Verständigung）[4]を取り上げる。これは，後にも触れるが，一般的には課税庁と納税義務者との間で不明な事実関係について合意を行い，事実関係を明確化した上で，それをベースに課税を行うという際の

---

(2) 木村弘之亮『租税法総則』(成文堂，1998年) 107頁。
(3) 渡辺裕泰「租税法における和解」中里実編『政府規制とソフトロー』(有斐閣，2008年) 209頁，229頁。
(4) ドイツにおける研究成果として，例えば，Seer, Roman, Verständigung im Steuerverfahren, Köln 1996; Englische, Joachim, Bindende "tatsächliche" und "rechtliche" Verständigung zwischen Finanzamt und Steuerpflichtigen, Bonn 2005.

合意である。これは,特に,事実関係につき,推計,評価,判断または証拠評価の各余地がある場合に用いられるという[5]。そして,とりわけ,租税手続において事実に関する合意が如何なる態様で投入されているのかという点について,具体的に概観し,把握する必要があるであろう。後に見るように,ドイツ租税手続法においては,事実に関する合意のみではなく,合意的手法を以てなされるネゴシエーションが見られる場合はいくつかある。また,これは国際課税における移転価格税制に係る事前確認制度のもとでも見られる。なお,最近では,ドイツ財務省が事実に関する合意に係る租税手続上の扱いに関する文書を公表した[6]。事実に関する合意はこれを基に運用がなされているようであるので,詳細を本稿末尾に訳出しておく。これにより,わが国での同種の現象について（ネゴシエーションに係る手続的整備を行うという意味で）規律を及ぼすための参考資料が提供されうる。

　本稿では,以上に照らして,まず,事実に関する合意の意義・歴史を簡単に見て,その基本構造を鳥瞰した後,それが具体的に如何なる態様で利用され,そして如何なる要件のもとで,かつ如何なる理論的背景を持ちつつそれが許容されるかを検討する。それを以てわが国の税務行政におけるネゴシエーションに係る議論について示唆を獲得することを企図する。

II　事実に関する合意

1　事実に関する合意の意義,機能,要件

(1)　意義

　事実に関する合意とは,学説上の代表的な定義を参照すると,租税法上の

---

(5)　Grotheer, Jan/ 手塚貴大（訳）「ドイツにおける財政裁判所の手続—"事実に関する合意"を中心に—」租税法研究40号26頁。
(6)　BMF-Schreiben v.30. 07. 2008 - Ⅳ A 3- S 0223/07/10002 "Tatsächliche Verständigung über den der Steuerfestsetzung zugrunde liegenden Sachverhalt"。

問題を処理することについて，課税庁と納税義務者との間でなされる，紛争を回避するために拘束力を持たせつつ締結される合意であって，事実関係が解明不能，解明困難または甚大な，そして不相当な費用を費やしてのみ解明可能であるときに利用されるもの[7]，を意味する。とりわけその許容性の要件については判例上明らかにされてきた。その判例も含めて制度の展開を紙幅の都合上簡単に以下に振り返る[8]。

まず1919年のライヒ租税通則法（Reichsabgabenordnung）においては，広い意味での合意に関する規定はなかった。ライヒ財政裁判所も，適用される法に関する合意に繋がっていくおそれがあるため，課税庁と納税義務者との間のそうした合意を否定していた。やがて1930年にライヒ租税通則法が改正され，同法210h条3号，220条3号において，帝国財務相に対して課税手続における合意およびそれに類似する法形式に係る許容性および法効果を決定する授権規定が配備された。この点，ライヒ財政裁判所はかような合意に係る拘束力を否定していたが，1941年9月10日判決においてそれを承認した。

その後第二次世界大戦後，1977年に至り，ドイツ租税通則法（Abgabenordnung）が規定され，そうしたライヒ租税通則法上の規定は承継されなかった。その後，いくつかの合意に関する規定（後にいくつか挙げるが，例えば，ドイツ租税通則法224a条等）が配備されたが，それらはあくまでも明文の規定に基づくものであった。本稿で主たる検討課題とする事実に関する合意は第二次世界大戦後判例上発展してきたもので，特に，1984年の連邦財政裁判所によって，その許容性，適用要件等が明確にされた[9]。そうした合意は

---

(7) Seer, in: Tipe/Lang (Hrsg.), Steuerrecht (Fn.1), §21 Rz.21.
(8) 以下の事実に関する合意に係る歴史的展開については，Englisch, Bindende "tatsächliche" und "rechtliche" Verständigung (Fn.4), S.7 ff.; Lockmann, Judith, Verständigung zwischen Finanzbehörde und Steuerpflichtigen: Die "tatsächliche Verständigung" — Grundlagen, Vorraussetzungen und Folgen, Hamburg 2013, S.3 ff. に負う。
(9) BFH-Urt. v. 11. 12. 1984　VⅢ R 131/76, BStBl. Ⅱ 1985, 354.

実際上の必要性が極めて高いと考えられていた[10]。

(2) **機能**

では，事実に関する合意は，税務行政の領域において如何なる機能を発揮しているのか。この点，わが国でも教科書で触れられているが，「…現実の租税行政においては，当事者の便宜や能率的な課税等のために，たとえば収入金額なり必要経費の金額なりについて和解に類似する現象が見られないではない…，これは法的に見る限りは，両当事者の合意になんらかの法的効果が結びついたというのではなく，納税義務者と租税行政庁との話し合いの結果が，租税行政庁による課税要件事実の認定に反映したものと理解すべきであろう。」[11]，「…税額，あるいはそれを計算する際の収入金額や必要経費などについて納税義務者と税務官庁がある程度のところで，実際上，手を打つことがある。」[12]という記述を見ると，事実に関する合意またはそれに類する現象は，既に触れたが，税務行政の実際においては広く見られるものと言えるのかもしれない。勿論，先の引用文における，例えば税額についての手打ちは，仔細に見れば租税法律主義との関係で問題を持ちうるであろうが，ともかくネゴシエーションは行われているのである。したがって，この事実に関する合意は実務上相当程度に利用されており，実例も豊富であるとされるので，事実に関する合意については実例を挙げ，その実際上の投入場面を具体的に示すことによって，その課税の場面における有効性を明らかにするのがよいであろう。それを通じてドイツにおける事実に関する合意の現状が明らかとなろう。但し，そのすべてを筆者が把握し，論述することはできないので，資料により確認可能であるそのうちの一部について本稿は言及する。また，それと並んで，ドイツにおいては，事実に関する合意の他にも，課税庁と納税義務者との間で合意がなされることがあるので，そうした

---

(10) BFH-Urt. v. 5. 10. 1990 Ⅲ R 19/88, BStBl. Ⅱ 1991, 45.
(11) 金子宏『租税法 第十八版』(弘文堂，2013 年) 79-80 頁。
(12) 岡村忠生他著『ベーシック税法 第 7 版』(有斐閣，2013 年) 306 頁 (高橋祐介執筆)。

合意の可能性についても可能な限り言及する。

　まず，一に，ドイツ租税通則法148条は，一定の場合に，納税義務者の帳簿作成・保存義務を緩和する。その際，課税庁と納税義務者との間で合意を通じて緩和の可能性を予め明らかにしておくことがなされる[13]。さらに，同156条2項第一選択肢において，課税が功を奏さないときには，賦課処分を行わない，または一部をしないことが可能となる。そうした賦課処分の実行に係る合意がなされることがある[14]。

　二に，ドイツ租税通則法163条により，賦課処分を行う段階で，衡平（Billigkeit）を根拠とする納税義務の免除（Erlaß）がなされうるが，免除の可否を合意を通じて明らかにしておくことがなされる[15]。こうした合意は，ドイツ租税通則法222条の納税猶予，同227条の免除の際にもありうる[16]。また，同258条による執行の猶予がなされる際には，同240条の加算税が課されないように，加算税を課さない旨の合意がなされることがある[17]。

　三に，ドイツ租税通則法226条により認められる，課税庁の租税債権と納税義務者の国に対する債権との相殺について，それを相殺の合意という形式で行われることがある[18]。

　四に，後にも触れるが，ドイツ租税通則法224a条により，相続税・贈与税について美術品等による物納が認められる。その際には，合意の形式が予定されている[19]。

　五に，雇用者が被用者に支払ったリベート（Personalrebatte）が，ドイツ所得税法19条2項1号，同8号に規定する金銭価値ある利益に該当するか否かについての紛争が生じている場合，合意を以て推計課税の是非が明確に

---

(13)　Seer, Verständigung（Fn.4），S.19.
(14)　Fn.13.
(15)　Seer, Verständigung（Fn.4），S.19 ff.
(16)　Seer, Verständigung（Fn.4），S.20.
(17)　Seer, Verständigung（Fn.4），S.29.
(18)　Seer, Verständigung（Fn.4），S.25.
(19)　Seer, Verständigung（Fn.4），S.26 f.

されることがありうる[20]。さらには、ドイツ所得税法40条により、雇用者が多数の被用者に支払った現物給与について、それに適用されるべき概算的源泉徴収税率 (Pauschsatz) は課税庁と納税義務者との合意を通じて決定されうる[21]。源泉徴収義務の有無についてもそうした合意はありうる[22]。

六に、後にも触れるが、推計課税の際の合意もある。すなわち、推計課税は課税庁が実額の把握をできない場合に行われるが、推計課税によるよりは、それが可能であっても、敢えてそれを行わず、不明な事実関係について合意を用いて課税を行ったほうが、推計課税によって納税義務者が事後的に訴訟でそれを争うということが回避される。

七に、財政裁判所における合意[23]である。これは、訴訟の段階で不明または解明困難な事実関係について、協議期日（ドイツ財政裁判所法79条1項1号）において、例えば、自らに対する賦課処分の根拠を課税庁から説明を受け、納得し、自らの訴えを取り下げたり、課税庁の側で当初の賦課処分の内容を変更したりすることがあるが、それと並んで、裁判所において当事者間での紛争対象事実について、それが不明または解明困難である場合には、課税庁と納税義務者とが事実に関する合意を行うというものである。その際、協議は法律問題についても及ぶので（先に挙げた条項）、法律問題に関する合意も実はありうる。

八に、ドイツ租税通則法364a条により、不服申立手続において、課税庁と納税義務者との間で事実問題または法律問題について合意を行い、同手続を終了させることがありうる[24]。その場合、例えば、課税庁は賦課処分を合意の内容に沿って修正し（同172条1項1文2a号、132条）、納税義務者は不服申立を取り下げることになる。加えて、不服申立における仮の権利保護に

---

[20]　Seer, Verständigung (Fn.4), S.36.
[21]　Seer, Verständigung (Fn.4), S.37.
[22]　Seer, Verständigung (Fn.4), S.37.
[23]　詳細は、参照、Grotheer/手塚（訳）・前掲注(5) 23頁以下。
[24]　Seer, Verständigung (Fn.4), S.34 ff.

ついても同様のことがありうる[25]。すなわち，賦課処分の違法に係る重大な疑義があったり，執行が納税義務者にとって不衡平であったりする場合には，課税庁は執行の停止を行うことができる（同361条2項）。その際，課税庁と納税義務者とが合意をして，納税義務者に担保提供を行わせた上で，執行停止をすることがありうる（同361条2項）。

最後に，九に，租税刑事手続における合意[26]である。これは，課税手続における事実に関する合意の内容が，当該納税義務者に係る租税刑事手続における認定されるべき事実のベースとなるということである[27]（Gesamtbereinigung）[28]。これは事実認定につき，確かに効率的であり，手続の促進には資する。加えて，連邦憲法裁判所はかような合意を許容する[29]。しかし，まったくのフリーハンドで被告人と検察官との間で合意が締結されるわけではない。右決定の該当箇所を要約すれば以下の如し。"公判期日において，裁判官の解明義務の適用，法的包摂，量刑に係る諸原則を訴訟当事者の自由にさせることができず，言うなれば，判決の衣装を着た和解，つまりは，"正義の取引"に裁判所，検察官が関わることは許されない。したがって，合意締結の許容性に係る基準は，被告人が持つ公正な法治国家手続を求める基本権であり，具体的には，正義の観念，刑事司法の機能性，被告人の刑事

---

(25)　Seer, Verständigung (Fn.4), S.45.
(26)　詳細は，例えば，Seer, Roman, Konsensuale Paketlösungen im Steuerstrafverfahren, in: Hirsch, Hans Joachim/Jürgen Wolter/Uwe Brauns (Hrsg.), Festschrift für Günter Kohlmann zum 70.Geburtstag, Köln 2003, S.535ff.; Eich, Andreas, Die tatsächliche Verständigung im Steuerverfahren und Steuerstrafverfahren: Zulässigkeit・Rechtsnatur・Auswirkungen・Strategien, Köln 1992, S.52 ff.
(27)　Lockmann, Verständigung zwischen Finanzbehörde und Steuerpflichtigen (Fn.8), S.28.
(28)　Seer, Konsensuale Paketlösungen (Fn.26), S.537. また，参照，Pflaum, Ulrich, Kooperative Gesamtbereinigung von Besteuerungs- und Steuerstrafverfahren: Die Verbindung von steuerrechtlicher und strafprozessualer Verständigung, Berlin 2010, S.254 ff.
(29)　BverfG-Beschl. 27. 1. 1987-2 BvR 1133/86-NJW 1987, 2662 f.

手続における平等扱いの観点からその許容性を個別的に検討していくこととなる"，と。また，連邦通常裁判所も同様の立場を採る[30]。該当箇所を要約すると以下のとおり。"租税刑事手続においても手続当事者間，裁判所と当事者との間での合意は排除されない。それについては実定法上具体例が多くあり，例えば，被告人および検察官の同意という条件のもと手続を中断することもありうるし（ドイツ刑事訴訟法153a条），被告人の自白により，裁判所が刑の軽減を行うとする合意もありうる。但し，自白の内容の真偽を裁判所は判断する。また，裁判所の関与も前提としつつ，判決の内容についての合意は不可能である。これは法治国家原則に違反する。さらに公判期日外で合意を行うことは裁判所構成法169条の公開性原則に違反する"，と。以上のような判例が定立する基準に加えて，いくつか理論的観点からの批判がある。そもそも，課税処分に係る手続および租税刑事手続は別目的を有する相互に独立した手続であるということ[31]の他に，例えば，租税刑事手続における刑事制裁は納税義務者によって行われた実行行為を基準としてそれに釣り合う制裁を科するためのものであり，課税庁と納税義務者との間の交渉に基づく事実に関する合意の内容をベースとした刑事制裁は前叙の原則論とは性質上相容れないと言われる[32]。これは結局前叙の課税手続と租税刑事手続との間における目的論の相違から生ずる問題であるとも言えよう。加えて，かような問題を比喩的に"免罪符のための取引（Ablaß-handel）"[33]とも批判される。さらには，極端な場合，実務上課税庁と納税義務者との間でその交渉により，訴追機関としての課税庁が刑を軽くする代わりに，税額を法律の定めよりも多く納税させるということも言われる[34]。なお，事実に関する合意が自白と同視しうるかという問題もある。仮に自白

---

(30) 4. Strafsenat. Urt. 28. 4. 1997 g. H. 4 StR 240/97, BGHSt 43 195 ff., 202 ff.
(31) Lockmann, Verständigung zwischen Finanzbehörde und Steuerpflic-htigen (Fn.8), S.29.
(32) Seer, Konsensuale Paketlösungen (Fn.26), S.544 f.
(33) Seer, Konsensuale Paketlösungen (Fn.26), S.549 ff.

と見うるならば，刑事判決も事実に関する合意をベースとなしうる。この点，例えば，ロックマン氏は，否定的に解する。所論によれば，事実に関する合意の締結が検察庁から自律的な事実関係解明作用を奪うことはできないということ[35]の他に，自白とは帰責および法効果の問題を判断するについて重要でありうるそうした実行行為または個々の事実関係の"認容"であって，事実に関する合意は不明な事実関係について相互の互譲を通じて擬制的に事実関係を形成するそうした"妥協・近似値の獲得"であって，両者は内実を異にし，相克するというのである[36]。

第六から第九の設例が事実に関する合意に該当すると言い得ようが，以上の実例に照らしてみると，一定の問題も含みつつも，事実に関する合意により次のメリットがもたらされるということができよう。一般に言われることは次の諸点である[37]。それは，すなわち，満足機能（Befriedigungsfunktion）および法的平和（Rechtsfrieden）を創出することが可能になることである。

---

(34) Füllsack, Markus, Informelle Verwaltungshandeln im Steuerrecht, Konstanz 1995, S.157 f. この点，Seer, Konsensuale Paketlösungen（Fn.26），S.546 f. におけるゼーア教授の議論にも触れておくと便宜である。所論はいわゆる"融合禁止"に触れるのであるが，例えば，ドイツ租税通則法162条の推計課税を納税義務者が受け入れる場合には，国家は当該納税義務者の起訴を行わない，という設例がそれに当てはまるという。ここで，融合禁止の目的は，"高権の在庫一掃セールの禁止"，"法の商業化の防止"と比喩を以て論じられるが，言うなれば，国家による権限の適正行使の必要性が所論の主張であろう。換言すれば，推計課税の実施と起訴の是非の判断との間にはまさに関連性はないのである（例えば，参照，BVewG-Urt. 6. 7.1973 ―BVerwG Ⅳ C 22.72― BVerwGE 42, 331, 338f.）。さらには，公権力の行使が何らかの経済的利益の供与の対価であってはならない（例えば，参照，BVerwG-Urt. 17. 5. 1983 ―BVerwG 1 C 163.80― BVerwG 67, 177, 182.）。
(35) Lockmann, Verständigung zwischen Finanzbehörde und Steuerpflichtigen (Fn.8), S.30.
(36) Lockmann, Verständigung zwischen Finanzbehörde und Steuerpflichtigen (Fn.8), S.30.
(37) 詳細は，Grotheer/ 手塚（訳）・前掲注(5) 23-25頁。Seer, Verstän-digung (Fn.4), S.10; Wünsch, Doris, in: Pahlke, Armin/Ulrich Koenig (Hrsg.), Abgabenordnung 2.Aufl., München 2009, §88 Rz.49.

前者は，凡そ，課税庁による一方的行為により納税義務者の権利義務の範囲が画されるというわけではなく，納税義務者の見解が課税庁との間の合意に反映されるという点で，納税義務者は課税処分に係る一連の過程において，課税処分等に納得をすることになることを意味する。後者は，凡そ，同じく合意を通じて課税庁の一方的行為のみに拠らずに税負担が決定されるために（換言すれば，これは，直前で述べた事実認定についての納税義務者の関与に拠ることである。），課税処分後の紛争が生じにくいということを意味する。なお，事実に関する合意はいわゆるインフォーマルな行政活動（informalle Verwaltung-shandeln）とされることがあり（その意義づけについては後述する。），それについて一般的に言及されることにも付言しておく。そのメリットとして，税務行政の実効性・実践性，柔軟性，法的不安定性の除去[38]，紛争回避・平和創出が挙げられる[39]。いずれも事実に関する合意のメリットとしても承認されうるものである。加えて，ヒュルサク氏は事実に関する合意がなければ，税務執行は麻痺するとさえ言う[40]。但し，例えば，事実に関する合意が締結される場としての協議期日であるが，これを求める納税義務者の法的請求権は認められない[41]。

しかし，逆に，事実に関する合意は次のような問題をも含んでいるとされるのであって，すなわち，租税請求権についての合意がなされる場合，それは租税法律主義に反するのではないか，という点である。前叙のごとく，事実に関する合意は納税義務者にも税務行政上のメリットが生じるのであるが，法律によって定められる税負担について法律上の根拠なく合意を通じて

---

(38) この法的不安定性の除去については，事前照会制度がその手段として認識されることになろうが，例えば，Seer, Roman, Besteuerungsverfahren; Rechtsvergleich USA-Deutschland, Heidelberg 2002, Rz.147. によると，事前照会の手続を踏む時間的余裕がない場合には，事実に関する合意の締結を以てそれに代えることがありうるという。
(39) Füllsack, Informelle Verwaltungshandeln（Fn.34）, S.11 ff.
(40) Füllsack, Informelle Verwaltungshandeln（Fn.34）, S.138.
(41) Grotheer/手塚（訳）・前掲注(5) 24頁。関連することにつき，Ⅳ 2を参照。

その内容に影響を与えるということが許されないのは当然である。具体的には，ドイツ租税法学において言われるのは，租税合意（Steuervereinbarung），租税和解（Steuervergleich）は許容されない，ということである[42]。これの意味するところは，要するに，法律の定めに従って生ずる税額を法律の明文の規定なくして課税庁と納税義務者との間での協定を通じて減免すること，課税庁が法規定の適用について納税義務者と合意をしてその適用または不適用を決定すること，課税庁が納税義務者との合意を以て疑義ある法解釈を明らかにすることを指す[43]。これはわが国でも当然のこととされており，まったく正当であろう。そこで，とりわけ，事実に関する合意を論ずるに際しては，租税法律主義に違反する合意は如何なる合意かがドイツにおいても議論されている。これについては2(1)で論ずる。

(3) **要件**

事実に関する合意は租税手続において前叙のメリットを発揮するが，如何なる場合においても課税庁および納税義務者はフリーハンドでそれを利用できるわけではなく，いくつかの要件の充足が求められる。先に見たように，事実に関する合意は判例上発展してきたのであるが，それにより，いくつかの要件が定立されている。尤も，後にも検討するように，租税法の基本原則との整合性は必ずしも明確にはされてはいなかった。それを受けてドイツ租税法学においてはとりわけ理論的側面から判例における要件を整理し，その分析が行われた。まず，判例上の要件とされるものについて学説の整理に拠りつつ，以下に挙げ，検討していく。

まず，一に，拘束力ある合意を行うという当事者の意思（Bindungswille）である[44]。信義則に拘束力の根拠を求める判例の立場からすれば，これは当然に必要であろう。また，契約の申込・承諾に係るドイツ民法145条，同

---

(42) 例えば，Tipke, Klaus, Steuerrechtsordnung Bd.I 2.Aufl., Köln 2000, S.132.
(43) Söhn, Hartmut, in: Hübschmann, Walter/Hepp/Armin Spitaler (Hrsg.), Abgabenordnung Finanzgerichtsordnung:Kommentar, Köln Stand Oktober 2002,§78 Rz.158.

151 条がアナロジーで適用されることになるという。

　二に，権限ある行政庁による合意の締結である。これは原則的に賦課処分を行う権限ある行政庁（Vorsteher）であるとされる[45]。

　三に，事実解明が不可能または困難であるということである[46]。これは判例の言明であるが，学説はその意味することを今一歩掘り下げる。すなわち，課税庁は原則として事実関係を職権で解明し，そうした事実関係につき完全な心証を獲得した上で，課税を行わねばならない（いわゆる 100%-Doktrin。租税訴訟におけるものが課税手続にも当てはまるものとされる結果，そのようになっている。）[47]が，一定の場合には，性質上前叙の原則が緩み，事実関係につき，必ずしも完全な心証を獲得しないまでも課税をすることが許される場合が生じるというのである[48]。すなわち，一定の場合には，個別の案件における事実関係について，本来必要とされる課税庁の証明の程度が下がるというのである。さらには，ドイツにおいては法律問題に関する合意も実態としてはなされているので，法律解釈について複数の選択肢があり，いずれを採るべきかが一概には決しきれない場合もそれに当てはまると言われる[49]。この点，証明の程度の低下に係る具体例については，ゼーア教授は次のように整理する（これは特に，事実に関する合意が利用可能な局面を明らかにすることにもつながる。）。一に，評価余地がある場合である[50]。例えば，ド

---

(44)　BFH-Urt. v. 14. 9. 1994 -IR 125/93- BFH/NV 1995, 369, 370.
(45)　BFH-Urt. v. 28. 7. 1993 -XIR 68/92- BFH/NV 1994, 290. なお，賦課処分担当の責任者（Veranlagungssachgebietsleiter），不服申立の機関（Rechtsbehelfsstelle）もそうでありうるという。
(46)　BFH-Urt. v. 11. 12. 1984（Fn.9）; BFH-Urt. v. 6. 2. 1991 -IR 13/86- BStBl. II , 673, 671.
(47)　例えば，参照，Lambrecht, Claus, Normative Bindung und Sachverrhaltserfassung, in: Friauf, Karl Heinrich (Hrsg.), Steuerrecht und Verfassungsrecht, Köln 1989, S.79 ff.
(48)　Englisch, Bindende "tatsächliche" und "rechtliche" Verständigung (Fn.4), S.42.
(49)　Englisch, Bindende "tatsächliche" und "rechtliche" Verständigung (Fn.4), S.44.

イツ所得税法6条1項1号3文の"部分価額（Teilwert。ドイツ評価法10条によると，ある企業の取得者が全体としてのその購入価格の枠内において個々の資産につき算定する価格をいう。）"，同16条3項4文の"共通価額（gemeiner Wert。ドイツ評価法9条1項によると，資産の取得後通常の取引において譲渡の際に獲得されるであろう価格を通じて決定される。）"，減価償却に係る同7条1項2文の"資産に係る事業の用に通常供される期間（betriebsgewöhnlichen Nutzungsdauer des Wirtschaftsguts）"，同7条4項2文の"建物の実際の使用期間（die tatsächliche Nutzungsdauer eines Gebäudes）"である。二に，概算化課税の場合である[51]。例えば，先にも言及したドイツ所得税法40条1項における雇用者が被用者に支払う現物給与に係る評価および概算的源泉徴収税率である。三に，必要経費と家事費・家事関連費との識別の場合である[52]。例えば，ドイツ所得税法4条1項2文における私的払出の計測に係る私的利用の範囲，ドイツ売上税法1条1項2b号における売上税の納税義務に係る自家消費の範囲，ドイツ法人税法4条1項における納税義務を負う事業と同4条5項におけるそうではない事業との間の共通コストの限界づけ，ドイツ租税通則法64条の公益法人に係る経済取引事業と公益事業との限界づけが挙げられる[53]。四に，推計課税の適用場面である。解明不能な事実関係について，解明すべき事実関係に係る高い蓋然性の範囲内，換言すれば，真に存在する事実関係に近似するものと言いうる範囲内で推計が行われるのであるが，例えば，特定の推計結果，推計方法に係る合意がなされるのである[54]。そして特にこれは立証責任と関係がある。それは以下の論理展開に従う[55]。通常は租税手続における立証責任は訴訟におけるそれと同様に考え

---

(50)　以下について，参照，Seer, Verständigung (Fn.4), S.196 f.
(51)　Seer, Verständigung (Fn.4), S.199 f.
(52)　Seer, Verständigung (Fn.4), S.201 f.
(53)　Seer, Roman, Verträge, Vergleiche und sonstige Verständigungen im deutschen Steuerrecht, StuW 1995, 217.
(54)　Seer, (Fn.53), StuW 1995, 216.

られ，いわゆる法律要件分類説に従っている。すなわち，税負担を根拠づける事実については課税庁が，税負担を減少させる事実については納税義務者が立証責任を負う。しかし，一定の場合に，それが修正され，例えば，納税義務者が租税手続上の義務を果たさないがために，事実関係が解明されないときには，仮に課税庁が立証責任を負う場合であっても，課税庁に事実関係の完全な解明をさせることは現実的ではないので，課税庁のもとでの完全な事実関係解明の義務は生じず，事実に関する合意を利用しつつ，課税のベースとなる事実関係を措定することもありうることになる。ここでは納税義務者の協力義務違反による事実関係の未解明に基づく課税の放棄がなされることは許されないので，推計課税の可能性が生じるが，その際には，課税庁は厳格に事実関係を立証する必要はなく，証明の程度は下がるのであって，推計課税によるのではなく，ここに事実に関する合意の可能性が広がるのである。

　以上のことを敷衍すると，証明の程度の低下は，租税手続における協働主義 (kooperationsmaxime) とも関係するとも言われるのである[56]。すなわち，租税手続においては，確かに，課税庁が自律的に完全な事実関係の解明を行った上で課税すべきなのではあるが，納税義務者は事実関係の解明について"領域を基準として共同責任 (sphärenorientierte Mitverantwortung)"を負っているというのである。課税庁は"公共の利益の受託者 (Treuhänderin der Gemeiwohlinteressen)"として租税手続において現れ，職権主義に基づき先のような意味で事実関係の解明に責任を負うが，ドイツ租税通則法は例えばその 90 条等で納税義務者に協力義務を課しており，これの意味することは，納税義務者も事実関係の解明に前叙の共同責任を負っていることである。そこで，納税義務者の協力義務違反は，課税庁による証明に係る程度の

---

(55)　以下については,Seer, in: Tipe/Lang (Hrsg.), Steuerrecht (Fn.1), §21 Rz.20, Rz.207 f.
(56)　Seer, in: Tipe/Lang (Hrsg.), Steuerrecht (Fn.1), §21 Rz.4.

低下がその効果として結びついているというのである。その結果，立証責任を先のように領域に応じて分配するということを徹底させつつ，納税義務者が協力義務を果たさないことにより，税負担を根拠づける要件事実が不明または解明困難であるときには，課税庁が必要である証明の程度が下がり，事実に関する合意の可能性が開かれるという。また，仮に，前叙のようなケースにおいて，課税庁が納税義務者の不利に立証責任を負わせ，推計課税を行うことによって，後の紛争発生の原因を残すよりは，事実に関する合意を納税義務者と締結することを通じて，そうした紛争を回避し，法的平和を創出したほうが，事案解決のあり方として優れているとも言いうる。加えて，それは課税庁の事案処理の効率化にも資するであろう。なお，その他にも，学説を見ると，従前キルヒホフ教授は，事実関係の解明可能性が得られない際に，実効的かつ経済的課税を行うことを可能にするもの[57]としていた。

　四に，合意の締結を通じて明白に不当な結論に行き着かないことである[58]。これは，典型的には，法律に違反する合意を行うことは許されないことを指す。一例としては，租税債務を法律上の根拠なく減免する場合が，それであろう。但し，後にも述べるように，現実には，事実に関する合意の締結の枠内で，法律問題に係る合意もなされている。例えば，ドイツ租税通則法42条の"不相当な法形成"，同42条1項の"形成可能性の濫用"，ドイツ所得税法4条5項7号，9条5項の不相当な事業支出または必要経費，"取引通念に従ったところの不適正とみなされる費用"，"職業または事業に基因する費用"，ドイツ対外取引税法1条の結合法人間の国際取引に係る不相当な給付の意味内容に係る合意がそれに当たるとされる[59]。したがって，こうした法律問題に係る合意が行われる際には，例えば，法律解釈の結果として，その文言に包摂され得ないものが採用されたとき，法律解釈の方法とし

---

(57) Kirchhof, Paul , Der Einfluß des Verfassungsrechts auf die Entwicklung des Steuerrechts, Stbg 1995, 73 f.
(58) BFH-Urt. v. 31. 7. 1996 -XIR 78/95- BStBl. Ⅱ 1996, 625, 626.
(59) 以上，Seer, (Fn.53), StuW 1995, 218.

て採り得ないものが採用されたときにはかような合意は許されないことになろう[60]。そして、これが要件として観念されることの意味するものは、ドイツ行政手続法59条2項2号におけるように、この要件が充足された場合には、事実に関する合意が無効となるということとされる[61]。

最後に、五に、形式である。これは事実に関する合意に特別の様式、具体的には文書による合意が必要か否かという点で問題となる。この点判例は明確に文書形式を要求してはおらず、課税庁と納税義務者との合意を通じて拘束力は生じる。しかし、課税庁による実務は合意の文書化を要求する。これには意思の明確化に資するという理由があり、その背景として、ドイツ行政手続法57条のアナロジーを以て、拘束力を発揮する合意内容を当事者間で明らかにするという発想がある[62]。また賦課処分（ドイツ租税通則法157条1項）は要式行為として文書が必要であるため、それに関連する事実に関する合意にも文書化を要求するべきであるとの立場もある[63]。さらには、文書化につき、合意内容につき当事者の精査を促す警告機能、当事者にとって合意内容が可視化され、納得が深まるという満足機能をも挙げる立場がある[64]。

2　事実に関する合意の基礎理論

以上のように、事実に関する合意に係る大まかな事項は明らかになったが、事実に関する合意が税務行政の基礎理論において如何なる位置を占めて

---

(60) Englisch, Bindende "tatsächliche" und "rechtliche" Verständigung (Fn.4), S.54.
(61) Englisch, Bindende "tatsächliche" und "rechtliche" Verständigung (Fn.4), S.55.
(62) Englisch, Bindende "tatsächliche" und "rechtliche" Verständigung (Fn.4), S.58.
(63) Buciek, Klaus D., Bindende Erklärungen der Finanzverwaltung, DStZ 1999, 389 ff., 398.
(64) Englisch, Bindende "tatsächliche" und "rechtliche" Verständigung (Fn.4), S.59.

いるかを示す。特に，租税法律主義（ここでは合法性の原則），職権主義，拘束力の根拠，平等原則との関係は重要である。

(1) **合法性の原則との関係―法律・事実問題の違い，行政の行為形式論の柔軟性―**

まず合法性の原則については，先にも言及したように，事実問題に関する合意のみを許容し，法律問題に関する合意を許容しないという態度によって，合法性の原則との相克が解消されると考えられてきた。しかし，ドイツ税務行政に係る実務を見ると，同じく前叙のごとく，現実には法律問題に関する合意と評価されうる合意もあるとされるのであった。おそらくは，かような事態には，法律問題と事実問題との境界の不確かさが影響しているとも考えられる。すなわち，例えば真偽不明な事実関係があり，それを合意で以て明らかにした上で，課税のベースとすることは，法律に基づく租税債務に影響を与えると考えられる。いわゆる隠れた利益配当に係る適正額の判断を想起すればよいであろう。換言すれば，両者の明確な峻別は性質上困難であると言いうる。そこでドイツの課税実務においては，法律問題に関する合意も見られるという指摘がある[65]。具体例としては，既に，先にいくつか触れたし，加えて，法律解釈として，その中から唯一正しい帰結のみが導出されるという立場に対する現実的視点から見た疑義もそれを論証することができよう[66]。

次に，やや一般的な議論ではあるが，いわゆる行政の行為形式論 (Handlungsformenlehre)[67]との関係が問題となりうる。特に，税務行政の領域において，本稿で検討するような合意的手法が果たして許されるのか否かということが問題となるのである。すなわち，通常税務行政においては賦課処分，つまり行政行為がその典型的な行為形式とされているので，そこにそ

---

(65) Grotheer/ 手塚（訳）・前掲注(5) 26 頁。
(66) Vogel, Klaus, Vergleich und Gesetzmäßigkeit im Steuerrecht, in: Knobbe-Keuk, Brigitte/Flanz Klein/Adolf Moxter (Hrsg.), Handelsrecht und Steuerrecht: Festschrift für Georg Döllerer, Dsseldorf 1988, S.677 ff., S.685 ff.

れ以外の行為形式，特に，実質的に税額に影響を及ぼすような課税庁と納税義務者とのネゴシエーションが許容されるのか否か，が問題となる。加えて，後にも言及するが，公法契約が税務行政において投入されることに広いかつ確たるコンセンサスは従来なかった。この点，行政の行為形式論に係るドイツ租税法学の議論を検討するのであるが，その前提としてドイツ行政法学におけるそれを確認しておく。そもそも，この事実に関する合意は，行政法学で言うところの，インフォーマルな行政活動に分類される[68]。インフォーマルな行政活動の定義は，必ずしも論者により一致はない。例えば，シュトーバー教授は「…単純行政活動（schlichtes Verwaltungshanden）と同義である」[69]としたり（Stober 教授は，後の箇所で，そうした単純行政活動を，私人の心理に働きかける等して行政目的の実現をはかるものとする。），シュミット－アスマン教授が，「単純行政活動（法的にあまり構造化されておらず，そして主として事実的効果の獲得へ向けられた行政上の事実行為）の下位類型であって，そのうち法的形態をとる活動によって，その法的効果において確かに一層厳格に，しかし同じく多くの費用を伴ってのみ充足可能な効果を具体的な規律

---

(67) 行政の行為形式論に係る理論的意義については，参照，Scmhmidt-Aßmann, Eberhard, Die Lehre von den Rechtsformen des Verwaltungshandeln —Ihre Bedeutung im System des Verwaltungsrechts und für das verwaltungsrechtliche Denken der Gegenwart—, DVBl. 1989, 533 f. 所論は，法的効果を持つ行為形式を類型化する体系化機能，各行為形式について特徴的な要素を明らかにし，具体的行政活動がいずれの行為形式に当てはまるかを明らかにすることによって，法解釈上の帰結の導出を可能にするという法実践・嚮導機能（例，ある行為形式が行政行為であれば，そこに特殊な効力が付着すること，訴訟類型が明らかになる等），如何なる行為形式に如何なる法効果が付着するかを明らかにし，私人および行政にとって法的規律および統制能力の向上をもたらすという法政策的機能をそれぞれ挙げる。
(68) Füllsack, Informelle Verwaltungshandeln（Fn.34), S.6. その他に，同旨，Benz, Arthur, Verhandlungen, Verträge und Absprachen in der öffentlichen Verwaltung, DV 1990, 83 f.
(69) Stober, Rolf, Allgemeines Wirtschaftsverwaltungsrecht: Grundlagen des Wirtschaftsverfassungs- und Wirtschaftsverwaltungsrecht, des Weltwirtschafts- und Binnenmarktrechts 14.Aufl., Stuttgart 2004, S.329 f.

状況のために追求し（いわゆる権力的行政活動との代替性），かつ，前提交渉（Vorverhandlung），規範執行型または規範代替型の申し合わせ（Absprache）および義務受忍同意（Duldungszusagen）のようなやり方で行われるもの（いわゆる行為形態としての交渉性）」[70]としたり，さらには，ボーネ氏は「国家が法的に規律された手続上の活動または法的に効果を持つ意思決定の代わりに選択するそうした法的に規律されていないすべての事実的活動であって，その意図する効果を招来するために，法秩序によって準備された公法上のまたは私法上の活動形式において行われうるであろうもの」[71]とする。したがって，差し当たり最大公約数的に，伝統的な行政の行為形式に必ずしも当てはまらない，また厳格な法律の規則が必ずしも及ばないそうした行政と私人との間での協働をも通じて（権力的行為を以て実現されることもある）行政目的の最終的実現がもたらされるそうした行政活動としておく[72]。おそらくこの中にはとりわけ行政庁と私人との間の合意，協定の締結，接触作用等が含まれるのである。これは行政活動において最早日常的に行われていると言え，その存在意義を否定することはできない。そこで問題はこれらを理論的に如何にして行政法理論に受け入れるか，である。この点，行政の行為形式は行政行為を中心として，行政活動が実施される際に，行政が如何なる態様でその実施をするかという観点からカテゴライズされた一連の，複数ある

---

(70) Schmidt-Aßmann, Eberhard, Das Verwaltungsrecht als Ordnungsidee 2.Aufl., S.348 ff.
(71) Bohne, Eberhard, Informales Verwaltungs- und Regierungshandeln als Instrument des Umweltschutzes —Alternativen zu Rechtsnorm, Vertrag, Verwaltungsakt und anderen rechtliche geregelten handlungsformen?—, VerwArch. 1984, 343 ff., 344.
(72) なお，ヒュルサク氏は，インフォーマルな行政活動として，行政活動に対する私人のコンセンサスを前提とするものと同一視している向きも見られるが（Füllsack, Informelle Verwaltungshandeln (Fn. 34), S.6 ff.），ゼーア教授の立場（Seer, Verständigung (Fn. 4), S.63 f.）をベースとすれば，そうした性質を有する行政活動も，例えば警告等のように，権力的なものも見られるという批判がありうる。

行政の活動形式を指す。これは，行政行為，行政契約，行政立法等がそこに包含されるのであるが，それ以外のものは必ずしもそこに包含されていなかった。その根拠としてはいくつか考えられるのであろうが，行政の行為形式論という類型は，各行為形式が持つ私人に対する法効果に着目し，それを有するものを基準としていたという指摘である[73]。この指摘は要するに行政の行為形式論の射程範囲として，その法的拘束力が必ずしも承認されなかった場合もある事実に関する合意は結局そもそもそこに包含される可能性はなかったということを導こう。加えて，そうした私人への法効果を持つ行政活動に着目する結果，いわば行政活動を点的に把握することになり，行政と私人との間での必ずしも未だ法効果を持つに至らない接触段階にある行政活動にまでその分析枠組みはどうしても及ばなかったという限界[74]も指摘されるのである。そこでかような行政法理論および行政活動の実態を直視すれば，インフォーマルな行為形式も，それとして承認し，法的分析・整理の網を被せる必要は生じよう。この点，いずれにせよ，行政の行為形式論は決して概念として閉じたものではなく，新たな行為形式を受け入れる可能性を大いに有する，換言すれば，開放性を持つものであるとされる[75]。以上の議論を踏まえつつ，税務行政の領域においてそれを敷衍すると，このことは，事実に関する合意が新たな行政の行為形式として排除されるものではないことを示しているのである。後に触れられる，ハイ教授の引用文（注[107]）は，この開放性を前提とした議論である言えるであろう。また，バウアー氏が指摘するように，行政の行為形式を論ずる上において重要なこと，つまり，本稿での議論対象たる事実に関する合意のような新しい行政活動が果たして

---

(73) Bauer, Hartmut, Informalles Verwaltungshandeln im öffentlichen Wirtschaftsrecht, VerwArch. 1987, 241 ff., 258.;Ehlers, Dirk, Rechtsverhältnisse in der Leistungsverwaltung, DVBl. 1986, 912 ff., 914 f.; Schmidt-Aßmann (Fn.67), DVBl. 1989, 533 ff., 537.
(74) Bauer (Fn.73), VerwArch. 1987, 259; Ehlers, Dirk, Rechtsverhältnisse in der Leistungsverwaltung, DVBl. 1986, 912 ff., 914.
(75) Ossenbühl, Fritz, Die Handlungsformen der Verwaltung, JuS 1979, 681 ff., 682.

許容されるか否かの基準は、行政の行為"形式"ではなく、行為"内容"であって、それが行政法の基本原理に反するか否かなのである[76]。また、租税法学においても、後にももう一度指摘するように、新たな行為形式の位置づけは、判例および学説に委ねられているという立場が採られているのである[77]。

(2) **職権主義との関係――鍵概念としての手続裁量――**

次に、既に述べたように、ドイツ税務行政においては職権主義が妥当しているため、本来課税庁は事実関係を自身で明らかにしなければならず、その上で完全な確信を形成し、それに基づき課税をしなければならない（いわゆる100%-Doktorin）[78]。ところが、事実に関する合意は、職権主義に基づく課税庁による自律的事実解明義務とは矛盾するものである。この点を如何に解するかという点が問題となるが、このこととの関連で、一定の場合に課税庁による証明の程度が下がるということの他、例えば、ゼーア教授は、この点に関して、次のように述べる。すなわち、職権主義は当事者の主張（Parteivortrag）に依拠して事実関係の解明を行うことを禁ずるのであって（ドイツ租税通則法88条1項2文の半文（Halbsatz）1)、如何にしてその解明を行うか、つまり、要認定事実の解明を行う際のやり方およびその程度は課税庁が裁量に基づいて行うことができるとするのである[79]。この立場はいわゆる手続裁量（Verfahrensermessen）をベースとしている。この手続裁量について、例えば、ヒル教授が次のように指摘する。すなわち、それは、ドイツ行政手続法24条1項によると、事実関係の解明について行政庁はそれを

---

(76) Bauer (Fn.73), VerwArch. 1987, 258.
(77) Seer, Roman, Konsensuales Steuerrecht-Wider die Denkverbote!, in: Kirchhof, Paul/Lehner Moris/Arndt Raupach/Michael Rodi (Hrsg.), Staaten und Steuern: Festschrift für Klaus Vogel zum 70. Geburtstag, Heidelberg 2000, S.699 ff., S.706.
(78) Seer, Roman, Der Vollzug von Steuergesetzen unter den Bedingungen einer Massenverwaltung, in: Widmann, Werner (Hrsg.), Steuervollzug im Rechtsstaat, Köln 2008, S.9 ff.
(79) Seer, Der Vollzug von Steuergesetzen (Fn.78), S.12.

職権で行わなければならないが，その際，行政手続の当事者が提出する証拠に拘束されず，自らがある事実関係の認定に必要な証拠を，覊束裁量のもとで，また一定の制約（例，過剰・過少禁止，ドイツ行政手続法24条3項，同26条等）のもとで，利用することができる[80]というものである。さらに，行政手続一般についてはヒュルサク氏の議論が次のように述べており，前叙のゼーア教授の立場と整合する。所論は行政手続一般における職権主義を素材として，ドイツ行政手続法24条を参照しつつ，次のように指摘する（以下に，ヒュルサク氏の議論において"アレンジメント"という語が出るが，これを本稿では取り敢えず"合意"あるいは"ネゴシエーション"に置き換えて読んでいただきたい。）。すなわち，行政庁に対して行政法上の原則として事実関係の解明を義務づける職権主義によって課税庁と納税義務者との協働（Kooperation）は限定され，それと同時に，行政庁に対して解明の範囲および証明手段を自律的に決定することをも要請する。いずれにせよドイツ行政手続法24条に現れた法観念は，如何なる決定素材および如何なる利益状況が紛争の渦中にあるのか（konfliktbefangen），そしてそれ故に衡量に入れなければならないかを，行政庁をして，利害関係者あるいは当事者の自由に扱わせることを阻害する。仮に，そのようなことを認めると，行政手続が殆どアレンジメント（Arrangement）の関与者の手に落ちてしまうという危険が生じる。またアレンジメントは事実関係の解明を不十分なまま終わらせてしまう，と[81]。

　さて，こうした職権主義をいわば機械的に実施することを求めるような議論は，事実に関する合意についても，それを許容しないという結論に行き着くことになるかもしれないが，続けてヒュルサク氏は次のようにまとめている。すなわち，このような職権主義をアレンジメントに親和的に解釈をするというのである。その根拠も併せ述べると，行政手続は妥協の要素があり，純粋な法律の執行ではなく，そこに形成的モーメントがあり，行政手続を測

---

(80) Hill, Hermann, Verfahrensermessen der Verwaltung, NVwZ 1985, 449 ff., 453. また，Seer, in: Tipe/Lang（Hrsg.）, Steuerrecht（Fn.1），§21 Rz.8. も参照。
(81) Füllsack, Informelle Verwaltungshandeln（Fn.34），S.33 ff.

る基準は経済性，効率性および市民との近接性と並んで，行政手続が如何なる効果・影響を持つか（Folgeberücksichtigung）というものでもあること，行政法律上の不確定概念は事実関係の解明についても行政庁に一定の裁量を認めている趣旨であると解することがなお可能であること，行政庁と私人との間で和解の可能性があることという諸点が挙げられている[82]。

　以上のように，ドイツ租税通則法には和解の可能性は明文では規定されていない点は措くとしても，前叙のような理解によれば，職権主義については先に挙げた意味内容が厳格に実施される性質のものではなく，行政手続システムの内部にその柔軟な実施を許容する要素が内在していると言うことができることになる。

(3) 拘束力の根拠―公法契約としての事実に関する合意の提唱―

　したがって，(1)，(2)で見たように，事実に関する合意は，場合によっては一見租税法律主義・職権主義という事実に関する合意を封ずる原理との間に相克を生じさせる可能性があった。これは事実に関する合意の許容性またはその限界についての議論である。この点，前叙のごとく，確かに，一般的許容性が承認されるとしても，いくつかの要件を充足する必要はあるが，ともかく，学説および判例もこの立場に与していると言えよう。そもそも，事実に関する合意は相当程度に普及しているのである[83]。次に，事実に関する合意について課税庁と納税義務者との間に拘束力を承認するか否か，そしてそれを承認するとした場合，如何なる根拠に基づいてそれを承認するかという問題がある。この拘束力は事実に関する合意に係る実効性にも関連する。

　これについては，信義則に拠るべきか，または両者間に契約が成立し，その契約に基づく拘束力が生ずると見るべきか，という点が議論される。判例

---

(82) Füllsack, Informelle Verwaltungshandeln (Fn.34), S.34 f.
(83) Hoffmann, Jürgen, Maßvolle Gesetzesvollzug im Steuerrecht, Lohmar・Köln 1999, S.300.
(84) 例えば,BFH-Urt. v. 11. 12. 1984 (Fn.5); BFH-Urt. v. 12. 8. 1999 -XIR 27/98-BFH/NV 2000, 537, 538.

は信義則説に与し[84]，学説は契約説に与している[85]。ここで後者の契約はいわゆる公法契約を指す。判例が信義則をベースとして議論することの根拠として，そもそも租税法律関係においてあらゆる関与者はその相手方の正当な利益を斟酌しなければならないという要請があることが挙げられる[86]。しかし，学説は，これに対して，租税法律関係という概念はあくまでも発見的概念であり，そこから何らかの法的拘束力の根拠を見出すことは困難であると批判する[87]。尤も，判例が信義則説に与しているとしても，それは実質的には公法契約説にかなり接近している。信義則をベースに合意の拘束力が生じるとした場合，通常の信義則の意味するところに従うと，信義則は自己が自己の行動に矛盾することを許さないということになるので，当事者の何らかの処分行為（Disposition）があってはじめて拘束力が生じることになろう。その際，納税義務者の処分行為として考えられるのは，事後の争訟提起の放棄であり，課税庁のそれは事実に関する合意の内容に沿った行政行為（賦課処分）である。ところが，判例は事実に関する合意を締結することから拘束力が生じるとしている[88]。判例自身もこうした構成を採っているので，ゼーア教授によると，判例の実質的立場は既に公法契約説で説明できると理解されているのである[89]。

　そしてここで後者の公法契約説に与した場合についてドイツ租税法学において議論されているのが，租税法の領域における公法契約の許容性である。換言すれば，公法契約は租税法においては許容されていないという立場も有力に主張されているのである。その根拠としていくつかあるが，大まかには，ドイツ租税通則法と同時期に制定されたドイツ行政手続法においては公

---

(85) 例えば，Seer, Verständigung (Fn.4), S.317 ff.
(86) Seer, in: Tipke/Lang (Hrsg.), Steuerrecht (Fn.1), §21 Rz.21.
(87) Eckhoff, Rolf, Rechtsanwendungsgleichheit im Steuerrecht:Die Verantwortung des Gesetzgebers für einen gleichmäßigen Vollzugs des Einkommensteuerrechts, S.455; Seer, in: Tipe/Lang (Hrsg.), Steuerrecht (Fn.1), §21 Rz.21.
(88) BFH-Urt. v. 31. 7. 1996 (Fn.58).
(89) Seer, in: Tipke/Lang (Hrsg.), Steuerrecht (Fn.1)，§21 Rz.22.

法契約に関する規定が配備されたが，前者には配備されていないという形式的なものがある(90)。尤も，形式的といっても租税法の領域における租税債務に係る公法契約を承認すると，場合によっては，租税法律主義に反して租税債務の内容がそうした契約によって影響を受けうるのではないかという危惧もあるという配慮から公法契約の配備が見送られたとすれば，それは実質的根拠でもあったと言えよう。ここで問題とされているのは，ドイツ租税法学において一般的に公法契約が許されないという際の，公法契約を指している。後にも触れるが，ドイツ租税通則法においては78条3項および224a条において断片的ではあるが，そうした税額に影響を与えることが可能な公法契約の可能性が示唆されていると解釈可能な条文が配備されているが，いずれの条文についても，公法契約の可能性とは無関係であると考えられている。すなわち，前者については，それが「関係者（Beteiligte）は課税庁が公法契約を締結しようとするまたはした者である」と規定しているが，立法当時そこには公法契約一般を許容するという積極的意図はなく，むしろ同時期に制定されたドイツ行政手続法13条が同趣旨の規定を有しているので，それとの平仄を形式上一応整えるという意義しか有しておらず(91)，立法の「編纂上のミス」(92)とまで言われる。後者については，一定の要件のもとに美術品等の物納が認められる旨が定められているが，その際公法契約を締結することが予定されているのであり，逆にかような物納は224a条の条文があってはじめて可能になると解釈されているのである(93)。

　また，ドイツ行政手続法54条は和解契約（Vergleichsvertrag）の可能性を

---

(90) 諸説の整理として，例えば，Sontheimer, Jürgen, Der verwaltungsrechtliche Vertrag im Steuerrecht, Köln 1987, S.7 ff.
(91) Söhn, in: Hübschmann/Hepp/Spitaler (Hrsg.), Abgabenordnung Finanzgerichtsordnung: Kommentar (Fn.43), §78 Rz.107.
(92) Bonk, Heinz Joachim, in: Stelkens, Stefan/Heinz Joachim Bonk/Michael Sachs (Hrsg.), Verwaltungsverfahrensgesetz: Kommentar, München 2001, §54 Rz.126.
(93) Seer, Verständigung (Fn.4), S.142.

規定している。ここでの和解契約は，同法54条2文の意味におけるそれなのである。そこでは，事実関係または法状態（Rechtslage）についての評価に際して存在する不確実性を合意に基づく相互の互譲（gegenseitiges Nachgeben）を通じて解消するための公法契約は，行政庁が覊束裁量によって和解の締結を合目的的と考えるときに，締結されうると規定するのである。ここで，事実関係または法状態に係る不明確性の除去が意味するものであるが，例えば，ある条文の文言の意味内容が最高裁判決の不存在等により未だ明確ではない場合に，その意味内容を行政庁と私人との間で和解を通じて明らかにすることが想定されている[94]。そして，こうした和解は行政手続法導入前にも可能であったとされ，手続経済，比例原則に資すると考えられた[95]。この点，ドイツ行政手続法54条の規定は他の各行政領域において適用可能とされているが[96]，ほぼ同時期に立法化されたドイツ租税通則法において，ドイツ行政手続法54条のような条文の配備は行われなかった。当時の立法者は税務行政の領域においては明文の規定がなければ54条の適用はないと考えた[97]。なお，ドイツ行政裁判所法106条は訴訟上の和解（Prozessvergleich）を規定しているが，ドイツ財政裁判所法には該当規定はない。この点，ボンク氏は，租税正義の原則は，前叙の不明確性の除去を相互の互譲を通じた租税徴収に係る処分権を承認することとは相容れないものであるとしている[98]。換言すれば，税務行政に係る性質は，かような和解を許さないということである。

---

[94] Bonk, Heinz Joachim, in: Stelkens, Paul/Heinz Joachim Bonk/Michael Sachs (Hrsg.), Verwaltungsverfahrensgesetz: Kommentar 6.Aufl., München 2001 §55 Rz.1.
[95] Bonk, in: Stelkens/Bonk/Sachs (Hrsg.), Verwaltungsverfahrensgesetz (Fn.94), §55 Rz.2.
[96] Bonk, in: Stelkens/Bonk/Sachs (Hrsg.), Verwaltungsverfahrensgesetz (Fn.94), §54 Rz.124.
[97] BT-Drucks. 7/4292.
[98] Bonk, in: Stelkens/Bonk/Sachs (Hrsg.), Verwaltungsverfahrensgesetz (Fn.94), §55 Rz.8.

以上のような，公法契約が必ずしも租税法において確たる理論的な受容基盤を有していないと思われる状況の中で，事実に関する合意を公法契約と理論構成することについてドイツ租税法学は如何なる応答をしているのか。判例は前叙のように信義則説に与しているが（但し，前叙の点には注意が必要である。），しかし，筆者が見る限り，後者の公法契約説に学説上は多くの支持があるように思われる。例えば，ランク教授はこの点の議論につき，次のように述べておられる。曰く「…行政活動の法形式と内容とが明確に区別されねばならない。そうした法形式は行政活動の内容については何も言うところはない。公法契約の内容は行政行為の内容と同じように適法でも，違法でもありうる。それ故法適合性の原則は契約形式の不許容を求めるのではなく，そうした契約が内容上法律に違反するときに，ただ実効的なサンクションのみを求めるのである。それに対応して租税手続法からは契約形式に係る一般的な禁止原則も導出されえない。1977年租税通則法は明文で公法契約について態度決定を示したわけではないし，また"意味深長に沈黙した"わけでもない。むしろはっきりとした規律計画（Regelungsplan）は欠けており，その結果法適用者は単に法的な空白状態の前に佇んでいる。その限りにおいて執行府および司法府という（立法府の）補完的権力に対しては手続法に係る法形成の余地が開いているのである。」と[99]。要するに，公法契約の許容性につき，その否定論の有力な根拠の一つであった租税通則法における公法契約の不配備について，明文の禁止規定はなく，逆に，新たな行為形式の開発の余地があると見るべきであるため，それは形式論に過ぎ，むしろ実質的に見れば，前叙のごとく租税法律主義を基準とするならば，行為形式の許容性の判断に際しては，まさに行為"形式"に着目するのではなく，行為形式の"実質"あるいは"内容"に着目し，それに対して適法・違法の二分法を当てはめることを通じたその適否の判断が論理的であるというのである。

　加えて，ゼーア教授によると，公法契約と構成することにより，様々な関

---

(99) Hey, in: Tipke/Lang（Hrsg.）, Steuerrecht（Fn.1）, §3 Rz.241.

連事項が次のようにうまく説明できるというのである[100]。すなわち、所論によると、先に見たように、判例は信義則説に形式上与しつつも、実質的には公法契約説に近いことに加えて、事実に関する合意に係る帰属 (Zurechnung)・代理 (Vertretung), 合意の形式, 意思の欠如の効果, 合意が法律に違反する場合の無効, 事実に関する合意と後の行政行為との関係, 合意のベースとなった事実関係が事後的に変化した場合の合意の効力への影響等がうまく説明できるというのである。例えば, 合意を契約と構成する場合には, その形式として文書を要求することにも合理性があろうし, 文書があれば事実に関する合意が持つ税務行政上の重要性を直視して, 合意内容が文書を通じて課税庁内部で可視化されれば, 課税庁内部での統制も有効的に可能となることは推測できよう。また, 信義則は性質上, 仮に合意内容が法律に違反する場合でも, 当事者間の処分行為に基づいて当事者間の信頼関係を重視する結果, 合意内容が法律に違反したままで貫徹されるおそれさえありうる。逆に, 公法契約ではこれは当てはまらない。このように考えると, 事実に関する合意も法律に違反しない限りで可能であるとの基本的立場と整合するのは, 公法契約説であると評価することはできよう。

しかし, 公法契約としての事実に関する合意については, 異論もある。例えば, 一般的には, 課税庁と納税義務者との間の契約については, イーゼンゼー教授がそれとともに租税行政と法律との結びつきが切断される[101]とし, 加えて, ティプケ教授が協働による租税手続の進歩, 協働によって法的平和が創出されること, 課税庁と納税義務者との間の対峙 (Konfrontation) ではなく協働 (Kooperation) による租税手続ということに過度に着目をすると合法性の原則が重視されなくなりかねない[102]とするように, 合法性の原

---

(100) Seer, Roman, Das Rechtsinstitut der sog. tatsächlichen Verständigung im Steuerrecht, BB 1999, 78 ff., 81; Ders., Konsensuales Steuerrecht (Fn.77), S.706.
(101) Isensee, Josef, Vom Beruf unserer Zeit für Steuervereinfachung, StuW 1994, 12.
(102) Tipke, Klaus, Steuerrechtsordnung Bd. Ⅰ 2.Aufl., Köln 2000, S.136.

則との関係で問題が生じる可能性があるとの指摘がある。また，本稿の問題とする事実に関する合意には必ずしも当てはまらないかもしれないが，公法契約一般について，ピュットナー教授は，行政庁と私人との間の公法契約は一定の要件のもとで補償なしでの解約が認められることがあり（例，法改正，財政上の都合。ドイツ行政手続法60条1項2文）[103]，行政庁と私人との間で公法契約が締結される際に，行政庁により法律上根拠のない付加的義務が契約上に規定されることがある（例，行政に裁量がある際の，無瑕疵裁量の行使の対価）[104]と指摘した上で，結局，公法契約が必ずしも良いことのみをもたらすわけではないとする[105]。但し，少なくとも，イーゼンゼー教授およびティプケ教授の批判については，目下の普及状況を直視して，それはあくまで一般的可能性の段階にある仮定的言明に過ぎず，事実に関する合意のうち，許容されるものと許容されないものとの間を明確に識別していく努力によりなお克服可能であると再反論できるかもしれない。またピュットナー教授のそれについては，例えば，事実に関する合意に強いて当てはめるとするならば，例えば，課税庁が納税義務者との間での合意締結の対価としての法律上根拠のない負担を課することがないよう，合意の内容に合理性を担保するための制度的整備が求められることが示唆され[106]，それにより十分に対応可能であると考えられる。

(4) 平等原則との関係①―最適化の概念が意味するもの―

次に，平等原則との関係である。平等原則によれば，前叙のように課税庁は課税のベースとなる事実関係の解明の際に，あらゆる事案の事実関係について完全な解明を行った上で，法律に基づき課税がなされなければならな

---

(103) Püttner, Günter, Wider den öffentlich-rechtlichen Vertrag zwischen Staat und Bürger, DVBl. 1992, 124 f.
(104) Püttner (Fn.103), DVBl. 1992, 125.
(105) Püttner (Fn.103), DVBl. 1992, 122 ff., 126.
(106) この点，ピュットナー教授も，本文中に言及したような公法契約に係る弊害を除去するためには，公法契約の締結要件を法律上一層明確にするべきであるとする。Püttner (Fn.103), DVBl. 1992, 125 f.

い。ところが，事実に関する合意を用いる場合には，未解明な事実関係について合意をベースとして課税庁は納税義務者との間である事実関係を措定する。確かに，これは事実関係の完全な解明とは異なるし，先の職権主義との関係でも問題が生じうる（先に述べたように理論的には克服済みである。）。しかし，個々の事案のすべてについて事実関係を完全に解明することは，課税実務の現実を直視すると，不可能であると言われる。すなわち，ドイツにおいては，賦課処分が行われる件数は一年間に限ってみても，相当数に及んでいるのであり，それらすべての案件について，課税庁の限られた人的・物的リソースで前叙のごとき事実関係の完全な解明を行うことは現実には最早不可能な状況にあると認識されているのである。そこで，税務行政の領域において，平等原則を合理的に解釈する必要が生ずるのであって，すなわち，仮に完全な事実関係の解明に固執する場合には，特定の，少数の案件についてのみ事実関係の解明が完全になされ，それ以外の，残余の案件についてはそうではないとなると，これは却って課税の平等が実現されないことになるため，視点を個別案件から，税務執行全体に移し，全体として課税の平等が実現できるような税務執行が行われていれば，仮に，個別案件の事実関係の解明が完全ではなくとも，税務執行はなお平等であると性質決定することが許されるとするのである。この議論はドイツ租税法学において支持を集めていると言ってよい。そして，税務執行の場面における，かような平等原則の解釈の理論的基盤となっているのが，税務執行は最適化された形態で行われるべきという要請（Optimierungsauftrag）の前に立たされている，という理解である[107]。さらに，ドイツ租税通則法85条は，法律に従い，平等に課税は行われなければならないとするが，それに加えて，税務執行において課税庁は納税義務者の自由権を尊重する形態でそれを行わなければならない，という要請もあるとされるのであり，要するに，合法性の原則，課税の平等，そして納税義務者の自由権という三つの価値（Dreieck）の衡量を行った上

---

[107] Hey, in: Tipke/Lang (Hrsg.), Steuerrecht (Fn.1), §3 Rz.239.

で，いわばそれらに釣り合いを持たせつつ，税務執行が行われるべきであるということである[108]。所論の中で憲法（上の権利・原則）に言及があることは注目すべきである。すなわち，これは，確かに一見平等原則（さらには合法性の原則）に違反するような税務執行であるかのように見えるが，しかし前叙の所論の根拠は憲法に置かれているのであり，つまり，憲法による論証を以て正当化される税務執行として耐えうる内容を持つものであると主張されているのである。

そして，理由づけの詳細は度外視するとして，これと同旨の見解を主張するのは，ランク教授の前にも，例えば，シュピタラー教授[109]，ローマン氏[110]，アーント教授[111]，イーゼンゼー教授[112] がいた。ここで重要であるのは，アーント教授の言明であると思われる。所論によると，凡そ，大量処理案件を前にして行政の処理能力が不足している場合においても合法性の原則を純粋に貫こうとするならば，ひいては恣意的な課税が生じることになる。そして，それに基づけば，極端には一部の案件については平等な課税が実現できるが，その他の案件についてはそれができなくなる，というのである。さらに，不適正な優遇または不利益扱いが生じないように，適切な時間内に執行されねばならないそうした"全体としての執行（Gesamtvollzug）"がベースとされねばならない，とした[113]。この全体としての執行という概念は極めて重要で，個々の事案における平等ではなく，税務執行全体としてみた平等

---

(108) Seer, Der Vollzug von Steuergesetzen (Fn.78), S.14.
(109) Spitaler, Armin, Der mavolle Gesetzesvollzug im Steuerrecht, StbJB 1961/62, 461 ff.
(110) Lohmann, Hans Henning, Die Praktikabilität und Gesetzesvollzug als Auslegungstopos im Verwaltungsrecht AÖR 1975, 415 ff., 426 ff.
(111) Arndt, Hans-Wolfgang, Praktikabilität und Effizienz: Zur Problematik gesetzesvereinfachenden Verwaltungsvollzuges und der "Effektuierung" subjektiver Rechte, Köln 1983, S.82 ff.
(112) Isensee, Josef, Die typisierende Verwaltung: Gesetzesvollzug im Maßenverfahren am Beispiel der typisierenden Betrachtungsweise des Steuerrechts, Berlin 1976, S.155 ff.

が観念されており，換言すれば，単に効率性という視点のみを以て正当化するだけでなく，憲法を援用することによって正当化がなされているのである。そして，所論は，現在において先にも挙げた代表的教科書で触れられており，加えて，筆者が知る限り，通説的地位を占めると思われる[114]。いずれにせよ，ドイツにおいては事実に関する合意と平等原則との関係についてのかような理論上の問題は学説により克服されていると評価できる。

(5) 平等原則との関係②―税務行政における協働の意義―

加えて，直前で言及した平等原則は，いわゆる協働型の税務行政（kooperative Steuerverwaltung）にも関係がある。そもそもこの協働は，税務行政に限定されることなく，様々な行政活動一般に認められる属性として今日認識されている現象である。勿論，協働はドイツ租税法学における税務行政に係る近時の鍵概念ともなっている。この協働とは，端的に言えば，課税庁と納税義務者とが協働しつつ税務行政作用が営まれるそうした態様を指す[115]。または税務行政において課税庁の一方的作用として税務行政作用が営まれるのではなく，同時にそこに納税義務者が一定程度能動的に関与することを指すとも言えよう。とりわけ本稿で主として扱った事実に関する合意は，協働的税務行政の一発現形態と考えることもできよう。したがって協働の意味内容にここで触れておくことは本研究でのネゴシエーションという現象に近接し，税務行政に係るその実態を明らかにし，理論的意義づけを行うことのために有意義であろう。それは以下のような論理の展開を示している。

---

(113) Arndt, Praktikabilität und Effizienz（Fn.111），S.82 ff. このアーント教授の立場は，引用文献においては，課税庁が租税法律を執行するに際し，課税の現実を直視して，法律を機械的に執行するのではなく，行政立法を以て，先のような態様でする法律執行を行うことの可否についての議論に関わっている。すなわち，法律がそうしたいわば簡素化された形態での法律執行を許容するか否かという観点から議論されている。また，参照，Wünsch, in: Pahlke/Koenig（Hrsg.），Abgabenordnung（Fn.37），§88 Rz.51.
(114) 代表的論者として，参照，Seer, Der Vollzug von Steuergesetzen（Fn.78），S.11.
(115) Seer, in: Tipke/Lang（Hrsg.），Steuerrecht（Fn.1），§21 Rz.4.

例えば，事実に関する合意は，解明が困難または不能な事実関係について課税庁と納税義務者との間で，後に賦課処分のベースとされる事実関係を明らかにするわけであるから，課税庁にとっては，大幅な負担軽減をもたらす。すなわち，先に挙げた合法性の原則および職権主義によって，課税庁が自律的に，かつ関連する事実関係を完全に解明した上で課税を行わなければならないという建前を貫徹するとした場合には，課税は著しく膨大で，配備不能な人的・物的リソースを費やしつつ行われるか，または最早課税は不可能になってしまう可能性がある。この人的・物的リソースを先にも述べたような意味で最適に投入することによって，課税が全体として実効的に行われることになるのである。そのためには，既に触れたように，個々の案件に拘泥することによって，仮に，全体のうちごく少数の案件については事実関係の解明が完全に行われ得たとしても，その他の案件についてはその処理が不能となってしまっては，結局のところ，平等な課税が実現できないことに繋がりうるとされるのである。こうしたことから，事実に関する合意を利用し，個々の案件処理に係る課税庁の人的・物的リソースを節約することが求められるのである。事実に関する合意がもたらすメリットの一つとしてそうしたものが観念されているのである[116]。これらの議論は税務行政の現実を見据え，税務行政をそれに適合させ，同時にそうした税務行政のあり方について憲法を以て論証することを試みるものであると位置づけられよう。

Ⅲ　事前照会制度—事前確認も含めて—

1　事前照会制度

　事実に関する合意は事前照会制度としても重要な機能を果たしている。また，事実に関する合意の他にも，事前照会の制度は租税通則法89条におい

---

(116) 例えば，Englisch, Bindende "tatsächliche" und "rechtliche" Verständigung (Fn.4), S.5.

て規定され（いわゆる"拘束情報（verbindliche Auskunft）"），そこに法律上の根拠がある。詳細は別稿でも論じたので[117]，それは省略し，事実に関する合意の事前照会としての機能についてのみ，もう一度触れる。

事実に関する合意は，原則として，過去に生じた事実関係に関する課税庁と納税義務者との取り決めではあるが，将来の事実関係に関する合意もなお排除されていないという[118]。この点で，事実に関する合意の事前照会制度としての機能も承認されうる。その上で，先にも述べたように，事実に関する合意は，例えば，将来的になされる行政行為たる賦課処分にその内容が反映されるので[119]，その点で納税義務者は自らの税負担を予め予測可能となるのである。

2　事前確認制度

事前確認制度は，わが国の定義に従えば，「納税者が税務当局に申し出た独立企業間価格の算定方式等について，税務当局がその合理性を検証し確認を与えた場合には，納税者がその内容に基づき申告を行っている限り，移転価格課税を行わないという制度」[120]であるが，これについては課税庁から納税義務者に対して与えられる事前確認の法的性質についての争いとして議論される[121]。すなわち，これがドイツ租税通則法89条で規定される拘束情報に該当するのか，または課税庁と納税義務者との間で締結される事実に関する合意に該当するのか，という問題である。筆者が文献を見る限りにお

---

(117) 手塚貴大「租税手続における事前照会―ドイツ租税法における制度と理論，およびその示唆するもの　」租税法研究37号 45頁以下。
(118) Seer, Roman, in: Tipke, Klaus/Heinrich Wilhelm Kruse, AO-Kommentar, Köln Stand 2008, Vor §118 Rz.12.
(119) Wünsch, in: Pahlke/Koenig (Hrsg.), Abgabenordnung (Fn.37), §88 Rz.47.
(120) 国税庁『事前確認の概要』（平成19年10月）1頁。
(121) 筆者は，以前，ドイツにおける事前確認について，概要と問題点の簡単な検討を行った。参照，手塚貴大「事前確認制度（APA）に見る税務行政制度の構築―ドイツにおける制度の展開と基礎理論」税務弘報57巻4号121頁以下。

いては，有力な立場は事実に関する合意としての性質決定に与する立場が多いと思われる。その根拠をいくつか挙げることとするが，ゼーア教授の議論から見ると[122]，まずドイツ租税通則法 354 条 1a 項により，事前確認制度の中で合意がなされると，納税義務者は不服申立を放棄するものとされる。所論はさらにドイツ租税通則法 178a 条（当該合意手続に際して納税義務者が支払う料金に関する規定）は同 89 条 3，4 項の準用をしていないと指摘するのである。とすると，ドイツ租税通則法 178a 条は同 89 条との関係において特別法の位置を有する。したがって，事前確認制度における事前確認の付与は拘束情報とは異なる性質を持つものと判断せざるを得ないというのである。この結果，事実に関する合意としての性質決定がなされることになる。

　さらには，ロデマー氏[123]も次のように指摘する。そもそも，事前確認制度の枠組みにおいては，課税庁と納税義務者との間でいわば所得計算方式に係る"やりとり"がなされるわけであり，こうした両者の状況からすると，それは契約と観念するのが自然であると考えられること[124]，加えて，事実に関する合意が納税義務者を拘束するものであることも重要であり，これは事前確認制度の本質を構成すること[125]，がその根拠として挙げられているのである。

　以上に見た議論は事実に関する合意が事前確認制度のもとにおいて利用されるということが明らかになった点で重要であることに加え，事実に関する合意に係る実際的意義が納税義務者を拘束し，課税庁との間で法的安定性を確保する法律関係を形成する法的道具として極めて有効であることを示している点で重要性があると思われる。すなわち，かような場面において，課税庁は当然のこと，交渉の一方当事者である納税義務者が，交渉内容に拘束さ

---

(122) Seer, in: Tipke/Kruse, AO-Kommentar（Fn.118），§85 Rz.58.
(123) Rodemer, Ingo, Advance Pricing Agreements im US-amerikanischen und im deutschen Steuerrecht, Köln 2001.
(124) Rodemer, Advance Pricing Agreements（Fn.123），S.202.
(125) Rodemer, Advance Pricing Agreements（Fn.123），S.204.

れずに，確認内容に反する行動を租税手続において採ることは，不利益が大きいと考えられる。

Ⅳ　結　　語

1　ドイツにおける議論のまとめ

本稿では，ドイツ税務行政におけるネゴシエーションについて，事実に関する合意を中心に議論を概観し，それについて検討を行ったが，本稿の検討を約言し，そこから得られる示唆を以下に簡単にまとめておきたい。

一に，事実に関する合意は課税実務において相当程度に利用されている。その他にも，事実に関する合意ではない合意も，特に，租税手続の局面で課税庁に裁量が認められる条文が，ドイツ租税通則法に明文で規定されていることにより，そうした場面で様々に利用されている実態があった。但し，事実に関する合意の利用は課税庁によるかような行政裁量を必ずしも前提とはしない。事実に関する合意については，本稿で触れたような，課税に関係する事実関係の解明困難・不能という状況のもとにおいて，一定の要件のもとで利用可能である。加えて，事実問題に関する合意のみではなく，法律問題に関する合意も見られる。

二に，事実に関する合意は，判例上発展してきたものであるが，学説もそれを承認する。但し，判例および実務は信義則にその拘束力の根拠を求めるが，学説は公法契約としての拘束力を承認する。また，合法性の原則，職権主義，平等原則との相克の可能性（問題）に関する議論が学説において展開されているが，いずれもそれぞれ行政の行為形式論に係る柔軟性，証明の程度の低下および手続裁量，全体としての法執行という考え方によって解釈論上克服されている。特に，本稿で見た事実に関する合意が，一見すると，租税法上の重要な原則に違反すると思われるけれども，事実に関する合意は憲法上の諸原則との整合性を持つことが学説の展開を通じて論証されているのである。

三に，そのことに関連して，事実に関する合意は，税務行政に係る現代的要請に合致している。特に，それは，平等原則との関連で議論されたことではあるが，要するに，処理案件数の増加[126]および案件の中における事実関係の複雑化等に基づいて，課税庁の負担軽減が求められるところ，個々の案件ではなく，課税庁の税務執行を全体として見て平等にそれがなされるようにすべきとされる。そのためには，課税庁のリソースを特定の少数たる案件処理に過剰に投入するのではなく，事実に関する合意を利用して，解明不能または解明困難な事実関係の解明に係る負担軽減が正当化されるのである。

四に，事実に関する合意を公法契約と性質決定することについては，事実に関する合意の意義・機能に照らして優れていると学説上は考えられている。加えて，合意を通じて認定された事実については，それを前提に課税処分が行われてこそ，事実に関する合意はネゴシエーションの手法として実効性を有することになるのであって，とりわけ事前確認制度のもとにおいては，性質上事前確認の内容が課税庁のみならず納税義務者も含めて相互拘束であるのがよいとされ，公法契約としての構成がそれに適合的であると考えられる。

2　わが国のネゴシエーションへの示唆——一試論——

次に，本稿で検討した事実に関する合意に係る議論からわが国での同種のネゴシエーションについて得られる示唆は何か。わが国においては，Ⅱ1(2)で引用した文献の指摘にあるように，（事実に関する合意という実態の）ネゴシエーションの実態・必要性はあるが，そこにドイツの理論および実務に見られたような規律はない。こうした両国の制度上の違いを説明する要因としては，まったくの私の推測に過ぎないが，学説面では，例えば，わが国ではネゴシエーションが租税法律主義の点で異質視されていた（これにより十分な理

---

(126) これは賦課課税方式のみではなく，性質上申告納税方式についても当てはまろう。

論的検討が加えられることがなかった。)、研究者にとって実務上行われているネゴシエーションがその実態につき不可視であった、実務面では、例えば、課税庁がネゴシエーションの内容を遵守していたので、納税義務者がその成立（拘束力の有無）を争うことがなかった、等が挙げられるかもしれない。

　ここでとりわけ前叙の実務面に係る推測を前提とするならば、少なくともネゴシエーションの実態は税務行政に混乱をもたらすものではなく、Ⅰで筆者が述べたようなネゴシエーションに対する規律を敢えて構築する実益はないのかもしれない。しかし、ドイツの税務行政において見られたように、事実に関する合意が法律問題に及びうること、それに関連してそもそも性質上ネゴシエーションは個別性が高く、個々のネゴシエーションの内容を他のそれと比較することが容易ではないことを直視すれば、ネゴシエーションに対する規律を配備し、とりわけ合法性の原則、（他のネゴシエーションの内容と比較して不合理ではないという意味で）平等原則に反しないように手続を整備する必要性はなお認められよう。

　そこでⅤにおけるドイツの事実に関する合意に係る運用通達のようなあり方もありうるであろうが、それと並んで、前叙のごとく、そもそもわが国でのネゴシエーションに係る十分な理論的整理が行われていない現状を直視し、理論的観点からわが国におけるネゴシエーション、特に本稿で検討したドイツにおける事実に関する合意に類似する現象を如何にして法的に把握すべきかについて、現段階で筆者がコメント可能なことにつき、若干言及することとしたい。一に、そもそもドイツにおいて議論されている事実に関する合意に係る制約原理は、わが国における類似の現象についても、取り敢えずは克服可能であると考えられる[127]。二に、その法形式が問題となる（これはドイツの議論に拠れば拘束力の根拠にも行き着く問題である。)。この点、本稿で見たドイツの学説に照らせば、公法契約を以てその法形式とするのが良いよ

---

(127) なお、わが国での租税訴訟における"要件事実"に係る和解の許容性につき、参照、渡辺・前掲注(3) 229-230頁、松原有里「租税法上の和解・仲裁手続」金子宏編『租税法の発展』(有斐閣、2010年) 444頁。所論は、これを肯定する。

うに思われる。但し、わが国では、公法契約に係る法理・法制度がドイツにおけるほど発展はしておらず、その実態は通常の私法上の契約に個別法による修正が加えられる程度であって、この点でわが国にドイツの議論を直截に当てはめることはできない。したがって、課税庁と納税義務者との間でネゴシエーションの帰結が導かれた場合には、それにつき両者間で合意が成立したものとし、それにつき信義則による拘束力を承認することは不可能ではない。その際、最判昭和62年10月30日判時1262号91頁に照らし、信義則による拘束力の発効要件が予め通達上定められておくことが望ましい。というのも、信義則による拘束力が如何なる場合に発効するかは必ずしも明らかではないし、それ故、その点で、後日課税庁と納税義務者との間に紛争が生ずる可能性があるためである。加えて、広くは、Vで挙げるドイツの2008年7月30日通達が示すように、ネゴシエーションの内容が租税法の基本原則に違反しないように、そのために必要な要件を予め明確にしておくべきであると考えられる。

　なおそうした要件の法制化の途が探られるべきであろうか。この点、ドイツの議論を参照すれば、仮に法制化の意図するところが、納税義務者に課税庁に対する法的な合意締結請求権を付与するものであるとすれば、それは許されないと解される[128]。何故なら、事実に関する合意は、（その原因が納税義務者にある場合も含めて）事実関係の解明が困難または不可能である場合に、課税の停滞を防止するために課税庁のイニシアチブのもとに許された手段であって、少なくとも納税義務者が一般的に締結を求めることが可能な性質を持つものではないからである。

　以上の検討に照らせば、わが国におけるネゴシエーションの手続的整備は、差し当たり、次のVに見るような、ドイツの税務行政にその範を求める

---

(128) 逆に、かような意図がなければ、ドイツの議論に倣っても、法制化は許されよう。この点、わが国でも、渡辺・前掲注(3) 229頁は、事実に関する合意の裁判期日における利用可能性を創出すべく法制化を提言する。

のがよいであろう。

V 補論―ドイツにおける事実に関する合意に係る運用―

以下に，参考資料として，注(6)にも触れた，BMF-Schreiben v.30. 07. 2008 - Ⅳ A 3- S 0223/07/10002 "Tatsächliche Verständigung über den der Steuerfestsetzung zugrunde liegenden Sachverhalt" を訳出する。

・BMF-Schreiben v.30. 07. 2008 - Ⅳ A 3- S 0223/07/10002 "Tatsächliche Verständigung über den der Steuerfestsetzung zugrunde liegenden Sachverhalt". (2008年7月30日財務省通達 "租税確定のベースになる事実関係に係る事実に関する合意")

州上級課税庁との協議の結果により，次の通りとする。

1 導　入

ドイツ租税通則法88条1項1文の職権主義は，課税庁が職権で事実関係の解明を行うべきことを規定する。同88条1項2文によれば課税庁は解明の方法および程度について決定する。課税庁は関係者の申立ておよび証明申請に拘束されない。こうした義務の範囲は個別事案の状況に応じて決定される。

法律による行政の原理および租税法律主義に基づき，租税債権についての和解は不可能である。しかし解明困難な事案において一定の要件のもと課税の実効性を促進するために法的平和の確保のためにも特定の事実関係の指定および特定の事案処理（AEAO, Nr.1 zu §88 AO）に関して関係者を拘束する合意は可能である。納税義務者と課税庁との間のかような合意は "事実に関する合意" と呼ばれる。

この事実に関する合意は連邦財政裁判所の確立した判例によると（BFH-

Urteile vom 11.12.1984 - VIII R 131/76 - BStBl II 1985, S. 354, vom 05.10.1990 - III R 19/88 - BStBl II 1991, S. 45 und vom 06.02.1991 - I R 13/86 - BStBl 1991 II, S. 673, vom 08.09.1994 - V R 70/91 - BStBl II 1995, S. 32, vom 13.12.1995 - XI R 43 - 45/89 - BStBl II 1996, S. 232, vom 31.07.1996 - XI R 78/95 - BStBl II 1996, S. 625), 賦課手続のあらゆる段階において，特に税務調査を基因として，そして係属中の権利救済手続において（例えば，ドイツ租税通則法 364a 条による協議の枠内で）行われうる。租税犯罪捜査 (Steuerfahndungsprfungen) あるいは租税刑事手続が開始された後でもそれは利用されうる。そうした場合には早い段階で刑事手続および罰金手続に管轄を有する官庁あるいは検察庁が関与する。

関係者がこうした方法により特定の事案処理について合意することを企図するならば，以下の諸原則が斟酌されねばならない。

2 管 轄

2.1 事実に関する合意は専ら事実関係の解明という領域において許容される。

2.2 事実に関する合意は次の場合には許容されない。
　　―疑義ある法律問題を解明するため
　　―特定の法律効果の発効について
　　―特定の法規定の適用について
　　―それが明らかに不適当な帰結に行き着くとき

2.3 しかし，事実に関する合意は，法的判断がなされる枠内において事実関係に関する前提問題ついて判断される限りにおいて可能である (BFH-Urt. vom 01.02.2001 ― I V R 3/00 ― BStBl II 2001, S.520)。

3 要 件

事実に関する合意の要件は困難な状況のもとにおいてのみ解明可能であるそうした事実関係の存在である。例えば，それは，個々の事実関係が承認可能な作業コストまたは時間的コストを要してのみ解明されるときである（参

照，AEAO zu §88 AO. Nr.1 Abs.2)。事実関係の複雑性のみでは，解明困難な事実関係の措定には足りない。

　解明困難な事実関係が存在するか否かという問題については，予想される作業コストおよび税額との関係，もし既存の事実関係に係る疑義につき納税義務者の主張に合わず，その不利に判決がなされる場合に，課税庁は予想される訴訟手続を通じてどの程度負担を負わねばならないか，が判断の基礎とされうる。

4　適用領域

4.1　事実に関する合意は特に，次が存在するような場合に利用されうる。
　　―推計の余地
　　―評価の余地
　　―判断余地
　　―証拠評価の余地

4.2　拘束情報（ドイツ租税通則法89条2項）とは異なり，事実に関する合意は専ら完結した事実関係に関係する。もし事実に関する合意において確定された事実関係が将来に及び，そして関係者の意思によってもそうであるべきとされるならば，その限りで―事実関係が同一であるという仮定のもと―同じく拘束力は生じる。例えば，資産の耐用年数の確定または資本的支出と製造原価との識別がそれである。

4.3　事実に関する合意に含まれないそうした課税のベースに関しては，事実関係の職権解明という課税庁に法律上課された義務（ドイツ租税通則法85条，同88条），納税義務者の協力義務（同90条）並びに解明不可能である課税のベースに係る課税庁および財政裁判所に課された推計義務（ドイツ租税通則法162条，ドイツ財政裁判所法96条1項）が適用される。

5　執　　行

　事実に関する合意は，重要な事実関係の解明に係る作業コストおよび時間

的コストが適当な範囲に限定されることによって，法的平和の創出および権利救済手続の回避に資する。重要な意味がないケースにおいては，事実に関する合意ではない合意の形成が採られるべきである。例えば，続けて文書での確認がなされるそうした課税手続における扱いに関する約束の形式を採る（場合によっては電話での）合意がなされうる。

そうした限界づけは事案全体の意義に応じてなされる。ここでは詳細な点には触れない。

他のケースにおいては事実に関する合意の執行に際しては次の点が注意されねばならない。

5.1　関係者は合意締結の最終的な権限を有していなければならない。

5.2　もし納税義務者が代理人を通じて代理されているならば（ドイツ租税通則法 80 条 1 項 1 文），相応の代理権が必要である。無制限代理は同 80 条 1 項 2 文により事実に関する合意の締結権限も含む。

5.3　課税庁の側では少なくとも租税確定の決定について管轄権を有する，つまりは最終的に署名する権限を有する職員が関与しなければならない。もし事実に関する合意の締結に租税確定の決定について管轄権を有する職員が関与しなかったならば，こうした欠陥は全関係者に対して表明される明文の事後的な同意を通じて治癒される。

5.4　事実に関する合意は原則として個々の事実関係にのみ関係する。もし事実に関する合意が複数の事実関係について締結されることとなる場合には，通常は複数の，相互に独立した事実に関する合意の締結が目指されねばならない。メリットがなくなるという考えられうる批判に関しては，"一括方式（Paketlösungen）"（その存在につき相互に関連させられているそうした個々の合意）が，もし事実関係に係る問題の解明がこうした方法を通じてのみ可能でありうると思われる場合にのみ考えられうる。

5.5　事実に関する合意の内容は，事実状態の表明がなされつつ簡明で，しかしはっきりとした形態において文書で明確化されねばならず，関係者により証拠のために署名されねばならない。こうした形態で事実に関する

合意の成果が明確化されれば十分である。事実に関する合意の法的効果に関する記述は通常は記載されない。こうした文書において関係者に対して明白かつ疑義のない形態で事実に関する合意が拘束力を持つことが明らかになる。これは誤解を避けることそして場合によってはそこから生じうる取消可能性に資する。関係者に対しては作成された合意書が交付される。

文書の例
事実状況の議論の結果課税庁（代理人何某）および納税義務者（代理人何某）は，［事実関係］について一致したことそして両者を拘束することを明言する。事実に関する合意はあらゆる関係者を拘束する。関係者および代理人は［日付］に作成された文書を受け取った。
［関係者の署名］

6　法的効果

6.1　拘束力は事実に関する合意を租税決定において斟酌することを通じてはじめて生じるわけではない（BFH-Urteile vom 06.02.1991 - I R 13/86 - BStBl II S. 673, vom 31.07.1996 - XI R 78/95 - BStBl II 1996, S. 625）。事実に関する合意の締結を以て，それが取消不可能となったときに，関係者は信義則に従い合意された事実処理に拘束される。事実に関する合意は成立に関与した関係者のみを拘束し，第三者を拘束しない（例外，包括的権利承継者）。

事実に関する合意に影響を与えるであろうそうした事後的に明らかになった事実は，もしそれが事前に既知であったとしても，通常事実に関する合意の拘束力を除去させない。その限りで，それに対応する租税確定に対する争訟という権利保護の必要性はなくなる。

ある事実関係に係る一定の処理についての税務調査の枠内で行われた許容される，そして有効な事実に関する合意は課税庁をそれに基づく決定が発遣される前に拘束する（BFH-Urteil vom 31.07.1996 - XI R 78/95 - BStBl II

1996, S. 625）。

6.2　合意は，事実に関する合意がその内容に影響する行政行為のベースとなる。事実に関する合意をその内容に含む行政行為の変更は，合意の拘束力に原則として影響を与えない。

7　事実に関する合意の取消／変更

7.1　事実に関する合意は関係者によって合意のもとで取消可能または変更可能である。しかしながら，この法制度の目的に関連して言えば，これは例外的なものに限定されるべきである。その基盤の一部が事実に関する合意であるそうした行政行為を取り消しまたは変更することは，手続法上の規定によりそれが許容されるときにのみ，行われうる。

7.2　事実に関する合意が構成要素になっているそうした行政行為の取消または変更は，手続法の規定により許されるときにのみ行われる。

8　事実に関する合意の無効

8.1　事実に関する合意は，それが納税義務者に対する許されざる圧力のもとで，またはその許されざる影響のもとで締結されるときには，無効である。

　他方で，課税庁と事実に関する合意の締結に行き着くそうした納税義務者の意思表示は，それが一層負担のかかる事実関係の解明作業に対する不安および後続する租税制裁手続のおそれのもとでのみなされたものであることを以て取り消されることはない。

　その他にも，事実に関する合意は明白に不合理な結論に行き着くとき（BFH-Urteil vom 06.02.1991 - I R 13/86 - BStBl II 1991, S. 673），つまり，合意が論理法則または一般的経験則に違反するときに，無効である。

8.2　事実に関する合意の無効となる根拠として，ドイツ民法における意思表示に関して挙げられている根拠がある。

　　―仮装行為，ドイツ民法117条

―取消，ドイツ民法 119 条，120 条，123 条
　　―明白な合意の欠如，ドイツ民法 154 条
　　―代理権の欠欠，ドイツ民法 164 条以下
　　―事情変更（Störung der Geschäftsgrundlage），ドイツ民法 313 条

　ドイツ租税通則法 130 条 2 項の要件が充足される際にも無効とされる根拠が認定されうる。
例：納税義務者により合意の基礎となる協議の際に事実関係が歪曲されまたは隠避され，そして課税庁に対して課税につき重要な事実が隠されるならば，事実に関する合意は拘束力を発揮し得ない。
8.3　そうした根拠は関係者によって主張されると，事実に関する合意のその後の扱いについて，それが既にある行政行為において斟酌されたかまたはされないかが重要である。
8.3.1　事実に関する合意は次の場合にはなお行政行為においては斟酌されていない。
バリエーション 1：
　納税義務者が事実に関する合意の無効を相当な理由を以て主張するときには，課税庁は彼に対して当該合意が双方の了解のもとに取り消されたものと見なされる旨を伝達する。
　また課税庁が当該事実に関する合意を存続するものとし，および拘束力があるものとするときには，課税庁は納税義務者にそうした納税義務者の法的見解は与し得ず，そして租税決定の際に当該合意を斟酌する旨を伝達する。納税義務者はその法的見解を後続する権利救済手続において租税決定に対抗して主張しうる。
バリエーション 2：
　もし課税庁が事実に関する合意を無効とするときには，課税庁は納税義務者に対してそれを伝達し，そして彼に意見表明の機会を与える。またもし課税庁が納税義務者の法的見解に反して事実に関する合意を無効とする

ときには，当該合意は租税決定に際して斟酌されない。納税義務者がその法的見解を租税決定に対する後の権利救済手続においてさらに実現を求めることができる。

8.3.2 事実に関する合意が既に行政行為に反映された場合には次のようになる。

事実に関する合意は，関係する租税確定が手続法上なお変更されうるときにのみ租税法上無効とされうる（例，ドイツ租税通則法 164 条，172 条以下，367 条 2 項 2 文）。

例えば納税義務者が事実に関する合意を締結する際に課税庁に対して租税法上重要な事実を隠避した場合には，それに基づく租税決定はドイツ租税通則法 173 条 1 項 1 号により変更されうる。変更はドイツ租税通則法 172 条 1 項 2 号 c の要件を充足するときも行われうる。

8.4 しかしながら事実に関する合意が失効した後は，課税標準の確定のためにさらなる事実関係の解明が常に必要である。ここではじめて明らかになった事実関係または証明手段は，例えば，ドイツ租税通則法 173 条による租税決定の変更を招来しうる。

この文書は連邦租税官報第 1 部に公表される。

税務行政におけるネゴシエーション

第3章 米国における納税者とIRSとの交渉と和解

関西学院大学法学部教授 　一高　龍司

はじめに

　本稿は，所得税を念頭におき，納税義務の確定又は徴収に当たり，米国の内国歳入庁（IRS）又はその職員と，納税者又はその代理人との間でネゴシエーション（交渉）が生じる状況並びに関係する法制度及び実務を可能な限り取り上げて記述し，そこで生じる法的な問題点と議論を確認した上で，我が国への示唆を導こうとするものである。但し，刑事事案と国際課税事案に係る交渉は基本的に本稿の対象外とする。

　米国では，租税争訟に関し不服申立前置主義を採用していないが，調査から確定判決前までの一連の過程の中で，IRSの不服審査部（Appeals Office）との協議を含む納税者とIRSとの交渉を経た和解（settlement）によって，税額を巡る紛争を司法判決以外の方法で解決することが立法上推奨されている。例えば，終結合意（closing agreement），コンプロマイズ，弁護士費用等の供与等の制度が，IRSと納税者の双方が確定判決までコストを費消する前に和解に漕ぎ着けるのを促している。我が国の先行研究の中には，日本法上も同様の和解の制度を（一部）導入するべき旨を主張又は示唆するもの[1]が既に見られる。

交渉に際して，裁判所での立証責任を念頭において，一方当事者が自らに不利な情報の提供を控えつつ，他方当事者から自身が利用可能な情報を引き出そうとする情報の入手を巡る駆け引きがなされる。米国で納税者代理人が一般に共有するであろう交渉技術についても補論で紹介したい。

交渉という用語は，法的な統制の外にある掛合いを想像させ，我が国から一見する限り，合衆国憲法修正第 5 条（租税法律主義及び租税公平主義の要請を含む）の要請と抵触するのではないかとの疑念が生じるが，課税庁と納税者との間に残る事実認定若しくは法解釈に関する不一致があり，又は特定の納税者に固有の救済の必要性が認められる場合に，恣意的な運用を排除する適正かつ負担の少ない手続の下で，裁判所の判決を受ける権利を剥奪することなく問題を合理的に又は予想される判決と整合的に解決することが可能で

（1） 例えば，伊川正樹「日本でも取り入れたい，アメリカの税務紛争解決システム—インフォーマルな協議に基づく和解により紛争解決を図るアメリカに学べ!!」ザ・ロイヤーズ 3 巻 4 号 23 頁（2006），本庄資「『納税者との合意』，『和解』を税務調査に導入できるか—税務調査から租税争訟解決までにみる米国の納税者権利保護と税務行政効率化のマリアージュを参考として」税経通信 63 巻 2 号 149 頁（2008），本庄資「LMSB 局国際調査体制—『和解』を基本とする移転価格課税における不服審査局の重要な役割—」税経通信 63 巻 3 号 253 頁（2008），本庄資「米国税務行政における『効率』の追求と『和解』戦略」税務大学校論叢 40 周年記念論文集 299 頁（2008）参照。なお，米国租税法上の和解又は交渉に関する先行研究として，ホロデック・リチャード「米国 IRS の調査における交渉と和解」租税研究 538 号 77 頁（1994），望月爾「アメリカ内国歳入庁改革の現状と課題」税制研究 41 号 28 頁（2002），伊川正樹「アメリカにおける税務訴訟の実態—税務訴訟における『和解』再検討の一素材として(1)(2・完)」民商法雑誌 133 巻 1 号 99 頁，同 2 号 298 頁（2005），高木英行「米国連邦確定行政における『査定（assessment）』の意義(1)〜（3・完）」福井大学教育地域科学部紀要Ⅲ（社会科学）61 号 1 頁，62 号 1 頁（以上 2006），63 号 25 頁（2007），渡辺裕泰「租税法における和解」中山信弘編集代表・中里実編『政府規制とソフトロー』209 頁（有斐閣・2008），225-227 頁（事実問題に限定した裁判上の和解の導入を主張する），租税訴訟学会横浜支部『アメリカ租税争訟制度の実情視察報告書（2008 年 7 月ワシントン DC 訪問）』（2008）
（http://www.h-hasegawa.com/USA_Study/america-study-report.html より入手（2012 年 7 月 25 日））等参照。

あるならば，それは租税法上の合理的な裁判外紛争解決手続の一つとして位置付けることも可能かもしれない。

以下，まず米国の税務争訟手続の基本的な流れの把握から始める。

I 米国における税務争訟手続

1 争訟過程の概観

連邦所得税に係る争訟の過程について，主にある文献[2]を参照しつつ確認しておく。

所定の課税除外額を超える所得を有する納税者は，所定の期日[3]までに，所定の場所[4]に，所得税申告書を IRS に提出し（IRC§6012），同日までに，確定行為（assessment）又は通知等なしで税額を納付しなければならない（IRC§6151）。IRS はこの申告税額を直ちに確定（assess）（当該納税義務に関し IRS 内で記録することによる（IRC§6203））しうるが，IRS の調査を通じ発見される不足額（IRC§6211(a)）については，まず不足額の文書による通知（後述の90日レター）を送付（IRC§6212(a)）しなければ確定できない（IRC§6213(a)）。確定行為には，一般に申告期限後3年の期間制限があるが，例えば脱

（2） 以下の記述は，専ら Lederman and Mazza, Tax Controversies : Practice and Procedure, 7-10（3rd ed. 2009）に依拠している（該当頁に関する詳細な注記は省略した）。

（3） 例えば，個人（暦年申告）は翌年の4月15日まで，個人（課税年度申告）は年度末の4箇月後の15日まで，法人（暦年申告）は翌年の3月15日まで，法人（課税年度申告）は当該年度末の3箇月後の15日まで，である。IRC§6072(a), (b).

（4） 提出・納付先は，例えば個人の場合，その者の法律上の住居（legal residence）又は事業の主たる場所のある internal revenue district に奉仕するサービス・センター（キャンパスと称される，以下同じ）であり，法人の場合は事業の主たる場所又は主たる事務所・代理人の所在する internal revenue district に奉仕するサービス・センターである（IRC§6091, §6151）。なお，2013年には電子申告（e-file）を1億2000万の納税者が利用した（http://www.irs.gov/Filing/Electronic-Return-Preparation-and-Filing-Options-2014）とされる（2014年3月25日確認）。

税や無申告の場合はいつでも確定が可能であり，また内国歳入長官と納税者との事前の合意による延長（様式872を使用）が可能である等，状況に応じ期間は異なる（IRC§6501）。最後の確定行為の日から10年間徴収可能であり，コンプロマイズ（後述）の申立をする等所定の場合[5]には，さらに延長がある[6]。なお，納税者が無申告ならIRSが第三者の税務情報等を基に申告書を作成（substitute for returnと通称される）する場合があるが（IRC§6020(b)），納税者はこれに対しても異議を申し立てることができる[7]。

　実務に即して言うと，IRSの歳入調査官（revenue agent）が税務調査に基づき提案する調整額（様式5701の発出）に納税者が同意しないときは，歳入調査官は，詳細な歳入調査官報告書（RAR）を作成して納税者に送付するが，これにはカバーレターと和解の合意に係る様式870（納税者の還付請求訴訟の提起は可とされる点で，これを否定する様式870-ADと相違する）が付され，納税者は，税額確定に係る制限を放棄するのであれば，これに署名しうる。このカバーレターは，30日以内に不服審査部との協議を要求する権利を納税者は有する旨記述されることから，30日レターと通称される。なお，この30日レター自体は法律上要請されるものではない。

　納税者が不服審査部との協議を要求するときは，問題の金額次第で，書面での異議申立（tax protest）の提出を求められる場合がある。不服審査官（Appeals Officers）は，歳入調査官とは異なり，訴訟に至った場合の敗訴の危険（hazards of litigation）を読み，また和解の成立に長けている。不服審査の間も期間制限は進行し，和解に向けた議論が期限近くまで継続すると，IRSは，納税者からの期間制限の延長を求める。もっとも，不服審査の段階で和

---

(5)　他に，倒産処理手続の申立，後述する徴収に係る適正手続の聴聞の要請（collection due process hearing, CDP）が該当する。Chaya Kundra, Lifecycle of a Federal Tax Controversy, 8J. Tax Prac. & Proc. 29, 29 (2007).
(6)　もし多額の未納税額があり又はIRSが税の徴収が危機的状態にあると判断すれば，IRSは納税者の租税に係る先取特権（tax lien）を妥当な額まで減額し，10年を超えた徴収を可能にすることを司法省に要請するかもしれない。Id.
(7)　Id.

解に至らずとも，それ以降も和解の機会は続く。

　不服審査部で合意に至らないとき又は納税者が単に 30 日レターを無視したときは，IRS は不足額の通知を行う（IRC§6212）。これを受けた納税者は，不足額を納付した上でその還付を求めて連邦地方裁判所又は連邦請求裁判所に提訴するか，又は通知を受けた日から 90 日以内に当該不足額の決定のやり直し（redetermination）を求めて租税裁判所に提訴する（税額の納付を要しない）ことができる[8]。ここでの不足額の通知は 90 日レターと通称される。同通知により，提訴されず 90 日が経過するまで又は租税裁判所に提訴後はその判決の確定があるまで，IRS は税の確定行為を禁じられる（IRC§6213(a)）。これにより納税者は，税額の確定と納付の前に租税裁判所での紛争解決の機会が与えられ，この間は期間制限も進行せず（但し延滞利子は発生する），さらに同裁判所の判決が確定してから追加して 60 日間は，IRS の確定行為を可能とするために進行しない（IRC§6503(a)）。

　納税者が不服審査部との協議を経ずに租税裁判所に提訴すれば，租税裁判所は一般に事案を不服審査部に送付し，同審査部が当該事案を租税裁判所係属（docketed）事案（IRM 8.4.1.2 (08-09-2011)）として，上述の 30 日レターに応じて不服申立されたところの同裁判所非係属（nondocketed）事案とは区別して，検討を加えることになる。この区別は，後述の如く納税者の争訟戦略に影響を及ぼす。

---

(8)　租税裁判所と（還付事案で）連邦地方裁判所に提訴された事件は，12 の各巡回区の連邦控訴裁判所に上訴されるのに対し，還付事案で連邦請求裁判所に提訴された事件は，連邦巡回区控訴裁判所に上訴され，いずれの事件も，さらに連邦最高裁判所への上訴に繋がる。なお，租税裁判所は合衆国憲法 1 条（立法府）に基づき連邦議会が 1969 年法で設立した（それ以前は行政府内の機関であった）裁判所である（IRC§7411）のに対し（連邦請求裁判所も，合衆国憲法 1 条に基づく裁判所である），連邦地方裁判所は，同憲法 3 条（司法府）に基づく裁判所である。従って，租税裁判所の判事には，3 条裁判所の判事に認められる終審在職権又は賃金保護はなく，また，租税裁判所は，司法府の事務部門である合衆国裁判所事務局又は合衆国司法会議の管轄に属さず自主的管理の下にある。Lederman and Mazza, *supra* note 2, at 297.

2 課税要件事実の証明責任

判例上，内国歳入長官の「判断は正確性の推定という支持を受け，上訴人[納税者]がその誤りを証明する責任を負う[9]」。租税裁判所の手続規則が言明するように，米国では今なお納税者に証明責任があるのが原則である[10]。ここで証明責任とは，「当該納税義務者の義務の確定に関連するあらゆる事実問題に関する」証明責任を指す（IRC§7491(a)）。後述の98年法の制定により，このような伝統的な証明責任に関するルールに若干の修正（証明責任の緩和）が行われている[11]。

すなわち，1998年7月22日より後に始まる調査から生じる裁判手続における証明責任は，納税者が，1）その項目を実証する要件に従っており，2）内国歳入法典に基づき要請される記録を維持し，証言，情報，文書，会合及び面談につきIRSの合理的な要請に協力しており，かつ，3）当該納税者がパートナーシップ，法人又は信託の場合はその純資産が700万ドル以下である限り，納税義務を確定するのに関係する事実に関する問題につき「信用可能な証拠（credible evidence）」を提出するならば，IRSが証明責任を負うこととされる[12]。上院の委員会報告書によれば，ここで「信用可能な証拠」とは，「批判的分析を経て，裁判所が，反証が提出されない限り（IRSが正しいという司法の推定とは関わりなく）判決の基礎とするのに足りると考えるで

---

(9) Welch v. Helvering, 290 US 111, 115 (1933) (citing Wickwire v. Reinecke, 275 US 101 (1927) ; Jones v. Commissioner, 38 F. 2d 550, 552 (7th Cir. 1930).).
(10) United States Tax Court, Rules of Practice & Procedure, as amended through July 6, 2012, Rule 142(a).
(11) この点については，西本靖宏「アメリカ税務訴訟における立証責任論の新動向」石島弘・碓井光明・木村弘之亮・玉國文敏編『税法の課題と超克 山田二郎先生古稀記念論文集』583頁（信山社・2000），597頁以下，及び小川正雄「アメリカの税務訴訟における立証責任の転換」村井正先生喜寿記念論文刊行委員会編『租税の複合法的構成』465頁（清文社・2012）参照。
(12) Robert E. Meldman and Richard J. Sideman, Federal Taxation : Practice and Procedure, ¶415 (8th ed. 2006) (citing Sowards v. Comm'r, T.C. Memo 2003-180.).

あろう証拠の性質[13]」を指す。なお，内国歳入法典 7491 条に基づく証明責任の転換の要件を充たす事実の証明責任は，納税者が負っている。そこで，納税者の代理人にとってこれらの要件を充たすようにすることが重要となる一方，IRS との交渉を通じて不意に無関係な情報までも提供しないことにも注意が必要とされる。

非関連納税者の統計的情報に基づき更正を行う場合や，個人に対し民事罰を負わせる裁判では，IRS に証明責任があるとされる（IRC§7491(b),(c)）。

II　IRSの組織改革と使命

1　IRS の組織

IRS は，今日，115,000 人を超える職員が毎年 2 億通を超える申告書を処理する大きな組織である[14]。その組織構成は，IRS の再構築と改革に係る 1998 年法（IRS Restructuring and Reform Act of 1998，以下 98 年法という[15]）に基づき改革が行われた。そこでは，組織を地理的に 4 区分していたのを改め，納税者のニーズに応じた 4 区分，すなわち 1）給与・投資所得局（Wage and Investment Division），2）小規模企業・自営業者局（Small Business/Self-Employed Division），3）大企業・国際局（Large Business and International

---

(13)　Sen. Comm. Rep. to P.L. 105-206; Higbee v. Comm'r, 116 T.C. 438, 442-3(2001); Forste v. Comm'r, T.C. Memo 2003-103.
(14)　以下は，専ら Camilla E. Watson and Brookes D. Billman, Jr., Federal Tax Practice and Procedure : Cases, Materials and Problems, 5-6（2nd ed. 2012）に依拠する。
(15)　Pub. L. No. 105-206, 112 Stat. 685. この組織改革とその下での新しい IRS の組織（2007 年 1 月現在）については，望月爾「アメリカ内国歳入庁の抜本改革と納税者の権利」静岡大学法政研究 5 巻 3・4 号 539 頁（2001），森浩明「米国の租税徴収制度について─内国歳入庁（IRS）改革法下の徴収制度」税務大学校論叢 40 号 533 頁（2002），瀬沼雄二・伊藤新佳・三浦かすみ・時村知伸「米国の税務行政（上）（下）」税大ジャーナル 7 号 172 頁，8 号 199 頁（2008）等に紹介があり，訳出においても参考にした。

Division)[16]，及び，4）免税団体・政府機関局（Tax Exempt and Government Entities Division）を採用している[17]。さらに，個別具体的な論点と事案を扱う4部門，すなわち，1）首席法律顧問官（the Chief Counsel），2）不服審査部（Appeals），3）査察部（Criminal Investigation），及び4）納税者擁護官（the National Taxpayer Advocate）[18]，が設置されている。

この中で納税者擁護官は，IRSとの間に生じる納税者の問題解決に助力を与え，各地の擁護官事務所（local advocate offices）を統括し，さらに納税者とIRS間の問題の円滑な解決に資する可能性のある法と行政実務の修正を見定めている[19]。納税者擁護官に就くには過去2年IRSの高官又は職員であってはならず，この地位を離れてから5年はIRSに雇用されないことに同意しなければならない。IRSとの関係で問題が生じた納税者は，その解決に係る援助を求めて，納税者擁護官の各地の事務所（各州に少なくとも1置かれる）に連絡することができる。同事務所は，納税者の情報をIRSに開示しない裁量をも有し（IRC§7803(c)(4)(A)），もしIRSの執行の態様によって当該納税者が重要な苦難[20]を被り又は被ろうとしていると納税者擁護官が判断すれば，納税者援助命令（Taxpayer Assistance Order）を発出し，継続中の刑

---

(16) 旧 Large and Mid-Size Business Division から2010年10月1日以降改称された。1,000万ドル超の資産を有する企業の申告を扱う。そこでの事案は，Coordinated Industry Cases（CIC）又は Industry Cases（IC）のいずれかの範疇に分かれる。IRM 4.46.2.1. 前者は，従前は，Coordinated Examination Program（CEP）と称されていた。CICは，7項目（総資産，総収入，営業主体数，外国税額等）に関し規模や国際性の程度に照らして点数化し，その合計が12ポイント以上のものを指す。IC は CIC 以外の事案である。http://www.irs.gov/Businesses/Case-Classification（2014年4月7日確認）
(17) 各区分の訳語及び本稿で言及するIRSの組織に係る訳語は，主に，瀬沼ほか・前掲注15文献のそれに拠った。なお，98年法の改革として，他に，内国歳入長官の権限の明確化と在任期間の4年から5年への延長も行われた。
(18) 我が国でも納税者擁護官制度に匹敵する納税者支援調整官制度が，やや遅れたが，既に2001年に導入済みである。この制度については，長谷川博「『納税者支援調整官』制度の現状と課題—苦情処理事案の分析と国際比較を通して」月刊税務事例39巻1号32頁（2007）参照。
(19) Watson and Billman, *supra* note 14, at 7-8.

事捜査に関係せず,かつ,内国歳入法典の規定の回避にならない限り,IRSに作為又は不作為を要求することができる (IRC§7811(a))。顧客サービスの改善を目的に,IRSは電話で納税者を救援するための24の顧客サービス箇所を全国に維持している[21]。なお,納税者擁護官は連邦議会に年次の報告書を提出し,これをウェブ上で公開している。

98年法に基づき,新たにIRS監視委員会 (IRS Oversight Board) が設置されている。これは,IRSの運営と方針を監視し,かつ,納税者がIRSとの関係で公正に取り扱われることを確実にする権限を有する。構成員9名は,内国歳入長官,財務長官 (代理),連邦の専任職員 (代表),そして民間人6名 (うち1名が委員長) である。専任職員と民間人の在任期間は5年で,上院の助言と承認を得て大統領に任命される (IRC§7802(b))。

同じく98年法に基づき設けられた財務省税務管理監査官 (Treasury Inspector General for Tax Administration, TIGTA) は,専ら税務行政の効率性の促進や租税逋脱の抑止,汚職の防止等を任務としてIRSの税務行政を監査する機関であり,財務省の内部にあって独立した機関に位置付けられる。

IRSからその職員に対する指示 (手続,指針,方針,権限の委任など) を集めた唯一の公式の文書として,内国歳入手引き (Internal Revenue Manual, IRM) が公表されている。調査プロセス (Part 4),徴収プロセス (Part 5) 等を含む[22]。内国歳入手引きは納税者が依拠するべきものではないが,もし歳入調査官が同手引きに従っていないときは (特にそのことで同調査官が制裁を受けうる場合は),納税者が駆け引きする上で利点となりうる[23]。

---

(20) 不利益な言動を受ける直接的脅威,納税者の帳簿上の問題の解決に際しての30日を超える遅延,救濟が与えられない場合の専門家による代理の料金等を含む重要なコストの発生,取り返しの付かない被害の発生を含む。IRC§7811(a)(2)。なお,納税者は様式911を使って納税者援助命令を要求することもできる。
(21) Watson and Billman, *supra* note 14, at 9.
(22) 非公表のOfficial Use Only (OUO) 文書もあると言われ,そこには,執行の戦略,手法,手続,許容範囲などが含まれ,法執行の手引き (Law Enforce Manual) も含まれる。Meldman and Sideman, *supra* note 12, ¶414.

2　納税者サービスの重視

　かように IRS は，納税者サービスを重視する組織を指向しており，このことは，自らの以下のミッションステートメントにも反映されている。「米国の納税者がその課税上の責務を理解しかつそれを充足するのを手助けし，かつ，全ての者に対し誠実さと公正さを伴って租税法令を適用することにより，米国の納税者に対し最高品質のサービスを提供することである[24]。」

　連邦議会は1988年の立法の制定を通じ納税者権利憲章を採用し，96年にこれを改定した[25]。これにより，納税者擁護官を強化し，IRS 職員による無権限の徴収行為に対する賠償額上限を引き上げるなどした。98年までに納税者の権利が連邦議会の関心の的とされるに至った理由には，第一に，IRS 監視委員会の設置を含む変更を下院の IRS 改革に係る国家委員会の報告書[26]が要求したこと，第二に，97年と98年の公聴会における IRS 職員による権限濫用に関する納税者証言，第三に，租税法令の複雑さ及び不公正さ（特に，無辜の配偶者に関する規定[27]）の問題，があるとされる。そして98年の法改正で，証明責任の配分見直しと，納税者の訴訟費用（弁護士費用を含む）の返還を受ける制度が拡張された（後述）。

　IRS から接触を受ける全ての納税者には，簡素な表現による納税者の権利についての説明書（"Your Rights as a Tax Payer"[28]）が IRS から提供されね

---

(23)　Watson and Billman, *supra* note 14, at 63.
(24)　http://www.irs.gov/irs/article/0,,id=98141,00.html（2012年7月23日訪問）
(25)　この経緯については，Robert B. Nadler, Treating Qualified Offers as Prevailing Parties Encourages Settlements, 81 Tax Notes 1567 が詳しく，以下の本文の記述はこの文献による。
(26)　Report of the National Commission on Restructuring the Internal Revenue Service, A Vision for a New IRS, June 25, 1997 を指す。下院ウェブサイト（http://www.house.gov/natcommirs/final.htm）で入手可能（2014年2月22日確認）。
(27)　いわゆる innocent spouse clause のこと。つまり夫婦共同申告の場合，納税義務に関し夫婦は連帯責任となる（IRC§6013(d)(3)）が，例外的に所定の要件を満たせば，一方当事者は過少申告となった部分について責任を問われない（IRC§6015）。様式8857を提出する。

ばならない。また調査に先立ち，調査官は，納税者に対し，調査過程と納税者の権利について口頭で告げなければならない。なお，IRS との関係で納税者の代理を行いうるのは，弁護士，公認会計士，及び IRS の試験(29)に合格した登録代理人（enrolled agents）だけである(30)。

　IRS が，ある納税者の納税義務に関し当該納税者以外の者に接触するには，当該納税者に対する合理的な事前通知が求められる（IRC§7602(c)）。但し，1) 当該納税者から権限を与えられた接触，2) 通知が徴収を危機にさらす場合の接触，及び，3) 犯則調査期間中の接触については，この限りでない。

Ⅲ　IRS の調査と交渉

1　調査の類型(31)

　IRS の調査に関し，以下の類型化が可能である。第一は，IRS のキャンパス(32)（かつてのサービスセンター）で，申告書上の形式的誤謬（署名，社会保障番号の欠如等）がコンピュータと職員によってチェックされる。各申告書上

---

(28)　Available at http://www.irs.gov/pub/irs-pdf/p1.pdf (visited on April 15, 2014).
(29)　Treasury Department Circular 230, §§ 10.3(c), 10.4.
(30)　なお，保険計理人（actuary）にも限定的な範囲で同種業務を行う権利があるとされる（Title 29 U.S.C. § 1242）。Treasury Department Circular 230, § 10.3(d)。
(31)　Meldman and Sideman, *supra* note 12, ch. 2. また，金子宏「アメリカにおける税務調査―質問検査権を中心として」『所得概念の研究』355 頁（1995，初出 1989）370-378 頁に詳細な紹介があり，訳出に関しても参考にした。高木英行「米国連邦税確定行政における『査定（assessment）』の意義(1)」福井大学教育地域科学部紀要（第Ⅲ部 社会科学）61 号 1 頁（2005），第三章も参照。
(32)　アンドーバー（マサチューセッツ州），アトランタ（ジョージア州），オースティン（テキサス州），シンシナティ（オハイオ州），フレズノ（カリフォルニア州），ブルックヘブン（ニューヨーク州），カンザスシティ（ミズーリ州），メンフィス（テネシー州），オグデン（ユタ州）及びフィラデルフィア（ペンシルバニア州）の 10 都市に設置されている。

の関係する磁気テープが，ウェストヴァージニア州のマーティンズバーグにある国立のコンピュータセンターに送られ，所定の数学的処理（discriminate function, DIF）により誤謬の可能性の高いものが選別される。見つかった誤謬には，修正申告が求められる。これは，自動過少申告者プログラム（Automated Underreporter Program）と呼ばれ，正確には調査というより，調査対象の選定のための過程の一つである[33]。

　第二は，同じく一般にキャンパスが実施するものであり，単一の課税上の問題点について質問する書簡を納税者に送付する書面調査（Correspondence Examination）である。書面において，問題の在処と証拠となる文書のIRSへの郵送が指示される[34]。納税者が誤りを認め追加の納税をするか，逆にIRSが納税者の説明又は証拠に納得すれば，終結する。納税者が面談を要求すれば，調査担当者に送られて申告書の詳細な検討を受ける[35]。

　第三は，納税者にIRS（原則として最寄りのIRSの税務署）を訪問するよう求められる署内調査ないし呼び出し調査（Office Examination）である[36]。一般に税務調査官（tax auditor）が実施する[37]。かつては事業所得を有しない個人が対象であったが，対象が拡張されてきている。この調査では，納税者

---

[33] Meldman and Sideman, *supra* note 12, at 77-78. DIF以外にもIRSの調査対象の選定方法として，情報申告書（利子等の支払報告書等）と確定申告書との突き合わせる方法（情報申告書照合法），統計資料作成目的の調査対象の選定（申告水準調査法），申告書の特定の属性（特定の職業に従事する者等）に着目した選定（プロジェクト別選択法），があるとされる（金子・前掲注31，357-363頁参照）。IRSウェブサイト（http://www.irs.gov/uac/The-Examination-(Audit)-Process）は，他に，濫用的タックスシェルター利用者，大法人，反面調査なども調査対象選定方法に挙げている（2014年3月25日確認）。
[34] Meldman ans Sideman, *supra* note 12, at 78.
[35] Lederman and Mazza, *supra* note 2, 94. なお，同書は書面調査の英語としてcorresponding auditsを使用していることから，examinationとauditが同義の「調査」の意味で使用されることが示唆される。
[36] Meldman and Sideman, *supra* note 12, ¶408.
[37] Lederman and Mazza, *supra* note 2, at 94.

(とその代理人)への面談がなされる。

　前述のように，IRS担当者が納税者に最初に接触する時又はその前には，調査の過程と納税者の権利について説明することが求められる（IRC§7521(b)(1)）。納税者は事前（10日以上前）に要請しておけば録音も許されるが，納税者が録音しない場合でも，IRSは10日以上前の通知で録音が可能（納税者は実費でその記録を請求可能）となる（IRC§7521(a)）[38]。また，全ての証拠が提示された後に，調査官は納税者又はその代理人に対し面談の機会を与え，提案される追加税額と発見事実について説明を行う。もし納税者と調査官とが全ての調整について合意できないときには，様式4549（所得税調査に係る変更）が当該納税者に送付される。最初の書簡では，30日以内に追加の証拠若しくは情報を提供するか，又は不服審査官による再考を要請する機会が与えられる。

　第四は，署外調査ないし臨場調査（field examination）である。歳入調査官が担当する[39]。法人についてはこれが一般的とされ，事業所得に係る申告書やより大口で複雑な個人に係る申告書の調査も大部分これに当てはまる[40]。調査は通常IRSの業務期間内で，納税者とIRSの双方が都合のつく日時を決めて行われる。納税者の事業への負の影響を最小化するための調整の努力がなされる（Treas. Reg.§301.7605-1(b)(1)）。通常は当該納税者の帳簿等がある主たる事業の場所や居所でなされる。調査の場所の変更を求める納税者の請求は，事案毎にIRSにより検討される[41]。納税者は代理人を立てる場合，自身は調査の現場に立ち会わなくてもよい（サモンズが発出されている場合は除く[42]）。録音及び納税者への説明については署内調査と同様である。調査

---

(38) See Notice 89-51, 1989-1 CB 691. なお，典型的な論点には，チップからの収益，譲渡所得，慈善寄付金，扶養控除，旅費・交際費，教育費，医療費，貸倒等が含まれ，事業上の所得に関しては，特に総所得金額が調査され，他に，所得の源泉，生活水準，資産購入，資金残額等が質問される。IRM 4.10.4.3.
(39) 一般に歳入調査官は税務調査官よりも高度の経験と教育を有する。Lederman and Mazza, *supra* note 2, at 94.
(40) 金子・前掲注31, 371頁。

は，財務省に与えられた法律上の権限に基づく（IRC§7602）。帳簿記入や会計方法と申告書との整合性など種々の項目に検討が加えられる。納税者は，控除項目の証拠等の提示を求められるなどする。なお，大法人に対しては，特別な調査技法を用いた継続的な臨場調査が行われる[43]。

第五は，研究目的調査（research audit）である。申告書がランダムに選出され，申告書上のあらゆる項目が金額の多寡に関わらず綿密に調査される[44]。

納税者擁護官の 2011 年報告書（連邦議会向け）によれば，2010 年度では，個人に対する調査の 86% が書簡調査であり，42% は IRS との人的接触の全くない態様のものである等，近時 IRS は自動的な調査又は接触を拡大している[45]。同年度に IRS が接触した 1,500 万件に関し，多くの納税者がこれを調査（examination）だと感じている（例えば，第三者の所得との突合，誤謬・脱漏の修正等）のに対し，IRS は単なる説明の要求であって調査には当たらないと考えているという認識の不一致が指摘されている。IRS は調査に当たらないという見解を維持することで，調査に係る納税者の権利を避けつつ後

---

(41) Treas. Reg.§301.7605-1(e)(1). 代理人の都合などは考慮されないが，納税者の住居，事業の主たる場所，帳簿・記録等の維持される場所，IRS が最も効率的に調査を行いうる場所，変更希望先における IRS の資源，特定の場所での調査により納税者が不当な不都合を強いられ得ることを示唆する他の要因，を IRS は考慮することになる。Treas. Reg.§301.7605-1(e)(1), (3). 調査担当者の身に危険が生じる可能性がある場所での調査を IRS は拒むことができ（Treas. Reg.§301.7605-1(f)），また，効果的な調査のために IRS から別の場所に調査を移転することは禁じられないが，納税者がこれを拒むときは，上述の考慮を踏まえて判断されることになる（Treas. Reg.§301.7605-1(g)）。
(42) IRC§7521(c).
(43) Lederman and Mazza, *supra* note 2, at 94.
(44) Meldman and Sideman, *supra* note 12, ¶412. 2002 年 9 月から National Research Program（NRP）が始まっており，およそ 49,000 の個人の申告書が選ばれ，そのうち 32,000 人は面談形式の調査を受け，9,000 人は少数の項目に係る文書での質問を受けたとされる（残り 8,000 人はコンタクトがとれなかった）。*Id*.
(45) National Taxpayer Advocate, 2011 Annual Report to Congress, Vol. 2: Tax Research and Related Studies, 63-91 (2011).

に帳簿等に真の調査を行う権利（1課税年度に原則1回のみ実施しうる[46]）を維持することになるところ，調査手続のかかる効率化に対し懸念が指摘されている。納税者擁護官は，調査の効率化の必要性を認めた上で，むしろ納税者の便益に資するべく自動化の技術を利用する（例えば，ヴァーチャルな対面調査を行う）よう促している。また特に，書簡調査の対象を問題点の明確な事案に限定すること，調査を意味する用語として曖昧な examination の使用を避け audit を使うことなどを勧告している。

2　調査とその終結

　調査の過程では，事実の証明と法律問題という二つの証明に取り組むことになる。無論歳入調査官は全知全能ではなく，例えば，納税者の代理人が納税者の事業の内容について教える必要が生じる場合もある。IRS は，課税の対象となる物等の調査に必要な範囲で，当該物等の生産，維持等のなされる建物又は敷地に昼間（開業時間内であれば夜間も）立ち入ることができる（IRC §7606）。納税者は自宅や事務所の案内を求められることもあるが，この案内が納税者の営業開始後に設定されると，歳入調査官はその前から仕事つまり調査を始める可能性があるので，納税者にとっては営業時間前が好ましい[47]。代理人から教育を受けた従業員が歳入調査官に付き添うことにより，任意に歳入調査官が敷地を徘徊して他の従業員に質問し又は文書を要請し得ないようにすべきとも助言される[48]。また，調査中に歳入調査官が行う文書の提出要請は，様式4564（情報文書要求）を使ってするように求めるのが，曖昧

---

[46]　財務省規則上，納税者は不要な調査を強いられず，また，納税者の帳簿への検査は各課税年度に一度だけなされうる。但し後者に関しては，納税者自身が別段の要請をする場合，又は，権限を有する内国歳入庁の官吏が調査後に納税者に対し書面で追加の検査が必要である旨通知する場合を除く。Treas. Reg. §301.7605-1(h).

[47]　以上の記述につき，see Kundra, *supra* note 5, at 30.

[48]　Barbara T. Kaplan, Leveling the Playing Field in Federal Income Tax Controversies, 56 N.Y.U. Ann. Inst. Fed. Tax'n, §32.01, 32-8（1999）.

又は過剰な質問の制限にも繋がり，納税者の利益になると考えられる[49]。

　殆どの署内調査及び臨場調査では，歳入調査官が正式の報告書を作成する前に，歳入調査官の発見事実について当該納税者（代理人）と議論をする。調査の結果，歳入調査官が納税義務に変更なしと判断すれば，無変更報告書（No-Change Reports）を作成し，納税者（と代理人）に提供する。他方で，調整額の提案（理由を伴う）の通知は，様式5701を通じてなされる。同様式上，同意，一部同意，不同意又は追加情報の提案の用意の各チェック欄があり，不同意（一部又は全部）の場合は早期和解（後述）の検討の意思表示をするチェック欄もある。

　納税者にとって，調査を通じ事案の事実と状況を知り尽くした調査官との間で，租税に関する対立を早い段階で和解により解消しようと努力することで，多くの場合，失うものは特にないと言われる[50]。仮に裁判にもつれ込んだとしても，その準備期間にもなる。厳密には，歳入調査官に和解権限があるわけではないが，実務上歳入調査官は多くの分野で裁量を有している。そして歳入調査官が多くの裁量を有すると考えられているのは事実問題（例えば，報酬の合理性や，旅費・交際費の控除可能性）についてである。法律問題に関して言えば，内国歳入長官が，IRSが裁判例に従わないという立場を示し又は裁判例に反する規則等を発遣している分野については，歳入調査官に裁量は残されていない[51]。

---

(49)　Id., at 32-8 to 32-9.
(50)　Meldman and Sideman, *supra* note 12, ¶416.
(51)　Id.

Ⅳ　調査と秘密

1　情報開示と守秘義務

　納税がIRSとの交渉を通じて自らの課税上の立場を主張し又は執行の適否を判断するためには，執行に係る当局の見解等に関する情報を知りうる必要がある。他方で，交渉上，自らの私的な情報を詳細にIRSに提供する必要がありうるところ，当該情報の秘密性の担保がなければ，必要な情報が十分に交渉当事者に共有されず，最善の帰結と異なる帰結になる可能性が増しうる。

　米国では，1966年に情報公開法（Freedom of Information Act（FOIA））が制定され（5 USC§552a），所定の除外項目に該当しない限り，基本的に全ての連邦行政機関の記録が公衆に開示される。内国歳入手引きやレター・ルーリング，技術的助言メモ（TAM）は当初情報公開法に従って公開されていたが，現在では，ルーリング，技術的助言メモその他関連する文書は，個人を特定できる情報等[52]は削除して開示される（IRC§6110(c)）。IRSの文書が公開されるようになったことは，関係する納税者とIRSとを対等な条件に置く（level playing field）上で有用であり，租税実務に劇的な影響を及ぼしていると言われる。納税者が，手続ルールにIRSが従っているか否かを確認し，また自らの事案に法律を適用するのに資するからである[53]。もっとも，政府の限りある資源と秘密性の維持とのバランスを斟酌し，自動的に開示されるもの，IRSの裁量によるもの及び所定の手続に従った要請に応じてのみ開

---

(52) 7項目が除外される。1）個人を特定できる情報，2）国の安全保障又は外交政策上の利益に係る秘密情報，3）制定法上除外される情報，4）営業上の秘密及び商業上又は財務上の情報，5）プライヴァシーを侵害する情報，6）金融機関の規制及び監督に従事する機関が作成し又はその利用のために作成された情報，及び，7）地理的又は地球物理学上の情報。

(53) Watson and Billman, *supra* note 14, at 155.

示されるもの,の区別がある。

他方,1974年のプライヴァシー法の規定 (5 USC§552a) に従い,行政機関は,関係する個人の要請があり又はその書面による事前の同意がある場合を除き,記録システムに含まれる記録をいかなる者にも他の行政機関にも,いかなる通信手段によっても,開示してはならない (5 USC§552a(b))。ここでの「個人」は,米国市民及び永住が合法的に許された外国人に限定され (5 USC§552a(a)(2)),法人,非居住外国人等は含まれない。これは,商業を規制する正当な政府の利益並びに国家の安全及び外交上の利害が理由とされる[54]。但し所定の適用除外がある (5 USC§552a(j) and (k))。

政府の守秘義務を定める内国歳入法典6103条の下で,申告書と申告情報は秘密にされねばならず,連邦及び州の職員並びに申告書と申告情報の入手が明文上許された所定の者は,職員としての役務に関連して取得したこれらの情報をいかなる態様によっても開示してはならない (IRC§6103 (a))。解釈論上は,既にパブリックドメインにある情報と秘密性のある申告情報との境界を巡って争いが生じうる[55]。

2 税務調査権限と秘密性

内国歳入法典7602条は,財務長官に,あらゆる内国歳入税に関し,全ての者の申告書の正確性を確認し,申告がなされない場合に申告書を作成し,納税義務を決定し,又は租税を徴収する目的で,(1)調査に関連を有し又は調査にとって重要となりうるあらゆる帳簿,文書,記録その他の資料を検査し,(2)納税義務者,その役員又は使用人,納税義務者の事業に関する記載を含む文書を占有若しくは保管している者,及び,財務長官が適当であるとみなしうる全ての者に対して,指定の時間に指定の場所に出頭して,調査に関連を有し又は調査にとって重要となりうる帳簿書類等を提出し又はこのよう

---

(54) *Id.*, at 172.
(55) *Id.*, at 173. Johnson v. Sawyer, 120 F. 3d 1307 (5th Cir. 1997).

に重要となりうる証言をすることを要求するサモンズを発し，さらに，(3)調査に関連を有し又は調査にとって重要となりうるあらゆる証言を関係者から聴取する，という権限を与えている[56]。この規定は反面調査の根拠ともなるものであるところ，IRS職員は，当該納税者以外の者に接触する際には，前もって当該納税者に合理的な通知をしなければならず，接触した者の記録を定期的に又は納税者の要請に応じて当該納税者に提供しなければならない（IRC§7602(c)(1), (2)）。

98年に，連邦議会は，租税刑法に係る事項を除き，納税者と弁護士との間の通信に適用されるのと同じコモンロー上の秘密の保護，いわゆる弁護士-依頼人特権を，新たに，税務上の助言に関して（タックスシェルターの販売に関係する助言を除く），連邦上権限を与えられた租税実務家（federally authorized tax practitioners）との通信にも与えた（IRC§7525）。弁護士-依頼人特権とは，弁護士は依頼人との間の秘密の情報伝達を証拠として提示すること又は証言することを要請されないとする法理である[57]。ここでは，従前弁護士と納税者の間の通信に適用されてきたコモンロー上の秘密の保護の範囲の内容等が問題となる。過去の裁判例からは，それは法律上の助言に限定され，会計上又は事業上の助言には適用されないと考えられており，会計上の助言の範囲の解釈次第では，連邦上権限を与えられた租税実務家との通信に係る秘密が保護される範囲は狭くなる可能性もある[58]。

強制される情報開示から納税者に認められる保護としては，作業成果免責法理（work product doctrine）[59]もある。これは，連邦民事訴訟規則におけるRule 26(b)(3)を根拠とし，米国では，弁護士（並びにコンサルタント，保証人，

---

(56) 条文の訳語については，金子・前掲注31, 364頁を参照した。また米国の税務調査の詳細とサモンズ等に係るそこでの論点，関係する裁判例等についての詳細は，金子・前掲注31論文，今本啓介「アメリカ連邦税法における税務調査―召喚状(summons)による調査を中心に―(1)〜(3・完)」早稲田政治公法研究63号325頁，64号317頁，65号287頁（2000）参照。

(57) 金子・前掲注31, 400頁以下参照。

(58) Watson and Billman, *supra* note 14, at 195-196.

補償人，保険者及び代理人）が訴訟準備のために作成した文書や収集した資料は証拠として提出することを強制されないという法理である[60]。弁護士 - 依頼人特権と一見類似するが，作業成果免責法理は，依頼人と弁護士との通信ではなく，弁護士が弁護活動の一環として収集した資料や作成した文書に加え，弁護士の内心の印象，記録，意見等を保護の対象とする点で，両者は機能を異にしている[61]。また，弁護士 - 依頼人特権は，依頼人に帰属するのに対し，作業成果免責法理は，弁護士等に帰属する点でも異なる[62]。さらに，作業成果免責法理は，公認会計士には適用されないとする連邦最高裁判例[63]がある。

V　終結合意と和解プログラム

1　終結合意
(1)　制度の基本

　財務長官は，如何なる者との間でも，如何なる課税年度のあらゆる内国歳入税に関し，書面で，その者の義務に関係する合意を締結する権限を有する（IRC§7121(a)）。従って，かかる合意が財務長官によって承認されれば，当該合意は最終かつ終局のものとなり，詐欺若しくは不正行為又は「重要な事実の誤った表示」がない限り，合意された事項について再交渉されず，当該合意が米国の職員等によって修正されてはならない。また，訴訟等において，当該合意とそれに従った決定，確定行為，徴収，納付，減免，還付若しくは税額控除が無効とされ，修正され，等閑視され又は無視されてはならな

---

(59)　この訳語とこの法理を巡る米国の判例等の状況については，金子・前掲注31, 404頁以下を参照。
(60)　同上，404頁。
(61)　同上，407頁。
(62)　Watson and Billman, *supra* note 14, at 207.
(63)　United States v. Arthur Young & Company, 465 U.S. 805 (1984). この判例については金子・前掲注31, 408-413頁参照。

い（IRC§7121(b)）。

(2) 合意の権限の所在

財務長官はこの権限を内国歳入長官に命令で委任しており，内国歳入長官はIRS内の下位の職員に対し再委任することが認められている[64]。そこで内国歳入長官は，再委任のための命令（Delegation Orders, D.O.）を発して，合意の権限を，IRS職員に一般に，あるいは個別に委任している。終結合意に関する主要な授権命令であるD.O. No. 97 (Rev. 34) (D.O. No. 236, 245, 247 and 248で補完される）では，例えば，あらゆる納税義務者の申告前の将来又は完了済み取引に係る納税義務については首席法律顧問官（さらにDeputy Associate Chief Counsels以上の者に再委任可）に委任するというように，これを含め管轄事項に鑑みて7項目を挙げ，各役職に委任（再委任先の限定を含む）している[65]。従って，納税者は終結合意を締結するに際し，まずは当該事案が妥当する授権命令を確認し，あるいは調査担当者に対し，権限のある者による合意であることの確認をとるべきと言われる[66]。現に租税裁判所の判決では，権限のないIRS職員により（権限のある上司の承認を受けずに）締結された終結合意は無効であって国は拘束されず，国は禁反言の法理による拘束も受けない旨判示するものがある[67]。

---

(64) Treasury Department Order 150-32, 18 Fed. Reg. 7518 (1953) ; Treas.Reg. §301.7121-1(a).
(65) 委任先の肩書きだけを挙げると，the Associate Chief Counsel(s), the Assistant Commissioner(s), regional commissioners, regional counsel, regional chief compliance officers, service center directors, district directors, regional directors of appeals, assistant regional directors of appeals, chiefs and associate chiefs of appeals offices, appeals team chiefs が該当する。但し，各々委任される分野に限定がある。
(66) Gregory J. Gawlik and LaVonda D. Napka, Authority? Authority?! Of Course I Have Authority! Thoughts on Closing Agreements, Delegation Orders and Signature Authority, 11 J. Tax Prac. & Proc. 29, 30-31 (2009).
(67) 例えば，M. Stiskin, 72 T.C. Memo 1996-306 では，終結合意が，Delegation Order No. 97 に基づき租税裁判所係属事案に関してはその締結権限のない，不服審査部のAssociate Chiefによって締結されていたことを理由に，当該合意を無効と判示している。

(3) 合意の範囲と手続

終結合意は，事案を恒久的に終結させることに利益があると思われるあらゆる事案において締結可能であり，あるいは終結合意を望むことに十分な理由があることが納税者によって示され，かつ当該合意の完了を通じて国が被る不利益は一切ないと内国歳入長官によって判断されるときに，締結可能である（Treas.Reg.§301-7121-1(a)）。実務上，様式866（最終税額の合意）又は様式906（個別事項に係る合意）が用いられる[68]。納税義務が存しない旨の合意も可能であるし，当該年度に関係する複数の合意の締結も可能である。また，合意時より前に終了する年度又はその後に終了する年度に係る合意も可能である（Treas.Reg.§301-7121-1(b)）。一旦成立した合意は上述の如く最終的なものであり，詐欺等がなければ変更され得ないが，後の年度の法改正の影響は受けるのであり，その旨が合意において明示されるべきこととなる（Treas.Reg.§301-7121-1(c)）。不服審査段階での終結合意の実務的手続（IRM, 8.13），首席法律顧問官事務所が始点の同合意（IRM, 32.3.4.）については，内国歳入手引きに詳細な指針がある。

過年度に係る終結合意に関して言えば，当該事案が租税裁判所に係属する前に，納税者は合意の要請を提出することができ，IRSの定める形式に従って合意が締結される。そしてその合意内容と関係法規に従い，不足額の確定と徴収，又は還付金の支払等がなされる（Treas.Reg.§301-7121-1(d)）。

(4) 合意の例と含意

財務省規則が挙げる終結合意の例には，約100年前に取得した株式の取得費が不明で譲渡益の計算ができないときに，当該取得費となる当時の当該株式の時価について終結合意をして，この計算に用いる（未売却の同株式の取得費としても使う）というものがある（Treas.Reg.§301-7121-1(b)(4)）。思うにかよ

---

[68] 具体例については，IRM 8.13.1.1.2（11-09-2007）から得られる。またIRM, 32.3.4は首席法律顧問官室（Office of Chief Counsel）が始点となる終結合意に係る具体的手続を扱う。

うな場合，我が国では取得費を収入金額の5%として計算する取扱い（税特措通37の10-14）が実務を支配しているかもしれない。その法令上の根拠も明確ではなく[69]，一律5%とするよりも合理性の高い譲渡益の計算が見込める事案もあろう。

なお，レタールーリングの発遣の条件として終結合意の締結を納税者が要求されることもある[70]。

2 各種の和解プログラム

以下で，IRSが実施している主な和解プログラムを紹介する。

(1) 濫用的タックスシェルターに係る和解

濫用的タックスシェルターの利用者に向けてIRSから訴訟前の和解（刑事事案を除く）が公示で呼び掛けられることもある。例えば，Son of Boss和解イニシアチブ[71]に基づき，和解への参加を選択する納税者は，当該タックスシェルターの利用に係る全ての課税便益を放棄し，当該利用に係る費用の実負担額の全額をキャピタルロス又はその半額を通常損失とする（いずれももし期間制限上残る課税便益があれば当該便益を超過する部分に限定される）。制裁については，別のアナウンスメントに従い当該取引を事前に開示していない場合でも増差税額×10%で済む[72]。

これを選択する納税者は，「選択の通知（Notice of Election）」に所定の事項を記載してIRSに送付し，IRSは和解への参加の適否を当該納税者に通知し，併せて追加の情報を送付日から原則60日以内に提出するよう要求する。IRSはこの提出を受けて，7121条に基づく終結合意を作成して納税者

---

(69) 不動産の場合はかような取扱いに法律の根拠を見出しうる状況もあるが（税特措31条の4），株式への応用に法令上の根拠を発見できなかった。
(70) Watson and Billman, *supra* note 14, at 61.
(71) Announcement 2004-46.
(72) 無申告の報告対象取引に係るペナルティは最高75%である（IRC§6707A(b)(1)）から，これは大きな誘因となる。

に送付し，納税者は送付日から原則 30 日以内に署名の上返送する。この合意の実施日までに納税者は税額の納付を済ませるか又は財務情報を提出の上で納付の取決めを行う。

(2) 申告前合意

歳入手続 2007-17[73]は，旧大・中企業局 (Large and Mid-size Business Division (LMSB))（現在の大企業・国際局が対応する）に属する納税者が，個別の論点に関し申告に先立って IRS に調査を要請し，その結果を納税者と IRS との間の大・中企業局申告前合意（Pre-filing Agreement）として実施するための手続を定めている。申告前であれば，対象年度は現在又は過去の年度でも，将来の年度でも良い。法形式上は，現在又は過去の年度に関しては 7121 条の終結合意とされるが，将来の年度のものは非制定法上の合意とされる（sec. 7.02）。後者も両当事者を法的に拘束するが，決まった合意の形式があるわけではなく任意的である。例えば条件付の合意も可能であるし，あるいは合意後でも，納税者の後の要請を受けて，さらなる合意で内容を変更し，又は合意を終了することもできる。

申告前合意が扱う問題は，事実認定，確立した法原則の適用，収益・費用等の項目の計算方法，大・中企業局以外の IRS の部署に関する問題（当該部署の同意が前提），である（sec. 3.03）。典型的論点は，資産評価，資産計上，棚卸資産関係の計算などである[74]。国際課税問題でも対象となるが（sec. 3.05），移転価格税制上の事前価格合意（APA）は，この歳入手続の射程範囲外（sec. 3.08(1)）である[75]。

なお，歳入手続 2009-14[76]がこの歳入手続 2007-17 に取って代わることで，申告前合意プログラムは既に恒久化されている。

---

(73) Revenue Procedure 2007-17, 2007-4 I.R.B. 368.
(74) Lederman and Mazza, *supra* note 2, at 172.
(75) APA に関しては，Rev. Proc. 2006-9, 2006-9 I.R.B. 278; Rev. Proc. 2008-31, 2008-23 I.R.B. 1133.
(76) 2009-1C. B. 324.

(3) 納税申告確保手続（CAP）

納税申告確保手続（Compliance Assurance Process, CAP）[77]は，資産1,000万ドル以上の大企業向けに，申告後の調査の必要性を減じ又は排除する趣旨で2005年に開始された企画であり，140の納税者が参加している（2011年度）（IRM 4.51.8）[78]。CAPの参加納税者は，申告前に，全ての重要な論点に係る完了済みの取引とその申告上の取扱いの案に関する情報を完全にIRSに開示して合意を締結すれば，実際の申告の内容が合意済みの解決に合致する限り，申告後に調査を受けない。IRSは各納税者に勘定調整官（Account Coordinator）を割当てる。本手続に関連してIRSに提供された全ての情報（終結合意に係る情報，申告情報等を含む）の秘密は，内国歳入法典6103条に従い保護される。合意の手順を定めた標準的な覚書に従い，勘定調整官と当該納税者とが論点の確認とその解決のために協働し，解決した問題については「論点解決合意（Issue Resolution Agreements, IRAs）」を締結する（必要に応じ，後述の早期和解等の既存の手続を使用しても良い）。当該合意に基づき，勘定調整官が，年度末後に解決した論点を終結合意（様式906）に含める。当該納税者が前述覚書に完全に従い，かつ全ての確認された論点が終結合意に従って解決されている限り，IRSは，申告後90日以内（予定）の検証（IRSと当該納税者が共同で実施）の完了を条件に，終結合意に合致している限り（当該論点に係る）納税者の申告を許容する旨の確認書を当該納税者に交付する。申告が終結合意に従っていないとき又は適切に開示されなかった重要な論点を提示する事項があることが判明すれば，そのような論点は従来型の調査対象に含まれ，納税者はかかる調査に関し不服審査部の全ての手続が利用可能と

---

(77) Announcement 2005-87, 2005-50 I.R.B. 1144. 元は試験的企画であったが，2011年3月31日付で恒久化された。IRM 4.51.8.
(78) IRSウェブサイト
（http://www.irs.gov/uac/IRS-Expands-and-Makes-Permanent-Its-Compliance-Assurance-Process-(CAP)-for-Large-Corporate-Taxpayers）による（2014年5月12日確認）。

なる。

Ⅵ　コンプロマイズ

1　根拠条文と基本政策

　財務長官は，司法省に照会する前に内国歳入に係る法律に基づき生じる全ての民事又は刑事の事件において，コンプロマイズを行うことができる (IRC§7122 (a))。これは，税の賦課徴収に係る妥協を内容とする一種の和解である。財務長官がコンプロマイズをするときは，理由を伴う法律顧問 (the General Counsel) の意見が，確定税額等の情報とともに財務長官室のファイルに記載されねばならない。但し，未払確定税額が 50,000 ドル未満（附帯税を含む）の民事事案におけるコンプロマイズに関しては，かかる意見を要しない (IRC.§7122 (b))。

　コンプロマイズの申立に際し，150 ドルの手数料が請求されうる。但し，所定の個人低額所得者の場合と後述の納税義務に関する疑義に係る申立の場合は不要である (Treas.Reg.§300.3 (b)(1))。一括払いでのコンプロマイズ（定義上，5 回以下の賦払いを指す）の申立の提出時には，当該申立額の 20％の支払金を要する (IRC§7122 (c)(1)(A))。定期的支払（6 回以上 24 月以下の賦払い）によるコンプロマイズの申立の提出時には，そこで提案される第 1 回目の賦払金の支払を要する (IRC§7122 (c)(1)(B), IRM 5.8.1.9.4 (02-26-2013))。IRS はこれら提出時の支払金を納税義務の一部履行と解し，申立が拒絶されても返還しない[79]。なお，所定の軽薄な主張に基づく申立[80]又は執行の遅延又は妨害を目的とする申立は無視され (IRC§7122 (f))，申立者がこれに該当する旨の通知を受けて 30 日以内に撤回しない限り，5,000 ドルの民事罰が課される

---

(79)　Shu-Yi Oei, Getting More by Asking Less : Justifying and Reforming Tax Law's Offer-In-Compromise Procedure, 160 U. Pa. L. Rev. 1071, 1108 (2012) (citing IRS, Fact Sheet FS-2006-22 (July, 2006)).
(80)　I.R.S. Notice 2010-33.

(IRC§6702(b))。

98年法はコンプロマイズの規定にも改正を要求した。同改正後は，コンプロマイズの申立の適切性と受入れ可能性に関するIRS職員向けの指針を財務長官が定めねばならない（IRC§7122(d)）。この指針の策定に当たっては，当事者となる納税者が基本生活費を維持する適切な手段を有するべく企図された国と地方の減免計画を開発・公表することとされている。もっとも，具体的な事案における納税者に関し当該計画が適切であるかどうかを判断し，特定の納税者に基本生活費を維持する適切な手段をもたらさない範囲において，この計画の使用が禁じられる（IRC§7122 (d)(2)，IRM 8.23.3.1 (11-21-2013)）。

IRS職員は，低所得者からのコンプロマイズの申立を，当該申立の金額のみを理由に拒絶してはならず，当該申立が納税義務に関する問題についてのみであるときは，当該納税者の申告書（情報）を検証し得ないことのみを理由に拒絶することもできない（財務諸表の提出を要求してはならない）（IRC§7122(d)(3)）。なお，申立後拒絶されることなく24月経過した日には承諾されたものとみなされる（IRC§7122(f)）。

IRSにとって，コンプロマイズの目的は，潜在的に徴収可能な額をできるだけ早い時点でかつ最少のコストで徴収することである[81]。同申立が，滞納税額を解消するための現実的な代替策と見られるときは，IRS職員は，コンプロマイズという選択肢について納税者と話し合い，必要に応じ所定の様式の作成を支援する。コンプロマイズの成功は，当該納税者が担税力に応じた適切な額を提案し，IRSがこれに迅速かつ合理的な判断を行うことで，初めて確実となる。両当事者の最善の利益が究極目標であり，適切な申立を承諾することで，納税者が再スタートを切って将来の申告と納税を果たすという期待を創り出すことにもなる。

---

[81] 以下のIRSの基本政策に関する記述は，I.R.S. Policy Statement 5-100, IRM 1.2.13.1.17 (01-30-1992)に拠る。See also IRM 8.1.1.4 (09-23-2008).

2　三種のコンプロマイズとその要件

コンプロマイズは，1) 納税義務に関する疑義 (doubt as to liability, DATL)，2) 徴収可能性に関する疑義 (doubt as to collectability, DATC)，又は，3) 効率的租税行政 (effective tax administration, ETA) の促進，を根拠に行われる (Treas.Reg.§301.7122-1(b))[82]。効率的租税行政促進のコンプロマイズは，98年法に際し連邦議会の意向に呼応して財務省規則上取り入れられた。

まず，納税義務に関する疑義は，法律に基づく納税義務の存否又は額について真正な論争がある場合に存するとされ，コンプロマイズの根拠は，納税者とIRSのいずれの観点からも正当な疑義が存するときに認められうる (Treas.Reg.§301.7122-1(b)(1))。申立の妥当性は，証拠と状況を評価することによって判断され，納税者は申立を支持する文書その他の証拠を提出することが要求される[83]。申立の検討は，税務調査の再考慮の検討と類似の態様でなされる。通常は，当該申立の受領から30日以内に納税者への接触がなされるべきとされる（制定法上は2年の無反応でみなし承諾）。

次いで，徴収可能性に関する疑義は，納税者の資産と所得が租税債務の全額に満たないときに存する (Treas.Reg.§301.7122-1(b)(2))。かかる疑義の判断には担税力の考慮が含まれ，担税力を判断する際に基本生活費を支払うに足りる資金の保有は許容される。基本生活費の金額は個々の事実と状況の評価に基づいてなされる (Treas.Reg.§301.7122-1(b)(2)(i))。

効率的租税行政促進のためのコンプロマイズは，租税債務の全額を徴収することは可能であるが，当該納税者に経済的困窮をもたらすと財務長官が判断するならば，合意可能である (Treas.Reg.§301.7122-1(b)(3)(i))。

さらに，以上のいずれかの根拠に該当しない場合でも，納税義務の全額の

---

[82] なお，1) と 2) を組み合わせたコンプロマイズの申請は，Tax Increase Prevention and Reconciliation Act of 2005 に基づき，2006年7月16日以降は承諾されなくなった。

[83] 以下は，IRM 4.18.2 を参照している。

徴収により，租税法規が公正かつ衡平な態様で実施されているという公衆の信頼が毀損されるという例外的状況がある限り，なお効率的租税行政促進のコンプロマイズは正当化される（Treas.Reg.§301-7122-1(b)(2)(ii)）。

3　IRSの対応

IRM 4.18は，税務調査の際にコンプロマイズの申立を受けた場合のIRS職員の対応について指針を定めている（以下はその要約である）。

様式656（Offer in Compromise, OIC）と様式656-L（OIC（DATL））は，確定税額より少額の納税義務を負うという和解を国に申し立てる際に用いられる。承諾された申立は，IRSと納税者との法的拘束力ある合意であり，契約法原理が適用され，いずれの当事者からも執行可能である。

コンプロマイズの申立の提出は徴収を停止させる（当該納税者が当該停止を放棄する場合又は税額の徴収が危機的状況にある場合を除く）。加えて，特別の事情があれば，当該事案が衡平上の観点から配慮を要する（appealing）という理由でコンプロマイズされることもある。但し，申立により延滞利子と制裁金が停止されることはない。

一般に，徴収可能性に関する疑義に係る申立はIRSの徴収部門の管轄であり，納税義務に関する疑義に係る申立は調査部門が担当する。一定の場合には，不服審査部が扱う（参照，IRM 4.18.7.4）。効率的租税行政に係る申立の管轄は徴収部門になるが，調査部門に移管される場合もある。但し，制裁金と延滞利子に係る申立は一般に処理されず，納税者は，税額の減額を要求するように指導される（様式843を利用する）。

IRSは，納税者の申立に係る誤謬等を訂正する機会を提供するために納税者と協働すべきとされ，この目的上，14日以内追加情報提出書面も利用されうる。同書面の様式上，手続を進められない理由（誤謬，情報不足等の指摘を含む）に言及し，同書面の日付から14日以内になされるべき訂正や情報提出等を具体的に要請した上で，それがない場合には申立が承諾されず返送される[84]。特別の調整官（Planning and Special Programs OIC coordinator）が申

立を検討し，処理の可否又は返送の要否を判断する。

納税義務に関する疑義のみを根拠とする申立の場合に，納税義務が最終的に裁判所又は終結合意で確定すれば，かかる疑義は存しないこととなり，申立は返送される。処理が可能で返送されない申立は，一般に，臨場する歳入調査官，税務調査官等に送付され，所定の様式で，申立の承諾が当該納税者に通知される。他の種類のコンプロマイズの申立を含め，拒絶する案には独立した行政審査（Independent Administrative Review）を要し（IRM 5.8.12.2 (09-23-2008))，また，拒絶は不服審査部での協議の対象となる（IRC§7122(e)(1)，様式13711)。

4 交渉上のツールの例

納税者の将来の所得に不確実性がある場合等に利用可能なのが付随的合意（collateral agreement）である（IRM 5.8.6)。例えば，コンプロマイズの申立をした納税者の将来の所得をIRSが納税者より高く見込むと，潜在的な徴収可能額に関し両者間で予測の不一致が生じ，合意の成立が困難となりうる。そのような場合には，将来所得に係る付随的合意（future income collateral agreement）（様式2261）も締結し，例えば，ある基本額を超過する部分の将来所得に一定率を乗じた金額を追加で納付する合意を加えることで，過剰な譲歩に対するIRSの懸念を減じ，コンプロマイズの成立が促されうる[85]。

一般に，コンプロマイズの申立は，本来IRSに納入されない外部資源（身

---

(84) 当該申立が些事である，根拠がない又は徴収の遅延の目的で提出されたときには申立は直ちに返送されうる。加えて，申立が受領された時点で納税者が倒産処理手続に入っている場合（申立が検討されている間に倒産処理手続の申立がなされた場合も）には，当該申立は返却されねばならない。検討中の申立を行った納税者が死亡したことをIRSが知った時に当該申立は終了される（夫婦共同の申立は除く)。これらの理由による申立の返送は，IRS内の適切な管理上の承認を経てなされる必要がある。IRM 4. 18. 1. 3 (01-07-2011)．
(85) Kevan P. McLaughlin, Esq., Strategies for Compromising Tax Debts: Three Lesser-known Techniques May Improve Chances of Making a Deal, 211 (Issue 6) J. Accountancy 50, 53 (2011).

内からの贈与や融資等）が納付の原資に当てられると受け入れられやすくなるという(86)。外部資源がない場合でも，申立人は，資産取得費の減額（様式2261-B）（IRM 5.8.6.2.2），有利な租税属性（純損失繰越，譲渡損失繰越等）の放棄（様式2261-C）（IRM 5.8.6.2.3）等を，交渉に際して示す譲歩（IRSにとっての便益）として利用可能である。

これに対し，当該納税者に散逸財産（無償・低額譲渡等含む）があると認められれば，その額も回収可能額に含められる点に留意するべきである(87)。

5　ある学説の紹介

コンプロマイズについて正面から論じる比較的最近のOei論文の要旨を以下で紹介する(88)。

コンプロマイズに対する即時の批判は，執行上のコスト（税収減），不公平性，及びモラルハザードである。これらは，執行可能性，公平性，及び効率性という税制の典型的な原則と関わる。現に困窮し税を納付しえない納税者が存するときに，これらの原則に鑑みた申立の評価は容易ではない。当該納税者が既に租税債務者とされるならば，債務免除を扱う債権法の助けも借りて分析する必要がある。

まず執行上のコスト又は税収の面では，連邦議会宛の納税者擁護官の年次報告書によれば，拒絶され又は撤回された申立の40%が最終的に回収不能と判断されており，残りの多くも未解決のまま回収中という評価を与えられている(89)。つまり納税者の提示した額をIRSが敢えて拒絶しても，現実には提示額を超える回収は困難と見られる。一般の滞納事案からの回収よりコンプロマイズの申立からの回収のほうが1ドル当たりの回収額が若干高く，

---

(86)　*Id.*
(87)　*Id.* at 54.
(88)　Oei, *supra* note 79.
(89)　*Id.* at 1083-1086 (citing National Taxpayer Advocate, 2006 Annual Report to Congress 89, 205 (2006)).

コンプロマイズの適用を受けた納税者の 80% は同適用後の年度で納税義務を遵守しているというデータもあり，上手く設計されたコンプロマイズなら税収増をもたらしうることが暗示される。

次いで，水平的公平性の問題が懸念されるが，税引前所得の測定自体に政策に配慮した不完全さがあり，また当該政策の選択自体も利害調整を経て理想とは一致しない。税引前所得の同じ納税者への機械的な同一の取扱いの他は，水平的公平性の担保された課税を達成する手段が一切存しないとは言えない。むしろ，租税法律関係を債務関係として見た場合，支払不能の債務者との間で債務額の再交渉をし，減免後の金額で和解をすることは私人間で見られる解決（倒産法制等）であり，問題は減免の可否それ自体よりも，むしろ妥協の過程を当該納税者，課税庁及び社会の最善の利益を図りつついかに統御するかにある[90]。

最後に，モラルハザードの懸念は私人間の債務関係にもあるが，それがために倒産法制等が生む社会保険機能，社会安全又は債務者再建等の趣旨は否定されない。むろん租税法律関係は自発的な私人間のものとは異なるから[91]，私人間における減免には及ばないまでも，国は支払不能の納税者と関わる歳入（納税者）と歳出（公共サービス受益者）の両面を見て，徴収のコストがその便益を超える範囲の徴税を控えるのが合理的となる。救済額の厳密な計算は困難でも，原則に基づくアプローチは可能であり，判断に際しては倒産法制上の租税債権の順位も斟酌し，減免税額が他の債権者の利益に繋がるような考慮を要する[92]。

---

(90) *Id.* at 1086-1093.
(91) 例えば，債務者に関するより多くの情報の洗煉された分析に基づく選択（金利の調整を含む）を経て債権者となった一般の者（例，銀行）は，そうでない国に比して，支払不能の債務者との関係でより大きな負担が帰属するべきとの見方も成り立つ。*Id.* at 1097.
(92) *Id.* at 1095-1099.

6 若干の比較検討

　コンプロマイズの主流は徴収可能性に関する疑義に係るものであり，そこでは納税義務確定後の減免に法令上の根拠が与えられている。我が国では，換価の猶予と分割納付（税徴 151 条・152 条）及び滞納処分の停止と納税義務消滅（税徴 153 条）の規定[93]が，概ねこの種のコンプロマイズに対応する[94]。生活の維持ないしその著しい窮迫の恐れという要件（税徴 151 条 1 項 1 号・153 条 1 項 2 号）は通例個人に当てはまり，法人の場合は事業継続の要請（税徴 151 条 1 項 1 号）に基づくことになる。この点はコンプロマイズとの根本的な相違はなさそうである[95]。もっとも，換価の猶予（平成 26 年度改正前）及び滞納処分の停止は，いずれも滞納者の申請に基づくことなく，税務署長の職権で行われると解されており，従って，猶予又は停止を受けられないことに対し，納税者が不服申立又は訴訟で争うことができないと解されている点は[96]，申立の拒絶を不服審査部への申立の対象としている[97]コンプロマイズとの重要な相違であろう。とはいえ，我が国の実務上，例えば，納税者が銀行からの融資実行を受けるために滞納処分の解除（税徴 153 条 3 項）を受けたいと強く懇請したのに対し，滞納国税についての分割計画が策定され，保証人による保証（納税保証書を使用）があることを条件に，税務署長がこれを受け入れる[98]という交渉と合意が，現実にはある[99]。そうであれば，むし

---

(93) 滞納処分の停止と納税義務の停止の制度と問題点については，髙橋祐介「貧困と税法—最低生活費保障の観点から—(1)」民商法雑誌 142 巻 2 号 139 頁（2010），166 頁，及び，同「貧困と税法—最低生活費保障の観点から—(2・完)」民商法雑誌 142 巻 3 号 259 頁（2010），273-282 頁参照（徴収可能性に関する疑義に係るコンプロマイズと同様の内容を有する制度の導入を提言する）。
(94) この間，延滞利子も半額又はそれ以上の免除を受け得ることが可能となりうる（税通 63 条 1 項・3 項）。
(95) See Oei, *supra* note 79, at 1099.
(96) 国税徴収法基本通達第 151 条関係 7 及び 153 条関係 5。
(97) Oei, *supra* note 79, at 1130 (citations omitted).
(98) 東京地判平成 3 年 1 月 31 日 LEX/DB（文献番号 22006291）参照。
(99) また，これらの猶予及び停止に関し担保は要件とされていないが，かかる運用がなされている点にも留意。

ろ申請に応じた処分として構成しその恣意性を争う途をより明確に維持しておくことに十分意義が認められると考える。

　平成26年度改正[100]により，換価の猶予については，職権によるものに加え，納期限から6月以内にされた申請に基づき，1年以内の期間に限り，税務署長はこれをすることができることとされ（税徴151条の2），この場合は猶予（職権と申請のいずれでも）に係る金額を月賦で納付させるところ，各月の納付額は，滞納者の財産の状況その他の事情から見て合理的かつ妥当な額とされる（税徴152条）。この改正で申請に対する税務署長の処分を争う余地が生じ又は広がると解される。なお，滞納処分の停止には同様の改正がなされていない。

　コンプロマイズの制度（遅くとも1863年には制定法化されたという）は，その適用に係る厳格さ等の批判を踏まえた98年法に伴う改正後，申立件数と未処理件数が増加し，2006年改正による前述の初回時支払（返還なし）などの影響で，近時は逆に申立と承諾の件数が減少する一方，再申立件数と申立の返送件数が増加傾向にあると言われる[101]。これは納税者側の混乱と遅延戦略によるものとの見方がある一方で，IRSとの交渉が不十分なまま拒絶される状況の反映と見る向きもある[102]。かかる傾向を好転させるためのOei(2012)の提案は，第一に，単純な申立として区分されるとIRS内部で集中的に簡素な検討を行って諾否の結論を出す現在の実務を改めて，より中立性と独立性の高い審査員等が判断する仕組みを導入すること，第二に，現在IRS

---

(100) 職権によるものは平成27年4月1日以降にされる換価の猶予から，申請によるものは同日以後に納期限が到来する国税から，適用される（所得税法等の一部を改正する法律・附則第40条）。

(101) Oei, *supra* note 79, at 1101-1114. Oei (2012)は，GAOの報告書（U.S. Government Accountability Office, GAO-06-525, IRS Offers in Compromise: Performance Has Been Mixed; Better Management Information and Simplification Could Improve the Program (2006)）を引用し，2000年から2005年で申立件数は109,818件から73,301件に減少し，承諾件数も31,609件から14,526件に減少したと指摘する。

(102) *Id.* at 1112-1113.

に拒絶されても返還されない手数料と申立時一時金を返還対象として，当該納税義務者とその支援者にとっての障害を緩和するというものである[103]。

かように，コンプロマイズを巡っても，課税当局の限りある資源の下で納税者サービスを高める術を模索する議論が続いている。

Ⅶ　不服審査部での協議

1　不服審査部の使命と和解

租税裁判所の前身である租税訴願庁（Board of Tax Appeals）が設立されたのが 1924 年であり[104]，不服審査部は 3 年後の 1927 年に設置された。その使命は，「公正に，納税者と政府のいずれにも偏向することなく，かつ，自発的法令遵守並びに IRS の誠実性及び効率性に対する公衆の信頼を増進する態様で，訴訟なくして，課税上の紛争を解決すること」（IRM 1.1.7.1）である。ここで公正で偏向のない解決とは，争点毎に見て，訴訟に至った場合にありうべき結果を反映する解決であり，かかる結果に実質的な不確実性が存するときは，相手方の相対的な説得力に基づく相互の譲歩を反映する解決を指す（IRM 8.6.4.1 (10-26-2007)）。納税者の無知につけ込むことは当然許されず，裁判所の姿勢に鑑み（IRM 8.6.4.1.4 (10-26-2007)），証明責任に関する準則も考慮した処理（納税者が協力的か否か等の記録の維持を含む）が求められる。(IRM 8.6.4.1.5 (10-26-2007))。

可能な限り迅速に，質の高い判断で，可能な限り多くの事案に関し和解することで，かかる使命を全うすることが目標である（IRM 8.1.1.1 (02-10-2012)）。

---

(103)　*Id.* at 1128-1136.
(104)　その後 1942 年に合衆国租税裁判所（the Tax Court of the United States）と改称され，69 年に憲法 1 条の裁判所に改組・改称（the United States Tax Court）された。上院の助言と承認を受け大統領が任命（任期 15 年）する 19 人の判事から成る（IRC§7443）。租税裁判所はワシントン DC に所在するが，納税者の不便を軽減するため，審理日程に従い，判事が全国の指定された都市を廻り，そこで審理が実施される（*see* IRC§7446）。

現に，不服審査部が検討する事案の約85%乃至90%が和解により解決されていると言う[105]。かかる和解は，行政上の紛争解決手続であり[106]，その迅速さは延滞利子等の最少化にも繋がる。

もっとも，訴訟に至った場合の結果若しくは譲歩の程度に関し合意できないとき，又は納税者が訴訟を好むといった場合には，合意には至れない（IRM 8.6.4.1（10-26-20079））。

2　納税者不在のIRS内通信の制限

98年法1001条(a)(4)は，従来の不服審査部の手続を根本的には変更しないが，不服審査部が，IRS内部にあって独立性を有する機能たることを明示的に要求し，この目的から，当該納税者が不在の状況で不服審査官と他のIRS職員とが通信すること（*ex parte* communicationと言う）を，不服審査官の独立性を危うくすると見られる範囲において禁じた。従って，両者間で，例えば納税者の提示する事実の正確さや当該事実の相対的重要性に関する議論，当該納税者（の代理人）の態度や信頼性に関する議論等はもはやなしえない[107]。これに対し，独立性を危うくする範囲に含まれない通信はなお許容される。例えば，単に事務的・手続的な事柄に関するものであって，事案の争点の実質を扱わない質問を不服審査官が他のIRS職員に行うことは妨げられない[108]。

もっとも，運用上この制限はさほど厳格でないようである。例えば，租税裁判所非係属事案に関し，不服審査部は，首席法律顧問官に対し，敗訴の危険，法解釈，証拠の評価に関し非公式に意見を求めることができ，また，金額の大きな事案では，首席法律顧問官によって非公式に事案の検討がなされることを要請することもできる（但し，関与がここでの制限に反することはでき

---

(105) Larry Jones, Noelle LeClair and Macey Small, Going to Appeals - The Basics, 3 J. Tax Prac. & Proc. 18, 18(2001).
(106) IRM 1.2.17.1.1 (Approved 11-04-1998), Policy Statement 8-1.
(107) *See* Rev. Proc. 2000-43, 2000-43 I.R.B. 404, sec. 3, Q-5.
(108) *Id.*

ない）とされている (IRM 8.2.1.8.2 (06-28-2012))。同じく非係属事案ならば，公式に，複雑な論点に関し，不服審査部から（納税者の要請を受けて）首席法律顧問官事務所に対し，「技術的助言メモ（Technical Advice Memorandum, TAM）[109]」を要請することもできる (IRM 8.6.3.3 (10-01-2012))。最終的に歳入規則（revenue rulings）等の形式で公表されることも多く，要請に適した論点であることの選別が求められる。

3 和解の態様

不服審査部での協議における和解の交渉は，一つの事案の全ての争点の解決に向けてなされるが，解決可能な争点のみの和解も可能である (IRM 8.6.4.1.7 (10-26-2007))。

租税裁判所非係属事案であれば，一般に，様式870-ADの作成を通じて，IRSは詐欺，重要な隠蔽等がない限り事案を再検討しないこと，納税者も税額の確定に合意し還付請求をしないことが合意される（但し，将来の欠損金の繰戻控除の適用は留保）(IRM 8.6.4.2 (10-26-2007))。他方，同係属事案では，和解は合意判決（stipulated decision）により実現する[110]。いずれでも後述のように終結合意を使うこともできる。

内国歳入手引きは，二種の一般的な和解の態様に言及する。第一は，訴訟になった場合の法律問題又は事実問題に係る結果に不確実性が大きい状況で，互いの見解の相対的な説得力に基づいて譲歩する和解（相互譲歩（mutual-concession）和解）である (IRM 8.6.4.1.1 (10-26-2007))。第二は，裁判に至ればいずれか一方の当事者が完全に勝訴するタイプの争点に関する和解であり，争いある税額に係る具体的金額又は百分率によって和解するもの（分割争点（split-issue）和解）である。分割争点和解は，他に適当な和解の方法がない場合にのみ利用可能であるが，これによる場合には，上述の終結合意又は付随

---

(109) Rev. Proc. 2010-2, 2010-1 IRB 90.
(110) Kaplan, *supra* note 48, at 32-69 to 32-70.

的合意（IRM 5.8.6）の形式とすることが推奨されている（IRM 8.6.4.1.2（10-26-2007））。

但し，いずれにしても，交渉と訴訟に係る不都合や費用を避けることのみを目的に譲歩する和解（迷惑価値（nuisance value）和解）はなしえない（IRM 8.6.4.1.3（10-26-2007））。

問題を恒久的かつ決定的に終結させることに利点が存するとき，又は，納税者が，合意の締結に十分な理由がありかつその締結が政府の利益を害さないことを証明するときは，納税義務に係る終結合意を行うことができる。他方で，一以上の具体的論点（例，公正市場価額の決定，調整基準価額の決定等）に係る終結合意を行うのに十分な理由があることもある（IRM 8.13.1.1.2（11-09-2007））。

当該年度の和解は，将来の類似の問題に影響を及ぼさないが，例えば資産の基準価額に関する和解なら，将来の減価償却費や譲渡損益の金額に直結するところ，この種の争点を扱う和解も，終結合意又は付随的合意の形式を使って，その中で後の年度の影響を取り込むことが推奨される。具体的には，当該和解がIRSと納税者の双方の譲歩を含み，かつ後の年度への影響が重要であるときは，終結合意を要するが，いずれかの条件に該当しないときは，終結合意は要さないが付随的合意は得ておくべきとされる（IRM 8.6.4.1.8（10-26-2007））。ここで付随的合意は，終結合意とは異なり，制定法上の合意ではなく，法的には納税者からの一方的な言質（commitment）という性質であって，IRSが署名して締結するものではない（IRM 8.13.1）。

4　不服審査部での協議の選択

納税者は，調査時のIRSの調整の提案に同意できず，30日レターと歳入調査官報告書を受けた段階で，30日以内に（延長も可能）税務署に異議申立書を提出して不服審査部における協議を要請するか，それとも直ちにいずれかの裁判所での問題解決に進むかという選択に直面する。

一般に，不服審査部の協議を選択する利点としては，1）訴訟なしで和解で

きる可能性がある，2）裁判所の選択に時間をかけられる，3）納税を延期できる，4）歳入調査官からは得がたい IRS の見解に関する情報を不服審査官から得られる可能性がある（訴訟への準備に役立つ），5）異議を通じ納税者の見解を告げる機会になる，6）行政上の救済措置を尽くすという後述の勝訴当事者に係る争訟費用償還要件の一つ（IRC§7430(b)(1)）の充足に資する，等があり，他方，1）新たな論点を不服審査部に指摘される（これに対する制約は後述）懸念がある，2）解決が長引けば制裁金・延滞利子が嵩む，3）裁判での解決を不服審査部が選ぶ争点ならば和解に至れない，等のデメリットがある[111]。

　全ての課税年度における問題の税額（制裁金，延滞利子含む）が 25,000 ドル超の事案については，正式の異議申立 (formal protest) が要求され，異議申立書には，名前，住所，提案された調整額その他の形式的な事項に加え，不同意項目のリストと不同意の理由，各論点に関する納税者の見解を支持する事実，主張の根拠となる法又は権威，不実等記載には制裁を伴う旨の記述への署名等，所定の項目を記載しなければならない。他方，同額以下の少額事案の場合は，不服審査部での協議を求める旨に加え，同意できない変更を挙げ，その理由を IRS に手短な文面の書簡で告げることで足りる[112]。

　不服審査での和解の見込みがあまりないときに，なお正式な異議申立を通じて当該納税者の事実上及び法律上の主張（つまり手の内）が IRS に開示されることの影響も，納税者は慎重に考えねばならない[113]。不服審査部では，一般に，租税裁判所係属事案が優先して検討される一方で，審理日程の関係で，和解に向けた検討が不十分なまま当該事案が租税裁判所に戻されかねない。行政上の救済措置の不合理な不追求には租税裁判所が 25,000 ドル以下の制裁を課す可能性も残る（IRC§6673(a)(1)(C)）。不服審査官が訴訟の

---

(111) Jones and Small, *supra* note 105, at, 20.
(112) IRS, Your Appeal Rights and How to Prepare a Protest If You Don't Agree, Publication 5 (Rev. 01-1999) Catalog No. 460741.
(113) 以下の指摘につき，*see* Kaplan, *supra* note 48, at 32-55 to 32-56.

解決を好むかもしれない。租税裁判所と不服審査部との選択のいずれが納税者に有利であるかは一概に言えないが，成功する納税者は必要な時には訴訟で争う準備ができていると言われる。

5 租税裁判所係属事案と同非係属事案

不服審査部との協議を経ていない租税裁判所係属事案は，訴訟手続を進める前に，一般に不服審査部との間で当該事案の解決を図る機会が与えられる[114]。よって，不服審査部で扱う事案には，租税裁判所係属事案及びこれ以外の不足額通知前の事案（租税裁判所非係属事案）が含まれる。いずれにおいても，不服審査部には，「敗訴の危険（hazards of litigation）」の基準を適用しつつ，和解交渉を行う広範な権限が与えられている[115]。

(1) 租税裁判所非係属事案の手続

租税裁判所非係属事案の場合，不服審査部で協議が要請されれば，当該納税者に関するファイル一式（申告書，調査担当者の作業記録，事案の経緯，異議申立書，納税者が提出してきた文書等を含む）が，調査等を扱った部署から不服審査部に送られる。不服審査部の専門職員は，受領後直ちに予備的な検討を行い，調査部門において追加の作業が必要である場合（例，事実に関し実質的な追加情報が必要である場合）又は不服審査なしで問題解決が可能である場合（例，明らかに誤った法適用がある場合）には，事案を調査部門に戻しうる。なお，不服審査部から納税者に追加情報や証拠を直接要求しても良い（IRM 8.2.1.5 (06-29-2012)）。

納税者は，異議申立書において調査担当者等の提案への不同意の理由とその法的根拠（裁判例等）を明記し，これを早めに提出しておけば，適宜の問題解決に資する。納税者側から根拠ある和解案を提示することの検討も促さ

---

(114) 延滞利子を避けたければ，税額を納付した上でその還付を請求し連邦地方裁判所又は連邦請求裁判所に提訴するのが基本となるが，不足額の一部のみ納付して租税裁判所で争う途を維持することができる場合もある。*Id.* at 32-57.

(115) Rev. Proc. 2000-43, 2000-2 C.B. 404, sec. 2.

れるが，まず 30 日という制限に間に合うよう注意を要する[116]。

　非係属事案に関しては，不服審査部は，脱税や不正行為，虚偽表示等でない限り，調査段階になかった新たな論点 (new issues) 又は調査段階で合意済みの争点を持ち出さない。この制限は，納税者が持ち出す新たな論点には適用がない (IRM 8.6.1.6.1 (11-14-2013))[117]。

　不服審査部の専門職員は，納税者との協議で，準司法的態様で争点の解決に努める (IRM 8.2.1.8 (06-28-2012))。当該事案の事実，法及び主張を考慮し，和解の基礎の有無又はその到達の可否を検討する。事案が合意されるときは，双方が和解の効果を完全に理解できるように納税者と結論（様式 5402 に記される）について話し合う。

　和解案は，IRS の検証担当官 (reviewing official) によって検証され，了承された和解案を納税者が拒否しても，当該納税者は，当該検証担当者との協議を行う資格はない (IRM 8.2.1.10.1)。他方で，もし当該担当官が IRS により有利な案を主張すれば，不服審査部専門職員と当該検証担当官とで話し合う（納税者は，専門職員又は当該担当官のいずれかとの協議を要請しうる (IRM 8.2.1.10 (06-28-2012)))。その結果としての和解案が，納税者に対し提示される (IRM 8.2.1.10.2 (06-28-2012))。

　合意に至れば，専門職員が合意書（と和解の計算明細）を書簡 (Letter 969) で納税者に送付する。納税者が完全に履行しえないときは，コンプロマイズの申立又は賦払い合意 (IRC§6159) 等の選択肢について話し合う。他方，もし合意できないときは，当該職員は，事案の評価，取るべき行動及び納税者の権利について説明する (IRM 8.2.1.10 (06-28-2012))。

---

(116) Antia Friedlander, Appeals − Effectively Representing Your Client − Examination Issues (edited transcript), 3-4, available at http://www.irstaxforumsonline.com/index.php?q=node/179 (last visited on April 30, 2014).
(117) 但し，確立した手続等の見直しを要し，一般に他の納税者にも関係しうるような論点が (systematic issue) があれば，不服審査部から調査部門に連絡される (IRM 8.6.1.6, note)。

(2) 租税裁判所係属事案の手続

他方で，1987年に発遣された歳入手続87-24[118]によると，事前に不服審査部での協議を経ていない租税裁判所係属事案は，エリア法律顧問官（Area Counsel）により不服審査部に送られ，審理に入る前に和解の可否に関し最終の検討が求められる。争点の一部又は全部に関し和解の基礎に到達できたならば，これを反映する税額決定の文書又は和解の合意に係る文書が作成される。これに納税者が署名した後に，当該文書がフィールド法律顧問官（Field Counsel）に送られ，その署名を経て租税裁判所に提出される（IRM 35.5.1.4.2 (08-11-2004)）。これで裁判上の和解が完了する。

1万ドル超の不足額（各課税年度の税額と制裁を含む）が関係する事案は，事案の全部又は一部が和解に向けて進まないか又は事案が審理日程表に記載されているときは，不服審査部の検討期間を延長することに地区（District）法律顧問官（組織改革後はエリア法律顧問官又はフィールド法律顧問官が該当すると考えられるが，そのまま表記している）が同意しない限り，事案が速やかに地区法律顧問官に戻される（sec.2.02）。

不足額1万ドル以下の事案（後述S事件を含む）は6ヶ月間（但し，審理日程表の期日の1月前（S事件の場合は15日前）が先に到来する場合はその到来日まで）不服審査部での検討に付され，当該期間の終了時又は当該事案の全部又は一部が和解に至る見込みがないと判断されるときに，地区法律顧問官に戻される。逆に和解の見込みがあるときは，当該期間を地区法律顧問官と不服審査部との合意の下で延長し又は事案を再度不服審査部に戻すことも可能である（sec.2.03）。

和解権限は，当該事案が不服審査部に送られている間は同審査部にあり，地区法律顧問官に戻されてからは地区法律顧問官にあるのが原則であるが，

---

(118) Rev. Proc. 87-24, 1987-1 C.B. 720. やや古いこの歳入手続（及びこれに続く歳入規則又はIRMの定め）が，現在の訴訟係属事案に関する内部的手続の基本を詳細に規定している（See IRM 2.17.1.1 (Approved 11-04-1998), Policy Statement 8-1, and IRM 35.5.1.3 (08-11-2004)）。

両者間の合意で，不服審査部に全部又は一部の和解権限を残すことも可能であり，その場合は，地区法律顧問官が当該事案に関し審理の準備を担うと同時に不服審査部が和解の交渉を行うこともできる (sec.2.04)。また両者間の合意で，より効率的な事案処理を目的として，当該訴訟係属事案を一方から他方に適宜移管することも可能である (sec. 2.05)。重要な論点又は金額を扱う事案等においては，できるだけ早い段階で地区法律顧問官と不服審査部とが協働し，不服審査部が和解権限を維持しつつ，地区法律顧問官が助言を行う（和解協議への参加を含む）という協力関係が構築される (sec.2.06)。地区法律顧問官の要請を受け又は両者間の合意に基づき，地区法律顧問官の管轄下にある事案に関し，不服審査部が和解交渉，審理準備又は審理において，地区法律顧問官を援助することも可能である (sec. 2.07)。事案の移管を受けた地区法律顧問官又は不服審査部は，直ちに納税者に連絡する (sec. 2.09)。

　論点の一つは，以上の取扱いが，上述の *ex parte* communication の制限と抵触しないかであろう。だが，この制限により柔軟な問題解決に向けた両者間の協働や助力自体が規制されるわけではなく，事案の実質を扱う通信を納税者不在の状況で行うことが不服審査部の独立性を危うくするが故に禁じられる。2000年発遣の歳入手続 2000-43 は，租税裁判所係属事案か否かを問わず，独立性を維持しつつも形式張らず柔軟な交渉を通じ問題解決を図る趣旨から，例えば，以下の通信も可能と見る。1) 不服審査部が，その検討の準備が整っていない事案を戻す，一定の新たな論点を提起する，又は納税者が提供した新情報・新証拠に関し元の部署の見解若しくはコメントを求める，2) 不服審査部が首席法律顧問官から法律上の助言[119]を引き続き得る，3) 内国歳入長官その他 IRS の運営（不服審査部を含む）全般の責任者が，責任を履行するために不服審査部と通信を行う[120]。

　かように，柔軟な問題解決と不服審査部の独立性の維持とを両立させうる

---

(119) 但し，同一事案に関し判断を下した別の IRS 職員に対し過去に助言を行ったのと同じ法律家によるものを除く。

内部通信の限界の画定には，微妙な判断を伴う。

ここでも，納税者側が迅速に事案を処理し，できるだけ情報を提供して，裁判所での現実的な帰結を反映する和解の提案の準備をしておくことが，IRS側からは推奨される[121]。

租税裁判所係属事案においては，国側が訴答書で挙げた新たな論点[122]は，不服審査部で積極的に検討されるし，そこでの新たな証拠もまた検討される場合があるが，当該論点については国側に証明責任がある（IRM 8.6.1.6.2, 8.6.1.6.3）。他方，不服審査部は，納税者が挙げる新たな論点の本案に関しては，公正で偏向のない検討を行う。かかる論点が重要な証拠に基づくときは，当該証拠の検証のために，通例IRSの徴税部門に照会する（IRM 8.6.1.6.4 (11-06-2013)）。

6　協議における交渉

まず，納税者（とその代理人）にとって合理的に都合の良い時と場所（不服審査部オフィスその他[123]）を決め，場合によっては電話協議，書面での協議を予定する。協議の開始時には，不服審査部の専門職員は，不服審査に係る手続について納税者に説明し，手続の終結時に顧客（納税者）満足調査への協力を求められる場合があることを告げる（IRM 8.6.1.3.6 (10-25-2011)）。納税者はIRSとの通信を代理人に委ねるために様式2848を提出しうる（IRM 8.6.1.3.3 (11-14-2013)）。内国歳入手引きは，留守番電話機能やファクシミリの使用に係る取扱いを定めるなど，詳細な内容を有する。

内国歳入手引きは，不服審査部の専門職員が協議に際し用いるべき手法として以下を挙げる。1) 準備，判断及び常識に代わる手法は存しない。2) 事

---

(120) Rev. Proc. 2000-43, 2000-2 C.B. 404, sec.2.
(121) Friedlander, *supra* note 116, at 4.
(122) すなわち納税義務に影響があり，不足額の通知に含まれていなかった調整又は変更で，当該事案の検討に際し提起され又は議論されるもの（IRM 8.6.1.6.2）。
(123) IRM 8.6.1.4.1 (11-06-2007).

案のあらゆる側面に関し徹底して準備する。そうすれば一回の協議で終結する可能性が最大化される。心を開き，相互に受容可能な合意に到達することに真摯な関心を持つ。3）追加情報，提案及び和解に係る反対提案の提供のための現実的な期日を定める。4）価値判断に左右される種類の主張は考慮せず，争点の本案に基づき健全な判断に到達するという目標に向けて，協議を客観的に扱う。5）紛争の解決を目標に協力を押し進める開かれた雰囲気で協議を行う。とりわけ話を良く聞く姿勢が重要である（IRM 8.6.1.4 (11-06-2007)）。率直な協議が，迅速な終結と協議回数の最少化に繋がる（IRM 8.6.1.4.1 (11-06-2007)）。

他方，納税者にとっての戦術上は，1）訴訟に至る現実的可能性がある争点があれば，租税裁判所係属事案としておく，2）同非係属事案であれば，異議申立書で事実上及び法律上の主張をしっかり展開する（但し，調査部門の再調査を封じるためには不足額の通知を得ておく），3）交渉に入る前に和解の目標を定める，4）和解が後の年度の税額に与える影響等関連する論点（納税者自身がよく知りうる立場にある）を意識しておく，5）不服審査官と良好な関係を築く，6）前述の技術的助言メモ（TAM）をむやみに要請しない，7）申告書とRARを徹底して再検討する，等が考慮されるべきという[124]。

納税者は，不服審査部の担当職員を選択し又は取り替える権利はないが，後述のCDP（徴収に係る聴聞）事案で，当該職員が，過去に関与したことがあるときは，担当者の交代がなされる（IRM 8.6.1.4.2 (06-08-2010)）。面談形式での協議の録音・速記も可能である（IRM 8.6.1.5 (11-14-2013)）。

7　不服審査部が扱う他の問題

不服審査部が扱う事項は，以上で述べた調査を起点とする不足額を巡る典型的なものに限られず，他にコンプロマイズに関する事案（IRM 8.23.1），制裁に係る不服，延滞利子の減額（IRC§6404(e)）[125]，還付請求の棄却等につ

---

[124] Kaplan, *supra* note 48, at 32-67 to 32-69.

いても対象となりうる。以下、徴収に係るデュー・プロセス上の聴聞 (Collection Due Process (CDP) hearings) を巡る論点を取り上げ[126]、納税者の権利との関係で不服審査部の制度が惹起している問題を若干確認する。

　98年法は、IRSの滞納税額に係る租税リーエン（先取特権）に関し、徴収に先立ち、納税者に不服審査部による聴聞を受ける権利を与えた（納税者への通知義務がある）。不服審査官は、財務長官から法令上又は手続上の要件を満たしていることの検証を得た上で聴聞を行うこととされ、納税者は、徴収行為の適正性を争い又は賦払いの合意（IRC§6159）若しくはコンプロマイズ等の選択肢について申立を行うこともできる。これに関し不服審査官は、効率的な徴税の必要性と過度に強引な徴収に対する納税者の正当な懸念を衡量した上で、判断を求められる（IRC§6330）。

　だが、近時、不服審査官がここでの納税者の権利に十分に配意せず、また、かかる衡量を行った上で和解権限を行使していないという批判がなされている[127]。すなわち、納税者がCDP聴聞の要請をしても、もし納税者が徴収部門との合意に至れば、IRSからは聴聞要請の取り下げをするよう促され（IRM 5.1.9.3.4）、これに応じれば、不服審査部の独立した上述の衡量の下

---

(125) 納税期日から実際の納付日まで延滞利子が生じるが、所定の適用除外事由に該当する場合はこの限りでない（IRC§6404(e)）。もし除外事由に該当することがIRSに見落とされているときは、納税者は、様式843（又は署名入りの書簡）を使い、申告書を提出したキャンパスに利子減額の要請を申し立てることができる。不服審査部の延滞利子減額調整担当者（Interest Abatement Coordinator, IAC）が当該申立に係る事実と状況を検討する。I.R.M. 20.2.7.1.
(126) なお、同じく徴収の文脈でより適用対象の広い不服審査手続（Collection Appeals Program, CAP）もある（IRM 8.24.1 参照）。これは制定法上の根拠がやや不明確な行政上の措置であるが、後述の内国歳入法典7123条（98年法による）の立法経緯が従前からあったCAPを継続する立法府の意図を反映しているとされる（IRM 8.24.1.1.1）。
(127) National Taxpayer Advocate, 2013 Annual Report to Congress, 155-164. 2012年度では、360万件を超えるCDPの通知が行われ、聴聞の要請は47,500件（約1.31%）に過ぎないが、不服審査部が受ける申立件数の37.9%を占めると言われる。Id. at 156.

での判断を受けられない。そこで，この実務を改め，納税者が不服審査部の判断をなお求められるようにすべきというのが納税者擁護官の要請である。徴収部門と合意すると，当該納税者は，将来に（一般的な）不服審査部の判断（それ自体本来的には裁判所の審査に服するものである）を受ける機会を喪失することに加え，現在において不服審査部が徴収部門の行動を検討し上記衡量を行う機会を諦めなければならないのが現状である[128]。

また，申立が他部門を介することの問題も指摘される[129]。すなわち，CDP聴聞の要請（様式12153）は，徴収部門に対してされねばならず[130]，徴収部門はこれを不服審査部に回付するタイミングに関し裁量を有する。当該納税者が徴収部門との協働を望んでいる（つまり納税者が協力的である）と判断すれば，一般にこのタイミングが遅くなる（最大90日）のに対し，そうでない納税者（例えば，主張の軽薄な納税者）であると判断すればすぐに不服審査部に送ることができる。こうして，不服審査部は送られてくる事案のタイミングから，納税者に関し先入観（例えば，協力的か否か）を抱きうることで，その独立性への懸念が生まれる。その一方で，要請後の早い時期に（30日以内に）不服審査部との最初の協議の場が予定されるべきとの不満も見られる。

---

[128] なお，一般に，納税者が不服審査部との合意に達すると同審査部の判断を裁判所で争う権利を放棄する旨の様式に署名せねばならない（IRM 8.22.7.1.2）ところ，これは，納税者が租税裁判所で和解に至ったときに控訴しない旨の合意をするのに類似するといわれる。*Id.* at 158, n.29.
[129] *Id.* at 159.
[130] 様式12153は，「CDP又はこれと同等の聴聞要請を不服審査部に直接送ってはいけません。それは租税リーエンの通知又は差押通知に係る宛先に送られなければなりません。もし直接不服審査部に送付すると，あなたの要請は適時のものとは考えられない結果となる場合があります。論点次第では，あなたの要請を不服審査部に回付する前に，当初事案を担当した機能部門が，当該要請上の論点を解決するためにあなたに連絡することがあります。」と太字で強調している（下線もそのまま）。

Ⅷ　代替的紛争解決手続

1　制定法上の根拠

　98年法で追加された内国歳入法典7123条は，終結合意又は不服審査が不調の場合に備えて，調停と仲裁による紛争解決を想定している。同法典は，まず調停に関し，財務長官は，不服審査手続の終了又は終結合意の不調の時に，未解決のいかなる問題点についてでも，納税者又はIRSの不服審査部が，拘束力のない調停を要請することができるように，手続を定めなければならないと定める（I.R.C.§7123(b)(1)）。仲裁に関しては，財務長官は，同様の時に，同様の問題点について，納税者とIRS不服審査部が，共同で拘束力ある仲裁を要請しうる基礎となる試験的なプログラムを確立しなければならない（I.R.C.§7123(b)(2)）という。

　これを受けてIRSが確立してきた5プログラムが，1) 早期審査（Early Referral），2) 早期調停（Fast Track Mediation），3) 早期和解（Fast Track Settlement），4) 不服審査後調停（Post Appeals Mediation），及び5) 仲裁（Arbitration）である[131]。要点のみ以下で確認する（なお，担当役職名や組織名は，組織改革を通じて古い名称となっていると考えられるところがあるが，そのまま表記している）。

2　早期審査[132]

　早期審査は，納税者が，税務署長（District Director）の権限の範囲内にある未解決の論点に関し，不服審査部（そのcase/group manager）に対し審査の請求ができるようにするものである（sec. 2.01）。調査，徴収その他若干の

---

(131) Louis E. Wooten III, IRS Alternative Dispute Resolution Programs, 31 Tax Assessments 7 (2012).
(132) Rev. Proc. 99-28, 1999-29 I.R.B. 109.

個別事項に関する早期審査があるが，以下では調査に関するものだけを取り上げる。

早期審査の対象とされる論点は，税務署も早期審査に同意するなど所定の要件を満たす必要がある (sec.2.02) が，特に制限的ではない。但し，30日レターが発出済みの争点，首席法律顧問官室が訴訟を予定している論点，租税条約上の相互協議に関し権限のある当局の援助を要請している論点，当該取引の他方当事者の利害に反対の影響が出るような取引 (whipsaw transaction) に係る論点などは，対象外となる (sec. 2.03)。

早期審査請求の受諾日から通例 30 日以内に税務署は調整案の通知 (Notice of Proposed Adjustment) の書面を当該納税者に送付し (sec. 2.11)，原則 30 日以内に納税者はこれに対する見解を書面で case/group manager に提出する (sec. 2.12)[133]。当該争点に関し納税者と IRS との間で合意に至れば，終結合意 (様式 906) を交わす (sec. 2.15)。合意に至らなければ，納税者が調停[134]を要請するのでない限り，不服審査部は早期審査を終了する。同じ論点を含む事案の全体が後に不服審査に付されても，状況に実質的変化がない限り，同審査部は当該論点を再検討しない (sec. 2.16)。

早期審査の棄却に対する公式の審査請求はないが，棄却した case/group manager の監督者に対し協議を要請することは可能である (sec. 2.09)。また，当該争点に関連して提案される不足額に関し後の時点で行政上の不服審査を求める権利は納税者が維持する (sec. 2.10)。

---

[133] この書面の提出を欠けば，早期審査の請求は撤回されものとして扱われる (sec. 2.12)。
[134] *See* Announcement 98-99, 1998-46 I.R.B. 34. この Announcement 98-99 は試験的なものであったが，Rev. Proc. 2002-44, 2002-26 I.R.B. 10. で恒久化され，さらに本文後述の Rev. Proc. 2009-44, 2009-40 I.R.B. 462 がこれに取って代わった。

3　早期調停[135]

　これは，中小企業・個人事業者向けに，申告後問題解決までの初期の段階に短時間で問題を解決するべく試験的に開始されたものが恒久化されたものである。納税者と小規模企業・自営業者局との間の紛争に関し，納税者の選択により，不服審査部の担当職員（Appeals Official）が中立の第三者として問題解決策を提言する調停によって，問題を解決する機会を提供する。これによって不服審査部の manager との協議などの通常の問題解決手段が奪われるわけではなく，未解決の争点が残れば通常の不服審査に係る権利を行使できる。また一方の当事者は，他方の当事者と不服審査部担当職員への通知により，いつでもこの調停を取り下げることが可能である（sec.2.02）。

　扱われる論点は，非訴訟継続事案と徴収関係の事項であり，コンプロマイズの申立に係る事案なども対象となる（sec. 3.01）。但し，訴訟が検討されている事案の論点，法律上の先例を欠く論点，巡回区間で裁判例の分かれている論点，相互協議に関し権限のある当局の援助を当該納税者が要請している論点，上述の whipsaw 取引に係る論点など所定の 17 項目に該当する論点は対象外である（sec. 3.02）。確定行為又は徴収までに期間制限に関し余裕のある事案のみが対象となる（sec. 3.04）。

　不服審査部に対する早期調停の申立は，両当事者の合意により，調査の終結時に初めて開始可能となる（sec. 4.02）。この申立時の合意書には，小規模企業・自営業者局の側で論点の要旨に係る文書を付し，また納税者も同様の文書の提出が可能（双方に複写を送付）である（sec. 4.03）。不服審査部マネージャー（Appeals Manager）が開始要請を承諾すると，同マネージャーは調停の訓練を受けた不服審査官に事案を割り当てる（納税者が純粋な第三者を調停者に選ぶことはできない（sec. 5.02））。両当事者の合意した日時と場所（通例地元の不服審査部）で調停が行われ（sec. 5.03），両当事者には見解を主張する十分な機会が与えられる。この間，一方当事者が当該調停者役の職員に提出し

---

[135] Rev. Proc. 2003-41, 2003-25 I.R.B. 1047.

た書面の複写が，他方の当事者にも送付される（sec. 5.04）。代理人も参加可能である（sec. 5.05）。両当事者とも1以上の代理人が参加し又は諮問可能な状況にある必要がある（sec. 5.06）。

調停である以上，不服審査部の当該職員には和解権限も判決権限もなく，両当事者が合意に至ったときにのみ，当該論点は解決される（sec. 5.07）。調停に際しての通信は秘密とされ，内国歳入法典上の守秘義務と情報開示に関する規定が適用される（sec. 5.08）。不服審査官と他のIRS職員とが納税者不在で通信すること（*ex parte* communications）は禁じられない。合意を促すに際し不服審査官は従来的な不服審査部における和解の役割を行っているのではないからとされる（sec.5.10）。

2004年度に終結した早期調停事案は112あるが，扱われた納税義務の総額は後述の早期和解よりもかなり小さいとされる[136]。

4　早期和解（Fast Track Settlement）[137]

これは旧大・中企業局（現在の大企業・国際局が対応する）と不服審査部が共同で運用するプログラムであり，納税者の選択により，不服審査官を中立の調停者とする和解の機会を提供するものである。この調停手続は，IRSが様式5701を発行した後30日レターの発行日前においてのみ開始可能である（sec.3.01）。所定の8項目の論点（例えば，訴訟に指定された事案の論点，権限のある当局の援助を要請している論点，上述 whipsaw 取引の論点）は対象外である（sec.3.03）。両当事者が合意した日程と場所で調停を行う（sec.5.03）。調停人役の当該職員が，議案に加え，進行上有用な事項を記載した早期和解報告書を作成し，両当事者（代理人）に提供する（sec.5.04）。当該不服審査官は，全ての論点に関し調停を通じて和解条件を提示することができ，納税者がこの

---

(136) Treasury Inspector General for Tax Administration, the Overall Independence of the Office of Appeals Appears to Be Sufficient, 7 (2005).
(137) Rev. Proc. 2003-40, 2003-25 I.R.B. 1044.

提案に同意するが大・中企業局のチーム長（Team Manager）が拒絶するときは，大・中企業局テリトリー長（Territory Manager）が当該拒絶を再検討し，当該拒絶に書面で同意するか又は大・中企業局を代表して和解案を受け入れなければならない（sec.5.06）。両当事者が受け入れた和解条件に関し，両当事者と当該職員が早期和解報告書上で署名するが，この段階ではまだ和解は成立しない（sec.5.07）[138]。当該不服審査官が和解案を作成し，さらに付与された権限を行使して和解合意（例，様式870-ADでの終結合意）を行うか，又は，大・中企業局が歳入調査官報告書上合意済みの論点として，事案終結のための手続をとる（sec.6.02）。なお残余の未解決の論点があれば，納税者に当該不服審査官がその情報を通知し，不服審査に係る納税者の権利についても説明される（sec.6.03）。

この調停における通信の秘密は守られ，内国歳入法典の守秘義務と情報開示に関する規定の適用を受ける（sec.5.10）。不服審査官と他のIRS職員との調停外での通信（*ex parte* communication）は，早期調停におけるのと同じく禁止されない（sec.5.11）。

2004年度のデータによると，この早期和解プログラムで成否を問わず終結した事案は114件に止まるものの，納税義務ベースでは100億ドル超の紛争が扱われている。うち89件が問題解決に至り，その平均完了日数は120日未満である。この日数は前述の従来型不服審査手続における平均日数よりもかなり短く，時間と費用の節約がこのプログラムの利点である[139]。ただ，*ex parte* communicationが禁じられず，従って納税者が不服審査官と他

---

[138] もっとも，ここでの合意の基礎は，これに変更を加える重要な判例が出されるなど当該基礎に重要な変更を加える根拠となる具体的事情が存しない限り，修正されえない（sec.5.01）。200万ドル超の還付は両院税制協議会への報告日から30日経過後まではなされず（IRC§6405），この間に同委員会の意見を受けてIRSが和解案を見直すこともありうるが，その場合に和解案に対する修正に当該納税者が同意しなければ，大・中企業局は和解が不成立で事案を終結する（sec.5.08）。この不成立は，不服審査を受ける当該納税者の権利を奪うものではない（sec.5.09）。

のIRS職員との間の通信に加わる権利を放棄する旨の署名がなされる実務がある。そこで，実務家からは，調停に先立ちIRSの調査部門や首席法律顧問官室との間で論点を練っているのではないかとの独立性に係る懸念が指摘される。のみならず，調停役の不服審査官が，このプログラムが不調に終わり従来型の不服審査部での手続に移行した後また当該事案を担当する場合もあるという実情を挙げて，公正さに係る懸念も指摘されている[140]。

　2014年5月には，大企業・国際局に係る事案で，不服審査部チーム事件リーダー（Appeals Team Case Leader）の下で検討中のものについてのみ，選択により（納税者と大企業・国際局とが参加に合意して）利用可能なプログラムとして，新たに「迅速不服審査手続（Rapid Appeals Process）」の手引きが公表されている（IRM 8.26.11）。これは，例えば不服審査部の管轄にある事案を扱う点で早期和解（30日レター発出前の事案が対象）とは異なり，不服審査部管轄事案でありながら調査に当たる大企業・国際局の能動的関与を予定し（従って，*ex parte* communicationに係る納税者の権利の放棄が事実上期待されている），1回の協議で和解に至ることを目指す手続である。

5　不服審査後調停[141]

　これは，不服審査部での和解に向けた議論が行われたが，不調に終わって初めて行われうる調停であって，不服審査部による和解のための特別の権限を創設するものではない（sec.4.01, 4.02）。調停の対象は，法律問題，事実問題，早期審査（上述）に係る事項で合意に至らないもの，相互協議に係る権限のある当局の援助の申立がなされていない論点，終結合意の試みが不調であったもの，コンプロマイズの申立等に係る事案である（sec.4.03）。他方で，調停の対象から除かれる事項として，96年行政紛争処理法[142]に基づき調

---

(139) Treasury Inspector General for Tax Administration, the Overall Independence of the Office of Appeals Appears to Be Sufficient, 7-8 (2005).
(140) *Id*. at 9.
(141) Rev. Proc. 2009-44, 2009-40 I.R.B. 462.

停が適切でない事案，訴訟係属中の事案の争点，徴収に係る事案（所定のコンプロマイズ申立事案は除く），既に判決の確定している事項その他の9項目がある。例えば，文書要請又は和解申出への適宜の対応を怠った場合や，不服審査部が挙げた議論や先例への対応を欠いた場合など，和解交渉において当該納税者が誠実に行動しなかった事案もここで対象外とされる（sec. 4.04）。

　納税者と不服審査部とが協議を経て選択により調停を申し立て，申立書は不服審査部チーム長に送付する（sec.5.01, 5.02）。これが承認されれば，納税者と不服審査部との間で調停に付託する旨の合意（合意書のモデルがある）をする（sec.6.01）。両当事者とも1以上の代理人を定めて調停に参加させる（sec.6.02）。両当事者は，訓練を受けた不服審査官のリストから調停人を選任し，当該調停人がIRS職員の地位のまま公平に事案を処理する旨の書面を当該納税者に提出する（sec. 7.02）。納税者が希望すれば，納税者が費用を負担して，所定の基準を満たすIRSの職員でない者を共同の調停者として両当事者が選任することも可能である（sec. 7.01）。調停の期日の2週間以上前に，各当事者が書面でその主張の要旨を調停人と他方当事者に送付する（sec.8.01）。調停の過程は秘密とされる（sec.8.02）。

　調停人に対する当事者の不当な影響を排するために，調停の期日以外での調停人との接触（*Ex Parte* Contacts）は禁じられる。これにより，他方当事者が知らない又は反論しえない情報又は証拠を調停人が受領することが防止される。もっとも，調停人から一方当事者に接触すること又は調停人の質問に一方の当事者が回答することは妨げられない（sec.8.03）。

　調停の終結に際し，調停人から簡潔な報告書が提示される（sec.9.01）。両当事者が合意できる点については，様式906を使い終結合意を行う。50,000ドル以上のコンプロマイズの事案は，調停による合意は全て，締結される前に首席法律顧問官事務室で内国歳入法典7122条に基づいて検討される。合意に至らない論点があれば，両当事者は当該論点に関し仲裁を申し立てるこ

---

(142) 5 USC §§ 572, 575.

とができる。仲裁の申立がないか又は承認されなければ，不服審査部は同じ論点を再検討することはなく，未解決の論点に関し不足額の通知がなされる (secc.9.02)。

6 仲　　裁[143]

　これは，不服審査部における和解の議論を経たが未解決のまま残った事実に関する争点関して利用可能なプログラムであり，同審査部内の租税政策・手続課（Office of Tax Policy and Procedure）がその運営に責任を有する (sec.1, 3.01)。終結合意を試みた末に未解決となった事実問題も対象になるが，租税条約上の相互協議に関し権限のある当局の援助を要請した論点は原則として対象外[144]である (sec.3.03)。他に，仲裁の対象から除かれる問題として所定の12項目（法律問題，訴訟係属中の事案，訴訟に指定された事案，終結合意済みの事案等）が挙げられる (sec.3.04)。その中で，不服審査部での和解交渉において当該納税者が誠実に行動しなかった（例えば，文書要請への応答の欠如，和解の申出に対する適時の反応の欠如，不服審査部が提示した議論と先例への対応の不作為）ことも，仲裁の利用が否定される理由とされる点が目を引く (sec.3.04 (11))。

　仲裁は，納税者又は不服審査部（両当事者）のいずれからでも要請できるが，その前に他方の当事者に諮問（同意ではない）することが求められる

---

(143) Rev. Proc. 2006-44, 2006-44 I.R.B. 800. 2000年以降の試験的プログラムを経て恒久化された。
(144) なお，不服審査部との和解（仲裁を通じた和解を含む）の後に相互協議が要請された場合は，課税当局は条約相手国との間で対応的調整を得ることのみ努め，当該和解を変更する行動はとらない。当該納税者が本仲裁プログラムを利用するときは，当該仲裁が完了するまで権限のある当局の援助を要請することはできない。但し，条約相手国の期間制限の範囲に止まるために権限のある当局の援助を要請する必要があることを当該納税者が証明するときはこの限りでなく，かかる要請は本仲裁手続中でも可能であるが，当該要請があったときは，米港の権限のある当局は仲裁が完了するまでは当該事案に係る行動を差し控える (sec.3.03(2))。

(sec.4.01)。納税者の要請は不服審査部チーム長に対し書面でなされ，その複写を不服審査部租税政策・手続課長（Chief）に対して送る（sec.4.02）。当該チーム長は，不服審査部租税政策・手続課長の同意を取り付けた上で，通常2週間以内に，当該納税者と不服審査部チーム事件リーダー，不服審査官，又は和解担当官（Settlement Officer）に対して応答を通知することになる。要請の拒絶に正式の手続は存せず，拒絶を受けた納税者は当該拒絶自体を裁判所で争えないものの，不服審査部チーム長に対し協議を要請することは可能である（sec.4.03）。

要請が承認されれば，一般にその通知を受けて4週間以内に，両当事者は仲裁に入るための合意書（その雛形もある）を作成する。一方の当事者は，他方の当事者が仲裁人の決定に拘束される旨の合意を信頼して，仲裁に合意する。当該合意書に少なくとも含まれるべき事項には，具体的な争点，仲裁人に決定して欲しい事項，参加者のリスト，審問の日時，仲裁者による一方当事者のみとの接触の禁止等がある（sec.5.01, 5.04）。当該納税者は，関係する申告情報等の参加者への開示に同意する（sec.5.05）。

一般に，前述のように要請の承認後4週間以内に合意書が作成・署名され，その後90日以内に仲裁手続を開始する。合理的理由なくこの納税者がこの時間枠を守れないと，不服審査部は仲裁手続を取り止める場合がある（sec.5.04）。

仲裁人の選定は，両当事者の合意で行われる。不服審査部から選ぶか又は中立者の名簿を提供する国又は地方の組織から選任することも可能である[145]。仲裁人は両当事者との間に利害の抵触があってはならないが，そのような抵触がある者であっても，利害関係が十分に書面で開示された上で，不服審査部チーム長と両当事者とが当該者が仲裁人となることに同意する場合は，なお

---

[145] 不服審査部以外の国又は地方の組織から仲裁人を選任するときは，仲裁の実施担当者（Administrator）も当該組織が提供する（sec.6.02）。不服審査部から選任するときは，不服審査部租税政策・手続課長の代表者が実施担当者となる（sec.4.03(1), 6.02）。

仲裁人に選任されうる（sec.6.02）。IRS以外から選任される仲裁人の報酬その他の費用については，政府調達に係る準則の下で両当事者が折半する（sec.6.03）。不服審査部から仲裁人を選任するときは，別の不服審査部事務所から又は不服審査部長（Chief）の事務所から選任されねばならず，その場合は不服審査部が仲裁人に関連する費用を全て負担する（sec.6.04）。仲裁人の選定に当たっては，適格性（例，仲裁人の訓練の完了，経験，租税法と実務の知識等）と利害関係が徹底的に調査される（sec.6.05）。

　審理に際し，両当事者が自らの見解の要旨を作成し，期日の30日前までに仲裁人に提出する（sec.7.01）。仲裁人は，両当事者が確認済みの法的指針のみを検討する（sec.7.01）。仲裁手続での紛争解決に係る全ての情報（口頭又は書面による全ての通信を含む）の秘密は守られ，制定法上の要件に合致しない限り開示されえない（sec.7.03, 9.01）。

　前述の如く仲裁人と一方当事者のみとの接触は禁じられることに両当事者は合意する。さらに，仲裁の期日外には，仲裁人は，両当事者の明示の了承がなければ，他の参加者を含む個人に接触することも禁じられる（sec.7.04）[146]。

　両当事者の合意により，仲裁期日前の如何なる時点でも，両当事者は不服審査部の最終的な和解を締結するために仲裁手続を取りやめることができる（sec.7.05）。

　一般に，仲裁手続の完了後30日以内に，仲裁人は報告書を作成し，一通を仲裁実施担当者（Administrator）に提出する。両当事者にそこでの決定（法解釈論は含まない）に異議を申し立て又は裁判所で争うことはできない（sec.8.01）。仲裁決定後に不服審査部は，具体的事項に関する終結合意（様式906）の作成等，事案を終結させるための所定の手続をとる（sec.8.02）。和解に至れば，不服審査部は内国歳入法典6405条に従い結果を両院税制協議会

---

[146] なお，仲裁人及びその所属する事務所並びに問題の取引関係者は，仲裁の対象事項に係る取引又は争点に関し以後はIRSとの関係において当該納税者を代表することができない。但し，仲裁人の所属する事務所に関しては，所定の要件を満たせばこの限りではない（sec.9.03, 9.05）

に報告する (sec.8.03)。なお,仲裁決定は仲裁の対象となっていない課税年度に関し拘束力を有するものではなく,また仲裁に係る認定を先例として使用することもできない。

IX 租税裁判所での和解

1 概　説

　租税裁判所係属事案のうち不服審査部との協議で和解に至らなかったものは,同裁判所の審理に服することになる。また,非訴訟係属事案に関しては,納税者は不足額の通知後 90 日以内に（国外の納税者の場合は 150 日以内に,IRC§6213(a)),費用 60 ドルを負担して（参照 IRC§7451）不足額の決定のやり直しを請求する訴えを租税裁判所に提起しうる。IRS を代表するのは,首席法律顧問官（又はその代理人）である（IRC§7452)。2013 年度のデータによると,同年度末（2013 年 9 月末日）に係属中の租税裁判所事件数は約 28,500 件であるのに対し,同様の連邦地方裁判所及び連邦請求裁判所における税額還付請求の係属事件数は合わせて約 1,000 件である[147]。

　租税裁判所の判決（後述 S 事件を除く）に不服があれば,12 ある各巡回区の連邦控訴裁判所に上訴しうる（IRC§7482(a))[148]。租税裁判所は,1970 年に,上訴される連邦の各巡回区「控訴裁判所が当該論点に関し既に判断を下しているときは,効率的で調和のとれた司法運営により,当該控訴裁判所の判決に我々が従うことが要求される[149]」と判示した（Golsen Rule と称される）。上訴すれば覆されることが自明の判決を下しても無駄であり,余計な

---

[147] IRS, Table 27, Chief Counsel Workload: Tax Litigation Cases, by Type of Case, Fiscal Year 2013, available at:
http://www.irs.gov/uac/SOI-Tax-Stats-IRS-Data-Book (2014 年 5 月 7 日 確認)。
[148] 地理的に区分された 12 の巡回区のいずれに上訴されるかは,事業の主たる場所（原告が法人の場合）,法律上の住居（法人以外の原告),又は財務長官と納税者との間で合意した場所等で決まる（IRC§7482(b)(1),(2))。

上訴を当事者に事実上強いる不経済を避けることが，Golsen Rule の論拠である[150]。

租税裁判所は，納税者が行政上の救済措置を不合理にも追求しなかったと思われるときはいつでも，その決定により，当該納税者に対し国に 25,000 ドル以下の制裁金を支払うよう要求することができる（IRC§6673(a)(1)(C)）。

2 S 事 件

各課税年度の不足額が 5 万ドル以下の事件は，納税者の選択により，裁判所の同意を条件として，より形式性の少ない簡素な手続の下で，早めの日程で審理と判決を受けることが可能である（IRC§7463）[151]。かかる選択を経た事件（S 事件）は，近時の租税裁判所係属事案の約 40% を占める[152]。98 年法による改正前は，各課税年度の不足額が 1 万ドル以下の事案に S 事件は限定されていた。S 事件は，連邦証拠規則（Federal Rules of Evidence）の適用が排除される（IRC§7463(a)）点でも，一般に証明責任を負う納税者に

---

(149) Golsen v. Commissioner, 54 TC 742, 757 (1970). もっとも，異なる巡回区の連邦控訴裁判所が，互いに相容れない判断を下している論点については，実際上複数の巡回区の同裁判所への上訴が（選択的に）可能となりうることから，「租税裁判所は敬意を持って自らの見解を固持しなければならない」(Lawrence v. Commissioner, 27 TC 713, 716 (1957)）と判示する裁判例があり，かかる規範は Lawrence Rule と称されている。内国歳入法典 7482 条が 1966 年に改正されて，上訴される裁判所に係る不明確さが改善されており，Lawrence Rule の適用範囲は，あるとしても限定されている。Mezei and Judkins (2012), *infra* note 153.

(150) Lardas v. Commissioner, 99 TC 490, 494-495 (1992).

(151) 5 万ドル超の不足額の事件でも，当該超過部分について納税者が容認すれば，S 事件として扱われる。Lederman and Mazza, *supra* note 2, at 309. なお，2010 年度では，S 事件とそれ以外で 50,000 ドル未満の紛争事案とで，租税裁判所に係属している事件の約 76.7% を占める。American Bar Association, Tax Court Procedure Committee, 2011 Presentation, available at http://www.americanbar.org/content/dam/aba/events/taxation/taxiq-11may-184.authcheckdam.pdf（2014 年 5 月 6 日訪問）．

(152) United States Tax Court, Press Release (Jan. 12, 2007), available at http://www.ustaxcourt.gov/press/011207.pdf（2014 年 5 月 6 日確認）．

有利に働きうる[153]。通例，S事件は特別審理裁判官（special trial judge）が担当し（IRC§7443A），その審理の実施される都市の数が，通常事案より約15多いという[154]。もっとも，簡便さと引き換えに，S事件の判決は先例性を否定され[155]，また上訴も許されない（IRC§7463(b)）。S事件制度は，形式性を緩和して早期に図る工夫であるという意味では，和解とも通底するところがあるように思われる。

S事件は上訴権が剥奪されているが，租税裁判所はS事件に係るサマリー判決（2001年以降公表されている）においても，実際上 Golsen Rule に従っている[156]。その論拠としては，S事件に関し異なる判断を要求する立法意図は特に存しないこと，納税者間の公平性，予測可能性，及び租税裁判所判決の一貫性などが挙げられる[157]。

私見では，かかる根拠は，租税裁判所における IRS と納税者との和解の正当性を考える上でも示唆的である。つまり IRS が，判例の帰結を正確に和解の内容に反映できる程度に応じて，立法意図との整合性，納税者間の公平性と予測可能性に加え，合意内容の一貫性を維持できる程度も高まると考えられる。もっとも，かかる関係が崩れるのは，敗訴の危険の読み間違い，安易な妥協，徴税・納税費用節約の見積の失敗若しくは同節約に名を借りた手抜き，又は逆に納税者の無知につけ込む過剰な徴税等が生じる場合である。一般に，事実については納税者がよりよく知っており，法律問題（判例の規範を含む）については IRS の方がより情報に近い。そうであれば，納税者が専

---

(153) Saul Mezei and Joseph Judkins, A Square Peg in a Round Hole: the Golsen Rule in S Cases, 134 Tax Notes Int'l 347 (2012).
(154) US Tax Court, Taxpayer Information, Starting a Case, available at: http://www.ustaxcourt.gov/taxpayer_info_start.htm（2014年5月6日確認）.
(155) S事件の判決は summary opinions と称される。その理由は，内国歳入法典7463条が「判決と共にその理由の要旨（decision, a brief summary of the reasons therefor）」を要求することに関係している。Mezei and Judkins, *supra* note 153.
(156) *Id.*
(157) *Id.*

門家を代理人とすることで法律問題の知識を補い，他方で調査の現場から一線を画したIRSの専門的な部署又は人員に和解の判断の是非を検証させ，その運用を客観的に評価する仕組みがある状況においては，上述の懸念にもある程度応えることができよう。

3 事実に関する合意

　租税裁判所の事件にも，一般的な連邦証拠規則が適用される（S事件を除く）が，同裁判所に固有の手続規則[158]（以下，「規則」）が定められている（IRC§7453）。「規則」により，例えば，租税裁判所でも審理前の証拠開示手続（ディスカバリー）が利用可能であり（「規則」70），それは質問書（同71），文書等の提出要求（同72・73）又は証言録取書（同74）を通してなされる。また，争点の限定，事実に関する合意，証拠提示の簡素化その他審理の準備，又は事案の一部若しくは全部に関し審理なしで処理するための準備に係る援助のために，裁判所は両当事者と審理前の協議を行うこともできる（同110）。

　租税裁判所では，両当事者が，上述の証拠開示手続に先立ち，形式張らない相談又は通信を行うことによって，同手続の目的を達成するべく努めることが期待されている（「規則」70）。すなわち，事案の迅速な審理と和解に資するべく，まずは当事者間で必要な事実，文書その他の情報を形式に縛られず自発的に遣り取りする，事実に関する合意（stipulations of facts）の手続を経ることが基本となっている[159]。この点が，他の裁判所における一般的な証拠開示手続との比較において特徴的とされる[160]。かかる審理前の合意の制度により，当事者と裁判所の双方が時間と費用を節約し，争点を浮き彫り

---

[158] United States Tax Court, Rules of Practice & Procedure, as amended trough July 6, 2012.
[159] Lederman and Mazza, *supra* note 2, at 305（citing Branerton Corp. v. Commissioner, 61 TC 691, 692（1974））.
[160] *Id.* at 305.

にして当事者は敗訴の危険を測ることもできる。高い割合の事案が審理前に和解に至っているのは，この実務によるところが大きいと見られている[161]。なお，合意は審理の場において提起されても良い（IRM 35.4.7.1 (0-11-2004)）。

　審理に際し，当該事案に関係するあらゆる事項について，事実か意見か又は事実への法の適用であるか等を問わず，完全な又は限定された合意が可能であるか又は公正に合意されるべき全ての範囲において，両当事者が合意をすることが要求される（「規則」91(a)(1)）。合意の対象事項には，争いのない全ての証拠，全ての事実並びに文書・書面及びその内容が含まれ，証明責任に関わらない。租税裁判所は，かねて審理前の証拠開示手続の拡張という司法の一般的傾向に抵抗してきたとされ，その第一の根拠は，かかる合意の手続が上手く機能してきたことにある。上述の審理前の証拠開示手続が租税裁判所に「規則」として1974年に取り入れられたものの，その役割は，合意の手続を援助（aids）することである（「規則」91(a)(2)）[162]。

　合意は書面に記され，両当事者が署名し，ファイル化される（「規則」91(a)(1)）。事実に関する合意の文書は，和解の合意（settlement stipulations）と区別されるべく，タイトルには常に事実に関する合意と記される（IRM 5.4.7.7 (08-11-2004)）。もし関係する事実の全てについて合意に至ったときは，審理を省略して判決を求めることができる（「規則」122）。

　合意は，その条件の範囲で，両当事者による決定的な自白（conclusive admission）として取り扱われる（他に租税裁判所が許容し又は両当事者が同意する場合は除く）。原則として，一旦成立した合意を，その一部又は全部につき，後に当事者が限定し，変更し又はこれに反することを租税裁判所は許容

---

[161] Joseph R. Cook and Harold Dubroff, The United States Tax Court: An Historical Analysis, Part V Pretrial Procedure, 42 Albany L. Rev. 161, 162 (1978). この論考に依れば，やや古い情報であるが，歴史的に見て，平均して70%乃至90%の租税裁判所係属事案が和解に至っているとされる。

[162] Id. at 163. この文献は，合意(stipulation)の制度の歴史的展開についても詳しい。

しない。合意とそれに含まれる自白は，当該事案に関してのみ拘束力を有する（「規則」91(e)）。

訴訟の期日に関する通知の発送日後に，一方の当事者が，「規則」上の合意に関し協議を拒否し若しくはこれを怠る又は如何なる事項であれ「規則」の定める条件での合意を拒否し若しくはこれを怠るときは，他方の当事者（合意の提案者）は，所定の日までに，租税裁判所に対して，当該事案が自白されたとみなされるべきでないとする理由を当該一方の当事者に明らかにさせる命令を求めることができる（「規則」91(f)(1)）。かかる命令を受けた当事者は，20日以内に，租税裁判所に所定の事項を含む回答を提出しなければならない。一定の修正又は限定をした上での合意を望むときは，当該修正又は限定を明示し，自白する箇所を明らかにする（「規則」91(f)(2)）。裁判所は，期日までに応答がないときは合意されたものとみなし，これに応じた命令を発する（「規則」91(f)(3)）。合意の制度はかような意味で強制的な性格を有する[163]と言って良い。

なお，IRSの首席法律顧問官の命を受けた担当弁護士は，事実が十分に明らかになれば直ちに（遅くとも審理日程の通知後30日以内に），納税者に対し合意のための協議を要請し，合意書を起案する等合意を機敏に先導する役割を担う（IRM 35.4.7.2 (08-11-2004)）。合意書には，事実に関する合意ではないが当事者が和解し又は譲歩した論点に関する言明も含まれるべきとされる（IRM 35.4.7.3 (08-11-2004)）。協議の場で納税者が合意案を提示するときには，IRS側弁護士は，IRSの検証担当者が当該文書に署名して初めて合意が成立する旨を納税者に告げる（IRM 35.4.7.3 (08-11-2004)）。

上述のとおり，合意の対象には，事実への法の適用を含む。この点に対し，これは法律問題であって当事者の合意に委ねられるべき範囲を越えるのではないかという疑問が湧く。例えば，筆者が接したある租税裁判所判決の事案では，非居住外国人プロゴルファーが米国内外で稼得する人的役務提供

---

(163) *Id.* at 162.

所得のうち国内源泉とされる部分（IRC§861(a)(3)）について，納税者とIRSとの間の合意（具体的百分率による源泉地の割当て）が事実認定に現れ，租税裁判所はその意見中で，この合意の具体的根拠（又は当該百分率の根拠）その他合意の過程に一切言及することなく，「我々は，人的役務所得…のうち合衆国源泉部分の決定に係る両当事者の合意を受け入れる[164]」と判示している。これは合意の対象に事実への法の適用を含むことを例証するものであるが，裁判所はそこで合意の受入れを是とする判断を下しており，かかる合意は裁判所を拘束しない[165]ことを暗示している。

4　事実に関する合意を巡る駆け引きの例

事実に関する合意の手続を巡る典型的駆け引きは，98年法による緩和はあるが原則的に証明責任を負い（「規則」142(a)）かつ事実により近接する納税者の方が，可能な限り多くの事実（又は少なくとも最も有利な事実）を確定させるべくかかる合意の手続を進めたいと考えるのに対し，IRSは，当該合意に至るかどうか又は当該合意の手続においてであるか否かに拘わらず，合意に先立ち，納税者から可能な限り多くの情報を引き出したい（よってむしろ証拠開示手続を好む）と考えがちである，というものである[166]。

従って，実務上，合意の手続ではなく又はその前に，非公式な証拠開示を要請する書簡がIRSから納税者（代理人）に送付され，そこに数多くの面倒な質問事項が並んでいるということがありうる。これへの納税者の対応として，ある論者は[167]，事実に関する合意のための公式又は非公式の協議を要請することを推奨する。そして仮にこれに対するIRSの反応が証拠開示の

---

(164) Retief Goosen v. Commissioner, 136 TC 547, 564 (2011).
(165) 高木英行「米国連邦税確定行政における『査定(assessment)』の意義(2)」福井大学教育地域科学部紀要 III（社会科学）62号1頁（2006），12頁参照（引用判決省略）。
(166) Philip N. Jones, Tax Court Discovery and the Stipulation Process: Branerton 30 Years Later, 100 J. Tax'n 29, 31 (2004).

正式な要求であれば，裁判所に保護命令（「規則」103）の要請をするのが適切だと言う。あるいは前もって合意書を起案しておき，かかるIRSの反応を受けて間もなく合意案（及び関連する和解案）並びにその検討のための協議を要請する文書をIRSに提出することも，より攻撃的な対応として検討されるべきと言われる。さらに，場合によっては，IRSが保有する納税者情報の開示の要請（例えば，遺産税・贈与税に関する財産評価に係るIRC§7517参照）も効果的となりうる[168]。

5　租税裁判所における裁判上の和解

　租税裁判所では，事実に関する合意とは別に，和解が可能である。訴訟係属事案に係る和解に関しては，一般に，合衆国憲法3条に基づく制限が関係する。同憲法3条（司法府）に属する裁判所（例えば，連邦地方裁判所，各巡回区連邦控訴裁判所，連邦最高裁判所等）に関しては，同条の文理上，司法権の対象が「事件（cases）」と「紛争（controversies）」に限定され，解釈論上「司法判断に適さない事案（non-judiciable cases）」が訴訟の対象から除かれる[169]。争訟性を喪失した（moot）事案もかかる事案に含まれ，従って，当事者間で和解により問題解決がなされると，訴訟が取り下げられる必要がある[170]。もっとも，租税裁判所（及び連邦請求裁判所）は，同憲法1条に基づき立法府が設立した裁判所であるから，かかる制限は及ばない。

　租税裁判所係属事案に係る不服審査部と（首席法律顧問官の委任を受けた）地区法律顧問官とが連携して主導する歳入手続87-24に従った和解手続の流れについては上述した。そこでの文書のやり取りを含むより詳細な実務につ

---

[167] *Id.* at 32.
[168] *Id.* 但し，脱税に係る犯罪構成要件事実の立証責任は財務長官，つまりIRS側にある（IRC§7454(a)）。
[169] Leandra Lederman, Precedent Lost: Why Encourage Settlement, and Why Permit Non-Party Involvement in Settling, 75 Notre Dam L. Rev. 221, 236-237 (1999).
[170] Lederman and Mazza, *supra* note 2, at 429.

いて本稿では述べないが，IRM 35.5.1.4.2 (08-11-2004) 及び IRM 35.5.1.4.3 (08-11-2004) が参照できる。また，内国歳入手引きには，租税裁判所以外の裁判所に係属する事案に関する和解の手続と実務の説明が含まれる (IRM 34.8)。

なお，「訴訟に指定された (designated for litigation)」事案における指定された論点は，納税者の完全な譲歩がない限り和解による解決はなされない (IRM 35.5.1.4.1 (08-11-2004))。また，200万ドル超の還付は，両院税制協議会に対する報告 (適当なフィールド法律顧問官の署名のあるもの，IRM 35.5.4.5 (08-11-2004)) の日から30日経過した後でなければなしえない (IRC§6405(a))[171]。他に連邦地方裁判所等で係属中である関連する還付訴訟があるときは，和解又は譲歩に係る案に関し所管する司法省等との事前の調整なくして，租税裁判所係属事案に関し和解又は譲歩はなされえない (IRM 35.5.3.3 (08-11-2004))。その他，還付訴訟との調整についても詳細な手引きが用意されている (IRM 35.5.3.4 (08-11-2004))。

拘束力ある自発的な仲裁手続への移行，拘束力のない自発的調停の利用については，「規則」124，及び，IRM 35.5.5 において実務の詳細が記述されている。

なお，終結合意は，基本的には訴訟係属にない課税年度についてのみ締結可能である (裁判所が特に終結合意を認める状況であれば別だが)。このため，例えば，終結合意が，租税裁判所で争いのある課税年度に係る税額等を決定することはできないが，他の課税年度に影響する「関連ある具体的事柄」については終結合意が可能である。かかる終結合意に際しては，同時に裁判所で和解の合意 (stipulation of settlement) をしておき，当該合意が裁判所で現に受け入れられることを停止条件とする (IRM 8.13.1.1.1 (11-09-2007))。

---

[171] 両院税制協議会から担当者に質問することも可能である (IRM 35.5.4.6 (08-11-2004))。

X 和解の申立と争訟費用

　82年に制定された内国歳入法典7430条が，IRSの行き過ぎを阻止し，納税者の財政状況に拘わらずその権利主張を可能とするべく，租税裁判所を排除することなく，勝訴当事者（prevailing party）の民事租税手続に係る弁護士費用を含む争訟費用の回復に関する唯一の根拠を提供している[172]。但し，政府の正当化し得ない行為による被害者への払戻と，賞賛に値する見解を政府が有する事案とのバランスをとる趣旨で，納税者に対し，政府の見解が不合理であることの証明責任を課した。その後，88年，97年と同条の若干の改正を重ねたが，件数でも金額でも同条の適用による費用の弁償は限定的であるという懸念を踏まえ，98年に納税者の和解戦略を変えうる重要な改正がなされた。

　98年改正後の現行の7430条(a)は，内国歳入法典に基づく「あらゆる租税，利子又は制裁金に関する決定，徴収，又は還付に関連して合衆国が提起し又は提起された全ての行政上又は裁判上（民事のみ）の手続において，勝訴当事者は，(1) IRS内部の行政上の手続に関連して生じた合理的な行政上の費用と(2)かかる手続との関連で生じた合理的な裁判上の費用を賄うための判決又は和解を受けうる」と定める。これらの費用には，裁判所費用，IRSが課する行政上の料金等，証言者への合理的報酬，主張の根拠に係る調査費

---

(172) 以下は，専ら，Robert B. Nadler, Treating Qualified Offers as Prevailing Parties Encourages Settlement, 81 Tax Notes 1657 (1998) に依拠する。この文献によると，争訟費用の回復に関する立法は1976年に最初に制定されたが，米国が（又は米国に代わって）提起した紛争にその適用が限定される等，納税者に対する便益は少なかった。90年の立法は，国の提起した紛争という要件を廃止し，勝訴当事者に対する争訟費用の供与を原則として定めることで，高額の争訟費用を理由に納税者が自らの権利追求を政府によって妨げられるという懸念に対処した。だが，政府の見解が実質的に正当化されたと裁判所が認める場合は除かれ，82年の改正まで租税裁判所での訴訟当事者には適用がなかった。

等に加え，裁判手続及び行政手続に関連する弁護士費用（原則毎時125ドル（物価調整あり）が上限）を含む（IRC§7430(c)(1), (2)）。弁護士費用は，租税裁判所又はIRSとの関係で実務を行う資格を有する個人（弁護士に限定されない）の役務に係る料金であれば足り，さらに，僅少な料金又は無報酬で当該役務が提供されるときでも，合理的報酬が当該個人（又はその使用者）に対し供与される（IRC§7430(c)(3)）。これは，無償奉仕を促進し，その法律サービスに係る価値が認識されるべきとする立法府の考えを反映している。すなわち，IRSが実質的に正当化され得ない見解を採るときに，無償奉仕を理由に合理的な争訟費用の負担を免除されるべきでないとの考えによる[173]。

但し，勝訴当事者が行政上の救済措置を尽くしていないときは裁判上の費用の供与は認められず，行政上の費用はIRSの最終決定の通知の日後91日以内に勝訴当事者が申請を行わないときは供与されず，さらに，当該当事者が手続を不合理に遅延させたときはいずれの費用の供与も受けられない（IRC§7430(b)）。

勝訴当事者とは，「争いある金額に関し実質的に勝訴し又は提示された最も重要な（一連の）争点に関し実質的に勝訴し」，かつ，終局判決の日から30日以内に裁判所に対し，自らが勝訴当事者であり，供与を受けうる旨，そして弁護士等専門家に対する料金の明細等を裁判所に申請しなければならない（IRC§7430(c)(4)(A)）。文理上，当該当事者は，「国の見解が実質的に正当化されなかった旨の主張をしなければならない」（28 USC§2412(d)(1)(B)）が，和解を促す7430条の趣旨に鑑み，かかる主張を勝訴当事者となる要件と解釈することに疑問を提起する見解もある[174]。また，個人の場合は純資産が200万ドル以下の者，法人の場合は純資産700万ドル以下でかつ従業員500人以下である者に限られる（IRC§7430(c)(4)(A); 28 USC§2412(d)(2)(B)）。

さらに，98年法により，裁判手続に係る費用に関し，和解の適格申立（a

---

[173] S. Rep. No. 105-174, 105th Cong. 2d Sess. 47, 47-48.
[174] Nadler, *supra* note 172, at 1662-1663.

qualified offer) を行った当事者であることが新たに要求される (IRC§7430(c)(4)(E))。概して，IRS が和解の申立を受け入れず，裁判所の判決が当該申立の金額以下であるときに当該納税者は勝訴当事者となる。かかる申立は，書面に具体的な税額を明示し，適格期間内（不足額を提案する最初の通知の日から事案が最初に審理にかかる日の前までの 30 日間）に申立がなされ，かつ，当該申立の日から，IRS がこれを拒絶する日，審理開始日，又は申立の日後 90 日を経過する日，のいずれか最も早い日まで当該申立が有効であれば，適格となる。但し，納税義務を争う事案でない事案は除かれるほか，最終の申立が適格申立とされること，また，当該申立の日後に生じた裁判上及び行政上の合理的な費用だけが適格性を有することも重要な留保である。もっとも，審理での国の見解が実質的に正当化されたことを国が立証するときは，7430条に基づく争訟費用の供与は適用されない (IRC§7430(c)(4)(B))。

例えば，納税者 A が 30 日レター（不足額 10 万ドルを提案）を取得し，不服審査部との交渉後（90 日レター通知前），納税者の代理人が 75,000 ドルの和解で適格申立を行うとする[175]。これを国が拒否し，結果的に租税裁判所が不足額 60,000 ドルの判決を下し，A が弁護士費用の供与を国に請求すると，適格申立の日以後に要した弁護士費用を A は供与されうる。ここで，A は適格申立により，事実上，国の主張に根拠があるが故に和解とその申立後の弁護士費用節約が A にとって最善であることを認めている。しかし国は，申立を検討した上で拒絶し裁判を続行する判断をしており，連邦議会は，この国の判断が誤りであるときは，以後の弁護士費用負担を国に配分することで，当事者の訴訟続行に慎重な判断を要求しているのである。

ここでの論点の一つに，適格申立の際に納税者が IRS に開示する情報の範囲がある[176]。直接関係する規定は存しないが，国が適切な情報なくして上の慎重な判断をするのには限界がある。もっとも，財務省規則は，行政上

---

(175) *Id.* at 1662-1663.
(176) *Id.* at 1663-1664.

の救済措置を尽くすという上述の要件を満たすには,不服審査部との協議に参加する(協議が与えられないときは所定の日までに協議の要請等を行う)ことを要するとし,協議への参加があったと認められるには,当該納税者が知る又は知りうべき当該納税者の税の賦課徴収等に関する事情についての全ての関連する情報を不服審査部に開示することが要求される(Treas.Reg.§301.7430-1(b))。さらに,納税者が情報を出し渋れば,訴訟の遅延を招き別の適用除外を引き起こす可能性もある。いずれにせよ納税者は訴訟費用の合理性を証拠付ける必要があるところ,情報の出し渋りがあれば,訴訟費用の合理性が厳しく問われることにも繋がりうる。

　98年法による改正に関し,上院財政委員会曰く,「課税事案の和解はそれが可能なときはいつでも促されるべきであると考える。従って,連邦民事訴訟規則68条と類似の準則の適用は,IRSが和解しないときには納税者の費用の弁償を要求することで,IRSが適切な金額で納税者の事案につき和解する誘因を提供する目的上適切である[177]」。判例上,「同規則68条の平明な趣旨は,和解を促し訴訟を避けることである[178]」とされており,同条とは規定の文言は同じではないものの,内国歳入法典7430条にも通底する趣旨であると解される。

　この規定により,納税者は適格申立を行うことが得策となることが多く,時間を要し心理的苦痛を伴う訴訟を,弁護士費用を追加的に負担してまで継続するのが合理的かどうか,両当事者が慎重に検討する機会が提供されている。

XI　交渉の現場(補論)

　最後に,事実の認定又は法の解釈適用を巡りIRSとの間で交渉が生じる

---

(177) S. Rep. No. 105-174, 105th Cong. 2d Sess. 47, 48.
(178) Marek v. Chesny, 473 U.S. 1 (1985).

状況や，そこで納税者の代理人がとるべき実務上の対応について，米国でどのように説明されているのかを，ある文献[179]に専ら依拠してこれを要約するかたちで紹介したい。なお，この文献における記述（よって以下の記述も）は，米国の法科大学院学生の臨床的な学習内容として読まれることも想定してなされている。

1　交渉スタイル[180]

　代理人にとって交渉技術を磨くことは重要であり，交渉の機会は，調査完了，不服審査部への不服申立，訴訟又は徴収のいずれに際してもありうる。交渉の目標は，和解が納税者とIRSの双方にとって合理的であるとIRSの担当者を納得させることである。

　一般に代理人は，戦略的観点から，協調的な交渉と競争的な交渉とを使い分け又は組み合わせることになる。協調的交渉は，当事者間で情報をオープンにして，相互信頼に基づく肯定的な雰囲気の中で，相互に受け入れ可能な根拠を見出し，利害を分かち合い，妥協することを目指す。かかる共同的努力をとおして共同的な解決を図るのである。他方，競争的交渉においては，むしろ交渉を顧客の利益の最大化を図る敵対的過程と捉えた上で，攻撃的で優位に立ち，相手を防御的にさせ，ミスを引き出し，最終的に相手が意図せずして自らの限度いっぱいまで譲歩してしまうことを狙う。いずれでも敬意を払い個人攻撃などは避けねばならない。

　和解が失敗するリスクは競争的交渉の方が高く，また特に脅威的態度では客観性を失う可能性が高い。競争的交渉で仮に短期的に成功を収めたとして

---

(179) Lederman and Mazza, *supra* note 2, §19.04 による。この文献の記述自体も部分的に他の文献を参照しているが，以下では特に当該他の文献の出典を明示しないことをご了解いただきたい。また，米国における税務上の交渉という接近の容易でない情報を記述するために，特定の文献におけるまとまりある記述に大幅に依拠せざるを得なかった。

(180) *Id.* at 754-755.

も，当該代理人のIRSでの評判を落とし，将来的にはIRSとの交渉を妥結する能力を減じることに繋がりうる。他方で，純粋に協調的な交渉では，弱みがあり何とか妥結したいという印象を相手に与えてしまいかねず，結果的に譲歩を重ねることになることも考えられる。

結局，いずれかに偏向するのではなく，当該代理人の性格と特性にも鑑み，両方を交渉の流れを読みつつ上手く使い分けるのが効果的となる。

2 交渉過程

(1) 準備と計画[181]

準備と計画が交渉成功への鍵である。初期段階では，事実の徹底調査と法的問題の分析を通じて，顧客たる納税者から事実の検証も得て，IRS側の反応と論拠を想定した上で，和解時の費用と便益を適切に見極めつつ，妥協可能な幅とその根拠を考え始める必要がある。特に，税の賦払いやコンプロマイズの交渉であれば，当該顧客の財務状況に関する情報が重要となる。当該納税者の潜在的な他の税務上のリスクが交渉過程で顕在化して不利に作用することがないように，期間制限内の過去の申告情報も含めて確認しておくべきである。

また，顧客からの和解に関する授権の範囲（譲歩の上限等）を，交渉開始前の顧客との相談を通じ明確化しておくことも欠かせないが，かかる上限設定が却って安易に顧客にとって最善でない和解に至らぬよう心がけねばならない。また可能であれば交渉相手となるIRSの担当者についても可能な限り情報を収集するのが望ましい。

一般に，調査官は法律問題よりも事実をしっかり把握してくる傾向があるのに対し，不服審査官は専門的な法律上の議論により多くの経験を有し，事実に関しては，一般に調査官からの報告に依拠せざるをえない。また，調査官は，和解権限も限定的であり，交渉はあまり好まず，むしろ自らが報告書

---

[181] *Id.* at 755-758.

へ記載する結論と議論を支持する根拠に関心がある。これに対し不服審査官は（IRSの法律顧問官も）より広範な和解権限を有し，敗訴の危険を視野に入れる傾向がある。IRS側の具体的手続を知る最善のソースは内国歳入手引きである。

(2) 情報の遣り取り[182]

代理人は，顧客からその立場の強みと弱みを把握するために要する情報の提供をしっかり受け，調査段階では弱みは留保した上で強みを支持する情報を相手方に示すのが原則となる。サモンズ（IRC§7602）を受ける可能性はあるが，通例はまず歳入調査官から文書を出すように口頭又は書面で要求される。納税者がこれに自発的に応じるとしても，歳入調査官が見たい文書を様式4564（情報文書要求，IDR）に列挙して要求させて，IRSの問題関心を分析し，情報の流れを制御しつつ，交渉に役立てるべきである[183]。かように和解交渉前の段階では，基本的に情報の流れは納税者からIRSへの一方通行となるが，調査完了後に，歳入調査官の報告書を発する段になれば，代理人は，顧客納税者情報の開示を要求するか，又は必要に応じ情報公開法に基づき情報開示の要請を行うことができる。

交渉に入ってからは，代理人は調査検討対象外の点で不意に問題を提起しないこと，他方で，不実を伝えることのないように注意するべきである（不実の答弁でIRS側での信用を落とせば和解等に向けての説得力も落ちる）。顧客の弱みに繋がる情報に関し質問を受けたときは，質問を事実上遮る（それは誠実な答弁と不実の答弁の中間的なもの）術もありうる。例えば，質問に質問で返す，具体的質問に一般的回答をする（又はその逆），質問の趣旨を若干違えて回答する，弁護士－依頼人特権を持ち出す，無関係の質問だと反論する，話題を変える等である。もっとも，この術の多用は却って弱みを浮き彫りにしかねない。

---

(182) *Id.* at 758-759.
(183) この部分は，*Id.* at 100.

(3) **申立と譲歩**[184]

　対面の交渉開始の際には，雑談などから事案の大まかな話，そして具体的論点に入っていく。代理人は，争いのある事項とない事項とを見極めておくべきである。現実の交渉時に，IRS 側の見方を知っておくことが重要であるが，代理人が当初最も問題があると考える論点について，IRS の担当者は特に争わず認容するという事案も驚くべき割合で存する。見解が一致しない点に関しては，納税者の見解の強みと IRS 側の主張の弱点が認められるよう促すべきである。その結果としての合意の到達点は，譲歩がなされるべき事案において，価値ある交渉材料となることもある。

　争いある事項とない事項とのどちらから交渉するべきかは一概に言えない。副次的な問題から合意を積み上げていくことで協調的な流れを作り，競争的交渉を温存することができるが，肝心の論点に関し最後に交渉の余地なく暗礁に乗り上げるリスクがある。他方で，冒頭から主要論点に取り組むことで，当事者が交渉の全体に目配りしつつ主要論点の解決を見た後には，副次的事項や細部についての着地点を見出すのが比較的容易になることもある。どちらの戦術を使うと決めるにせよ，協議事項を事前に把握しておく必要がある。

　調査又は不服審査のいずれの段階でも，納税者側から和解の申立がなされることが期待されている（Treas.Reg.§601.106(f)）。当初の申立は拒絶される可能性が高いが，これを何らかのかたちで反映する妥結に至ることも多い。かといって過激な当初申立では交渉が頓挫する可能性もあるから，相手方の受け入れ可能な着地点を予測して申立を行いうるであろう。当初の申立は重要である。終結合意への動きが弱まるときには，譲歩が交渉を再開させうる。一般的戦術の一つは，高めに当初申立をしておいて，最終合意まで小さな譲歩を連ねるというものである。だが，相手にこれが読まれてしまうと相手の譲歩への期待を引き上げてしまうという懸念があり，これを避けるに

---

(184) *Id.* at 759-761.

は，IRS 側の譲歩があって初めて譲歩で応じる，あるいは，高い申立を維持しておいて最後に妥結を条件に一気に合意に至るという戦術が考えられる。但し，これら競争的戦術には決裂のリスクが伴う。

合意に至ったならば，文書にまとめる必要があるが，租税裁判所に事案が係属した後に初めて和解に至る事案が多く，同裁判所での和解は，同裁判所に受け入れられかつ「和解の決定（stipulated decision）」として同裁判所判事により記録されることを要する。租税裁判所に係属していない事案の和解については，様式 870，同 870-AD，又は終結合意（様式 866 若しくは 906）に反映されねばならない。

(4) 暗礁での対応[185]

譲歩を重ねても不同意点が残り和解に至らないときは，やや不利な合意を受け入れるか決裂かの選択に直面することになるが，その前に代理人は，合意の締め切りの設定，こけおどし，合意決裂のデメリット又は合意のメリットの指摘などの手法を検討すべきことになる。

3 各段階での戦術上の論点

(1) 調査段階[186]

調査段階での最も一般的な問題は，申告内容（経費控除等）を裏付ける文書の有無等に関連するものであり，代理人は法令，内国歳入手引き等を参照して説明方法を検討することになる。代理人は，競争的交渉に出る際には，訴訟における立証責任の IRS への転換要件，特に IRS による合理的な情報要請等への協力（IRC§7491(a)(2)(B)）の允足も視野に入れるという，容易には両立しないスタンスをとる必要性も出てきうる。歳入調査官への説明に当たっては，代理人は，新たな問題を惹起する情報提供とならないかの注意を要する。第三者が有する情報を含めて顧客が根拠を提示できないならば，そ

---

(185) *Id.* at 761-762.
(186) *Id.* at 762-763.

の論点に関しては譲歩して不足額を納付するのが最善の選択となるかもしれない。

「専門的な意味では，事実問題は交渉の対象ではない」が，事実に対する当事者の見方が異なりうるところ，代理人は，特定の事実の重要性と当該事実の持つ意味に関し交渉していることもありうる。法律問題が原因で満足のいく和解に至らないときでも，歳入調査官の報告に正確な事実（できれば納税者の主張に合う事実）が記載されるようにすべきである。調査段階で和解へ向けて進展しないときには，不服審査に向けた準備を開始するのが最善の途となる。

(2) **不服審査**

不服審査官との交渉を，訴訟係属中に行うかその前とするかは長短があり選択問題である。要するに，訴訟の前であれば，審理日程の圧力なく，また争訟上の費用を IRS から取り戻す（IRC§7430）可能性を保持することが可能であるが，一般により時間を要し，不足額の通知の前の交渉には，交渉過程で見つかる新たな問題を同通知に含められる危険を伴う。他方で，同通知後に発見された問題に関しては，租税裁判所では「新たな事項（new matter）」とされ，IRS に立証責任があるとされる。

不服審査官との交渉では，国が勝てないリスクが重要な交渉材料となるから，代理人は敗訴のリスクを不服審査官に認識させる交渉が求められる。不服審査部との交渉は形式張ったものではないが，申立と譲歩に係る戦略に関し代理人には事前に入念な準備が求められる。他方で不服審査官は時間と資源の制約から，発見事実に関しては調査官に大きく依存しており，また，納税者から異議の書面が出されているときは，それも彼らの調査を方向付けるものとなりうる。従って，不服審査官は，代理人のいかなる協力でも歓迎し，和解を模索する際には相応の対応を惜しまないことが多い。両者間の信頼に基づく良好な関係により，不服審査官は疑義のある点について顧客に有利に扱う可能性もある。また，不服審査官自身も，和解の最終的合意の前に，内部で上司の了解を求めるのが一般的であり，その際に，納税者側の代

理人の交渉の誠実さや譲歩の姿勢があれば上司への説明が容易になるという面も，代理人は戦略を立てる上で考慮しておくべきである。

　(3)　**訴訟**[187]

　不服審査部との交渉に関する上述の内容は，IRSの法律顧問官及び司法省の弁護士との交渉にも当てはまる。政府側もこの段に至れば審理に伴うコストをより真剣に意識するようになるため，交渉経験が豊富な者であれば，和解の合意がよりしやすくなるという。政府側弁護士のほうが，不服審査部の担当者より，証明責任，証拠開示手続など訴訟のより技術的な細部に関心を払って検討する傾向があるが，彼らはその一方で，裁判所の判断が分かれているような法的な争点に関し，裁判所の判断を求めるという選択をとることもある。

　(4)　**徴収**[188]

　不足額の確定の後にするIRSとの交渉は，コンプロマイズ，賦払合意等を巡るものとなる。コンプロマイズに関しては，上述の三種類のいずれかによって代理人のアプローチも異なりうる。納税義務に関する疑義に係るものの場合，その要請は，当該事案を調査する歳入調査官自身の手に行き着くこととなり，従って典型的な調査の場合と同様に，準備と情報コントロールが重要となる。徴収可能性に関する疑義に係る要請の場合，現存の資産と将来所得では確定税額の全額を納付しえないことを立証するために，顧客と入念に，開示される財務情報（様式433-A）を練らなければならない。代理人の交渉の多くが，当該財務情報（資産評価等）の正確性に費やされることになる。コンプロマイズの獲得には所定の定量的要件を満たすことに加え，全額の徴収により，当該納税者が経済的苦境に陥ることを詳細に証明せねばならず，一般にコンプロマイズをIRSは認めたがらないことから，代理人には創造性と事実調査が要求される。効率的租税行政に係るコンプロマイズの承

---

[187]　*Id.* at 764.
[188]　*Id.* at 764-765.

認は，かなり自動的な場合もあるが (IRC§6159(c))，他の場合は，代理人は徴収可能性に関する疑義に係る交渉と同様の交渉が求められる。

XII おわりに

　米国では，IRSが年2億通を超える申告書等から生じる課税上の紛争を，IRSと租税裁判所の限られた資源を所与としながら，納税者サービスに資する態様で解決する工夫を重ねて来た。本稿の記述から筆者が得た示唆は以下のとおりである。

　第一に，主要なコンプロマイズを除けば，交渉の対象とされる事案の殆どは，IRSが見出した不足額でその確定前のものであるという点に留意すべきである。不足額の通知自体は確定の効果を有せず，IRSが行う各種の調査，後の不服審査に係る協議又は租税裁判所での形式張らない通信をとおして，不足税額の確定前に，納税者とIRSとの対立を早期かつ低コストで解決することが指向されている。殆どの租税訴訟の第一審は租税裁判所に係属し，同裁判所係属事案が不足額の確定前のものである点は，我が国では更正・決定処分により課税庁が確定した税額の取消を求めて不服申立又は後の訴訟を通じて争われるのとは相違する。米国では租税裁判所の判決までは，同裁判所での事実に関する合意の手続を含め，未確定税額である不足額及びその基礎となる事実の確定に向けて，納税者とIRSとの間で協働にも似た交渉が継続していると見ることもできる。

　第二に，和解に向けた協議の重要な場を提供する不服審査部では，敗訴の危険を見越し，訴訟に至った場合の結論を先取りした解決が指向されている。その限りで，早期にかつ低コストで，想定される判決と整合的な帰結を得ることが期待できる利点がある。もっとも，判決なら全か無かの結論になる争点に対し割合的な結論を導く和解も劣後的ではあるが排除されておらず，判決の先取り的解決とは必ずしも合致しない。

　第三に，筆者の調査する限り，合法性の原則に基づく和解の限界という，

想像しうる憲法論には殆ど接することができない。租税法律主義的要請がデュー・プロセス条項に包含され，そこでの社会経済立法に対する強い合憲性の推定の下で，和解に係る制度と実務に対する実体的な統制が緩やかであることを反映するものと解される。なお，合意が守られない場合に顕在化する合意の効力が及ぶ範囲や禁反言の要請との関係などは，本稿で殆ど触れることができていない。

　第四に，交渉次第で課税上の帰結が変動する制度においては，専門家たる代理人の重要性と活躍の場が広がり，納税者と課税当局とをより対等な関係に近づけるのに資する可能性がある。納税者自身も，自らの税務処理を証拠付けることにより敏感になり，帳簿その他関係資料の質と量とが向上するのであれば，申告納税制度においてむしろ好ましい方向に繋がる可能性も考えられる。

　第五に，我が国でも裁判所の事実認定が当事者主義によることから，純粋な事実問題に関し当事者の合意を尊重する制度の導入は，現状を激変させるものではなく，もし現実には調査等の現場で同様の合意が存するのであれば，これを透明化することによる統制可能性の利点が，安易な妥協の懸念を上回る可能性がある。もっとも，かような制度の導入の適否については，少なくとも，現状の問題の正確な把握，合意に係る具体的な制度設計（事実問題と法適用との線引きを含む），その問題解決性，導入に伴う利害得失の評価及び実行可能性の検討を経た判断が求められるところ，筆者はこれらの情報を十分に持ち合わせていない。なお，事実問題と法適用との困難な線引きに関し，後者も合意の対象としつつ，その採否は裁判官の判断に委ねるという租税裁判所の事実に関する合意の仕組みは，裁判官によるいわゆる割り切りに際し両当事者の認識が考慮される程度を増す効果が予想でき，参考になると考える。

税務行政におけるネゴシエーション

第4章 イギリスにおけるネゴシエーション

東洋大学教授 髙野 幸大

はじめに

　イギリスの1970年租税管理法（Tax Management Act 1970. 以下「租税管理法」という場合がある。）は，54条に合意による不服申立の終結（settling of appeals by agreement）についての規定を置き，(1)項で「本条の規定に基づき，不服申立を行い審判所（tribunal）の下で裁決が下されるまでは，調査官（inspector）その他の国税組織（Crown）の職員と当該不服申立人（appellant）は文書その他の形式で合意をすることができ，不服申立の対象となった賦課決定（assessment or decision）を変更しないことと扱うこと，または〔当該納税義務が〕免除されること若しくは取消されることについて合意に至った場合には，審判所が，当該不服申立に対し裁決を下して，当該賦課決定を変更しないものと取り扱い，当該賦課決定を合意にそって変更し，〔納税義務が〕免除されること若しくは取消されることが，事情に応じて（as the case may be）保障されることになるように，あらゆる目的のために，当該結果が保障されるものとする。」と規定する。

　ここで，ネゴシエーション（negotiation）は，実定法上の用語ないし概念ではない。オックスフォード英英辞典（Oxford English Dictionary）によれば，

negotiation の意味は，「合意に達することを試みる当事者間でなされる正式の話し合い (discussion)」と定義され，その動詞である negotiate の意味は，コンサイス・オックスフォード英英辞典 (Concise Oxford English Dictionary) によれば，「他者との話し合いにより合意に到達しようとすること，または歩み寄ろうとする (compromise) こと」のほか，「(障害または困難な道を) 乗り越えることまたは通り抜ける道を探すこと」と定義され，オックスフォード現代英英辞典 (Oxford Advanced Learner's Dictionary) によれば，「正式の話し合いにより合意に到達しようとすること」のほか，「正式の話し合いを通じて取り決めをする (arrange) または合意をすること」と定義されている。これらの定義からすれば，租税管理法54条では，不服申立の終結についてネゴシエーションが当事者間で行われることが容認されていることになる。ナットール事件 (*CIR v Nuttall* [1990] STC 194) において控訴院が判示するように，終結的合意形成と合意をする権限を，同法54条により覆すことができない。

また，より一般的に，内国歳入庁〔当時〕は，訴訟及び和解に係る指針 (Litigation and Settlements Strategy=LSS) を2007年6月11日に策定し，租税事案に係る紛争を解決するための指針を公表している[1]。その中心的な主題は，可能な場合には当事者が対峙せずに解決策 (nonconfrontational solution) を模索することであり，上記指針は，事案を訴訟で解決するか否かを決定することを原則として示してはいるが，内国歳入庁長官〔当時〕が期待していることは，納税者との議論の大部分が「紛争」という文言の範疇に入らないようにすることである[2]。

本稿は，イギリスにおいて，このような意味における課税行政機関またはその職員と納税者等との合意形成についてどのように解され，また議論されているのか検討するものである。

---

(1)　G.Funnell ed., HMRC Investigations and Enquiries 2011-12 (Bloomsbury Professional Ltd, 2011) p.288 .
(2)　Ibid., p.288.

また，本研究は，租税法律主義のもと納税者の側から課税行政機関またはその職員に働きかけて合意形成を行うということを主たる問題意識とするものであるが，法律の優位の原則または法律の留保の原則の課税の場面における発現であり，租税法律主義の内容の一を構成する合法性の原則との関係[3]においては，話し合いによる合意形成の契機または端緒が納税者の申し出によるものであるか，税務行政機関またはその職員からの働きかけによるものであるかは必ずしも問題にならないと解されるので，1998年にオーストラリア国税庁（Australian Tax Office=ATO）が，長期的な法令遵守確保のための戦略（compliance enforcement strategies）として導入し，イギリスのモデルの原型となった対応的規制（responsive regulation）というピラミッド構造のモデル（pyramid model）についても検討することとする[4]。

I　合意形成手続の必要性と合意の対象等

1　合意形成手続の必要性

　歳入関税庁長官の合意形成手続の根拠規定は，後述のように租税管理法1条(1)項に求めることができる。歳入関税庁の職員は，租税が確実に納付されるように種々の権限を有しており，また，納税者の代理人の役割は依頼人のために最善の解決に導くことであって，このことは正式な手続によるよりも課税庁の職員と増差税額（level of additional liabilities）について交渉することにより最もよく実現することができるということを前提として，合意形成手続に利点があるとされる実務上の理由については以下のように解されている[5]。

　（i）　調査期間の短縮化

　　　職員と納税者の間で追加的な税額について合意がなされるとすれば，

---

(3)　谷口勢津夫『税法基本講義〔第4版〕』（弘文堂・2014年）32頁。
(4)　Krishna Murphy,"Moving Forward Towards a More Effective Model of Regulatory Enforcement in the Australian Tax Office"[2004] BTR p.603.
(5)　以下の記述について，G.Funnell ed., op.cit., p.286による。

職員が正式の手続を踏むよりも迅速に行われることになる。正式の手続のもとでは，歳入関税庁長官は当該申告年度について終結通知（closure notice）を，他の申告年度についての増額更正通知（discovery notice）及び申告年度前の推計課税通知を行うことになり，終結通知等は一審不服審判所（First-tier Tribunal）において不服申立の対象にしなければならないため，その場合には時間がかかり，調査の期間も数ヶ月延びることになる。

(ii) 結論の終結性

交渉により解決が図られれば，審判所に事案を持ち込むという不確実なことではなく，納税者に終結性を与えることができる。

(iii) 実務家の費用

直接面談するにしろ電話で交渉するにしろ，交渉により解決が図られれば，審判所で審理してもらうよりも時間面での費用を軽減することができる。

(iv) 税額その他

交渉により解決が図られれば，納税者・課税庁双方にとって利点がある。

課税庁の職員と合意に達した場合，増差税額，利子税及び罰則が軽減される結果，追加納付することになる税額が正式な手続による場合よりも低くなる。

(v) 実務家にとっての終結性

歳入関税庁の調査に対応することは，実務家にとって時間のかかる（time-consuming）作業であり，とりわけ小規模な事務所にとっては問題である。

2 合意形成の対象

調査の事案においては，いかなる問題についても交渉の対象となりうる[6]。判例上，交渉の余地が認められないものを除いて，その他の問題については

交渉の余地がある。
 (i) 税額の総額
　利子税及び罰則は，本税の額により決まることとなるので，実務家にとってはどの程度税額の軽減が認められることになるのか，交渉をすることは有益である。
 (ii) 調査対象期間
　課税庁の職員が調査対象としたいと考えている過去の課税年度の年数を短縮することも可能な場合がある。
 (iii) 適用される課税要件の変更
　異なる規定が適用されれば，納付税額が増える可能性はあるが，罰則が軽減される結果，全体的には納税者にとっても有利な場合がある。

　調査において，課税対象項目（taxable items）は，課税されることに両当事者が合意できる項目，課税されないことが受け入れられる項目，この二項目の中間の項目の三つの項目に分かれる。それゆえ，実務家は課税を受け入れる前に，考えられる選択肢について考慮すべきである。第三のグレーゾーンに入る項目の例としては，経済的な利得が，所得税の課税対象となる所得であるのか，キャピタルゲイン税の課税対象となるのかあるいは全く課税されることのないキャピタルに該当するのかという両者の区別の問題が典型である。その他，現行法の理解として極めて限界事例にあたる戦略を納税者が行ってきた場合も同様である。歳入関税庁が当該戦略に反対の見解を持っている場合である。

　いずれにしても，複雑な技術的問題が存在する場合には，和解（compromise settlement）をすることが，課税庁にとっても納税者にとっても利益になることが少なくない。

（6）　以下の記述について，G.Funnell ed., op.cit., p.287 による。

3 合意形成が成立した場合

　歳入関税庁と納税者が常に合意に達するとは限らないが，調査が合意により終結した場合には，納付すべき税額等の詳細について記載した，納税者が提出する「提案文書（letter of offer）」という書面により契約が行われる[7]。これを受けて，歳入関税庁の職員が同意した場合，歳入関税庁長官は正式な是認通知書（acceptance letter）を送付する。この是認通知には納税者を法的に拘束する効力がある。そして，提案文書には是認通知の日付から，納付条件について通常30日以内と記載される場合が多いが，この期限を徒過した場合には，分割納付の条件が適用されることになる。

4 終結合意の面談

　歳入関税庁の職員は，以前には，納税者が提案文書に署名する機会を設けるために終結合意のための対面（settlement meeting）を求めることがほとんどであったが，今日では，ほとんどの終結合意は，とりわけ小額の事案については，文書の遣り取り（correspondence）により処理されている[8]。

　また，より税額の大きな事案について，終結合意のための面談が求められることがあるが，納税者にはこの面談に同席する制定法上の義務はない。実務家が留意すべきことは，この面談は納税者の利益のために設けられるわけではなく，納税者をたしなめ納税者の将来の行動について注意を与える機会を歳入関税庁の職員に与えるためであるということである。実務家としては，罰則の程度等について終結合意のための面談が設けられる前に合意を行っておくべきである。終結合意のための面談の際には，納税者は歳入関税庁の職員の話に耳を傾けるのみで，当該文書に署名を行うだけである。

---

(7)　以下の記述について，G.Funnell ed., op.cit., p.287 による。
(8)　以下の記述について，G.Funnell ed., op.cit., p.297 による。

Ⅱ　イギリスにおける合意形成の法的根拠

　イギリスにおいて課税行政機関またはその職員と納税者との間で合意形成を行うための法的根拠は，上述の租税管理法と 2005 年歳入関税庁長官法 (Commissioners for Revenue and Customs Act 2005. 以下「歳入関税庁長官法」と表記する場合がある。) の規定に求めることができる。租税管理法 1 条は，歳入関税庁長官法制定以前には，内国歳入庁長官 (Commissioners for Her Majesty's Revenue) の権限について，「所得税，法人税，キャピタルゲイン税については，内国歳入庁長官の責務及び管理 (care and management) の下にあるものとする。」と規定する。そして，内国歳入庁 (Inland Revenue) と関税消費税庁 (HM Customs and Excise) が統合され，2005 年 4 月 18 日に歳入関税庁が設置される[9]ことに先立ち，2005 年 4 月 7 日，「当該時点において内国歳入庁長官及び関税消費税庁長官に付与されている権限を歳入関税庁長官に付与し，歳入関税訴追局 (Revenue and Customs Prosecutors Office) を設置するほか関係の目的のための規定を設けるための法律」として歳入関税庁長官法が制定され，内国歳入庁と関税消費税庁の統合は同法 53 条により施行された。歳入関税庁長官法 5 条(1)項は，「長官は以下のことについて権限を有する (responsible for) ものとする。」と規定し，(a)号から(c)号に「本条の適用開始前において内国歳入庁長官が権限を有していた歳入の徴収及び管理」，「本条の適用開始前において関税消費税庁長官が権限を有していた歳入の徴収及び管理」および「本条の適用開始前に内国歳入庁長官が権限を有していた税額控除〔の適用による還付金〕の支払及び管理」を列挙する。そして，経過措置について規定する歳入関税庁長官法 54 条により租税管理法と歳入関税庁長官法の規定の大部分はなお効力を有する (untouched) ものとさ

---

(9)　この点につき，K.M.Gordon & Ximena Montes Manzano ed.,Teily and Collison's UK Tax Guide 2012-2013 (Tolly, 30th ed., 2012) p.76 参照。

れている。

　いずれにしても，歳入関税庁長官法5条(1)項の「歳入の徴収及び管理」という文言と租税管理法1条(1)項の「責務及び管理」という文言は，課税庁に同様の裁量を与えたものであると解されている[10]。

　寡夫である者が寡婦控除（widow's bereavement allowance）と同額の控除を〔課税権を〕譲歩することによって（by concession）課税庁が認めないのは，EU人権条約14条違反であるとして司法審査を求めたウィルキンソン事件（*R v CIR ex parte Wilkinson*（77 TC 78））において，この権限の範囲が争点となった。

　本件で課税庁は，租税管理法1条(1)項により付与された裁量権には限界があり（limited discretion），同法条が課税庁に付与している「責務と管理」という権限は，法の厳格な適用の下では当該納税者に対して認めることのできない，租税債務を減少させるような軽減を図ることであるが，概して，法律の厳格な適用の下では，程度の差はあっても例外的なこととして〔課税権を〕譲歩することとなるのがほとんどであって，「責務と管理」という権限により課税庁には，明確な根拠がないままに（unambiguous），本来の法律と抵触することが認められているわけではない，と説明していた。

　控訴院（Court of Appeal）のフィリップス貴族院裁判官（Lord Phillips of Worth Matravers）は，「課税庁は，租税管理法1条により付与された所得税，法人税及びキャピタルゲイン税に係る責務と管理を履行するという権限と義務により，当該法律を厳格に適用するときに納付されることになる租税を徴収する（recover）ことを控える広範な執行上の裁量権（wide managerial discretion）が与えられているという前提の下に長い間権限を行使してきた。」と述べた後で，この権限についての解釈に基づいて同裁判官は以下のように判示する。すなわち，「これらの権限の効果は明白である。内国歳入庁長官

---

(10) Robert W.Maas FCA FTII FIIT TEP of Blackstone Franks LLP, Guide to Taxpayer's Rights and HMRC Powers（Tottel, 2nd ed., 2009）p.318.

〔当時〕の主要な職責の一つは，議会が納税を命じた租税を徴収することである。1970年〔租税管理〕法1条(1)項は，実務上の配慮に基づいて(pragmatically) この職責を履行し，効率的な執行 (good management) を重視することを認めている。譲歩を行うことにより租税徴収という職責を総体的に促進することになる場合には，これを行うことができる。しかしながら，内国歳入庁長官の執行上の裁量は国家の財源を調達するための最善の方法に関して，可能なかぎり最高額の純税収を獲得することであるというディプロック貴族院裁判官 (Lord Diplock) の〔自営業者及び中小企業全国組合事件 (*R v Inland Revenue Commissioners ex parte National Federation of Self-Employed and Small Businesses Ltd*, [1982] AC 617) における〕意見に注意を払わなければならない。

明らかに，租税法律を解釈するに際しては，立法趣旨 (intention of Parliament) を考慮して権限の効果を解釈し，例外と不正が確実に回避されるように試みるに際して，最も予見性にすぐれた (most pro-active) 裁判官と同様に内国歳入庁長官が目的的となることに道が開かれている。しかし，上記に引用した先例及び基本的な憲法原理に鑑みれば，租税管理法1条が，租税を徴収するという包括的な職務を促進するためではなく，当該納税者が当該租税を納付しなければならないということに疑問の余地があるという見解を内国歳入庁長官が有しているが故に，内国歳入庁長官が議会の明確に納付を命じている租税の徴収を慎重にも控えることを宣言する権限を同長官に与えているとは思えない。」と判示した。

そして，貴族院において，ホフマン貴族院裁判官 (Lord Hoffmann) は，さらに議論を進め，以下のように判示する。

「租税管理法1条のもとで，内国歳入庁長官は，寡夫にはすべて非制定法上の控除を認める権限を有しているか否かである。私見によれば，控訴院の判断は，この点に関して答えていない。内国歳入庁長官は『政府』(Crown) ではなく，統合された基金の所有者でもなく，他のいかなる所有者と同じようにはその財産を処分することはできない（通商産業大臣対フリッド事件

(*Secretary of State for Trade and Industry v Frid*〔2004〕2AC 506, para 27) 参照)。その点において，本件はフーパー事件（Hooper's Case）とは異なる。内国歳入庁長官は，1890年内国歳入規制法により創設された制定法上の機関である。長官は，同法13条(1)項により，『内国歳入のいかなる部分についてもこれを徴収しかつ徴収する根拠を有する』責務を負うものとされている。租税管理法1条は，ディプロック貴族院裁判官が，自営業者及び中小企業全国組合事件（*R v Inland Revenue Commissioners, ex parte National Federation of Self-Employed and Small Business Ltd*〔1982〕AC 617 at p.636）で述べたように，『自己に課された責務に係る租税から国庫のために，自己が利用できる職員と徴収費用に鑑みて実際的に最大の純税収を徴収するための最善の手段に係る広範な執行上の裁量』と呼ぶべきものを付与している。この裁量により，長官は租税法律の間隙を埋めるための政策を形成することができることになり，軽微で一時的な例外事例や，制定法の規定を適用し，立法を行うことが難しいような困難で，議会の時間を割くことが相応しくないような限界事例等を現実的に処理している。内国歳入庁長官は，公衆に対する指針として非制定法上の取決め（extra statutory concession）を公開しており，〔上訴人側弁護士である〕ローズ女史（Miss Rose）は，歳入の効率的な徴収のための単なる執行権を踰越したにすぎないと述べていることに注意を喚起している。私は，彼女の意見が正しいか否かについていかなる見解も述べるつもりはないが，彼女の意見が正しいとすれば，租税管理法1条の権限を踰越してしまっていることになる。内国歳入庁長官が，非制定法上の取決めにより，議会であれば付与することができたであろうが，徴収という現実的な根拠ではなく，男女の一般的な公平という根拠に基づいては付与しなかった控除を譲歩して承認するほど広く権限を解釈することを同条は正当化することはできない。」

ウィルキンソン事件の意義は，その結論以上に，租税管理法1条が付与し

---

(11) ここまでの内容について，R.W.Maas, op.cit., pp.318-320 による。

た裁量権について徹底的に分析がなされたことにあり，とりわけ，内国歳入庁が上記ホフマン貴族院裁判官の判示の意味を非制定法上の取決めの中には権限踰越（ultra vires）に該当するものがあるということであると理解したことにあると解されている(11)。

上述の租税管理法1条を巡る裁判例から導き出すことができる含意は，同法条が歳入関税庁長官に裁量権を与えていることと，裁量権の行使の一環としてなされた非制定法上の取決めの適法性を租税法律主義との関係でどのように解するかということである。裁量の点については，以下で別途検討することとするが，非制定法上の取決め（extra statutory concession）については，ここで簡単に言及しておく。イギリスにおいて非制定法上の取決めは，法ではないにもかかわらず実務上法より優位に扱われるという意味で奇妙な性格を有していると解されている(12)。しかし，法源ではないため納税者が上訴手続きにおいて当該取決めに依拠しようとしても認められず，納税者は司法審査において歳入関税庁が当該取決めに依拠したと判示してもらわなければならない。ウィルキンソン事件の控訴院（フィリップス貴族院裁判官）が非制定法上の取決めについて厳しく批判していることは上述のとおりである。そうしたことも影響を与えて，租税法律再規程化計画（Tax Law Rewrite Project）(13)によりそれらの多くは立法化されている。このことは憲法上意味があるというより，申告納税方式を分かりやすく機能させることに有益であったと評価されているが，法の支配の観点からは当然の対応であったと解される。いずれにしても，その結果，非制定法上の取決めでは以前とは異な

---

(12) 非制定法上の取決め（ESC）について，G.Morse and D.Williams, Davies: Principles of Revenue Law（Sweet & Maxwell, 7th ed., 2012）p.37 による。また，同書によれば，非制定法上の取決めは，本文に記述したような性格を有することから，「不思議の国のアリス（Alice in Wonderland）」のような性格である，とする。
(13) 直接税の立法内容を変更することなく，より明確により簡易にすることを目的とするものであり，Consultative Committee と Steering Committee という二つの外部委員会が監督している(HMRC ホームページ http://www.gov.uk 参照。)

り重要性の低い問題を処理するようになっている。なお，直接税に関するもの，付加価値税その他間接税に関するものが，それぞれ番号を付されて公表されているが，今日では委任立法という方式が存在しているため，これらも徐々に廃止されることになっている(14)。また，歳入関税庁長官が非制定法上の取決めを出すことができるのも，租税管理法1条(1)項の規定によるものであるが，非制定法上の取決めについて，「法の解釈によっても不公正な結論にしか至らない場合の法の厳格な解釈からの逸脱 (departure)」と説明される場合がある(15)。わが国における実質課税の原則に関して実質課税の原則を租税法律主義の補足的原則と捉える学説と同様の議論であるとすれば(16)，この観点からも，非制定法上の取決めの利用は限定的であるべきであると解される。

III　合意形成と裁量

租税管理法1条の権限について言及された最初の事件は1977年のニコルソン対モーリス事件 (*Nicholson v Morris* (51 TC 95)) であり，その後，ヴェスティ事件 (*Vestey v CIR* (54 TC 503)) において，エドマンド・デイヴィース貴族院裁判官 (Lord Edmund-Davies) は，コングレーヴ事件 (*Congreve v CIR* (30 TC 163)) における貴族院の判決を厳密に適用すると本件においては極めて奇妙な結論になるとして同判決を批判するに至る(17)。すなわち，「この手続は極めて問題であると批判されてきたが，内国歳入庁長官〔当時〕は，『〔所得〕税等を徴収し，受領する責任を有するために必要でありまた便宜であるとみなされる，その責務と管理のもとで，その他の義務と関連して処理する権限を与えられている完全で広範な態様とみなされるあらゆる行為

---

(14)　G.Morse and D.Williams, op.cit., p.39.
(15)　G.Funnell ed., op.cit., p.281.
(16)　新井隆一『租税法の基礎理論〔第3版〕』（日本評論社・1997年）84頁。
(17)　以下の記述について，G.Funnell ed., op. cit., pp.320-322 による。

をすることができる。』という 1952 年法 5 条(2)項の規定を確認すると,原告等は,義務を免除する権限(dispensing powers)を行使することを認めることを求め,当該事件において『非制定法上の取決め』をすることを認めることを求めている。原告等が主張しているのは,総計で実際に累積的に受領した所得を……被指名者(appointee)の受益割合に応じて……推計した国外所得を各年度に配分し,本件において当該権限を行使したにすぎないということである。皆さん(My Lords),行政権によってなされた,非制定法上の取決めを行う権利があるという根拠について考慮すべきときである。もとより,公表されてきた取決めの一覧が長年にわたって存在してきたことは広く知られているところである。最初のものは 1944 年のものであり,実際,それらの一覧は形式に違いはあるものの非常に長きにわたって存在してきたが,……近年では,以下のことが指摘されている……すなわち,1949 年にスタッフォード・クリップス貴族院裁判官(Lord Stafford Cripps)が述べたように,『議会制定法のもとでの法的根拠はないが,自己の権限のもとで内国歳入庁によって』存在してきた。……そして,1970 年所得税法人税法,[課税期間を決定する権限を付与する] 同法 115 条(2)項,1970 年租税管理法 1 条及び 1890 年内国歳入規制法 1 条に依拠することもあるが,本件で採用された課税手続について制定法上の根拠は存在していないというのが事実である。そして,公表された取決めの一覧について何らかの制定法その他の根拠があるとしても,[同事件において] ワトソン裁判官(Watson J.)は,以下のような重要な指摘を行っている。すなわち『それらの取決めは公表された規則(published code)となっており,当該規則は該当するすべての者に公平に適用される。本件において政府が主張することは,根本的に異なっている。公表された規則は存在しておらず,同様の状況にある(consimili casu)すべての者を同様に扱う必要性も存在しない。政府は,自己の配慮により(sweet will and pleasure)納付されるのが適正である租税の 3 分の 1 について軽減措置を行う必要がある場合もあれば,2 分の 1 について軽減措置を行わなければならない場合もあれば,全額について軽減措置を行わなければなら

ない場合もある。もし実際にそうであるとすれば，我々はスターチェンバー裁判所の時代に戻らなければならない。改めて，以下のことを明確にしなければならない。すなわち，政府は，不公正な結果をもたらす権利を有するという権限を行使してきたこともなければ，実際，そのように権限を行使しようとしていると主張する者は誰もいない。……不幸の元は，実際に政府にはそのようにする権限があると主張していることである。』……非制定法上の取決めに関する司法の見解は混同されてきた。……アップジョン貴族院裁判官（Lord Upjhon）ですら，二つの立場で意見を述べている。1968年にベーツ事件（CIR v Bates）で，彼は以下のように意見を述べている。すなわち，『条文の正しい解釈に対して影響を与えるような不自然な結果を実現しようとする……内国歳入庁長官は，公正な租税制度が結果としてもたらされることとなると解されることを執行するための公平な方法と解されるものを実施してきた。内国歳入庁長官がいかなる原理に基づいて適正にそうしたことができるのか全く理解できない。』と述べた。しかし，その翌年，コーナー事件（CIR v Korner）で非公開の取決めに関して以下のように述べている。すなわち，『このような実務は非常に古くから行われており，政府と臣民との間で大きな正義を行っていて，決して変更されることはないと信じている。』と述べている。批判の一つは，ヴィスカント・ラドクリフ（Viscount Radcliff）のものであり，彼によれば『毎年，租税法典を調整するため議会の扉が開かれる時，非制定法上の取決めという手続を理解することはできない。』（フレール事件（CIR v Frere））。そして，別の事件で，ウィルバーフォース貴族院裁判官（Lord Wilberforce）は，取決めを否定して，『行政の謙抑性は，……立法の明確性と正確性に現実的に取って代わるものではない。』（ベーツ事件（CIR v Bates））と述べた。そして，皆さん，1688年の権利章典以外に以下のことを宣言しているものはないということが，とりわけて思い起こされなければならない。『1 議会の同意なしに，国王の権限によって，法の停止をすること，または法の執行についての誤った権限の行使をすることは，違法である。2 国王の権限によって，法の執行を行う権限を僭取す

ることは，違法である。』当該権威のある宣言に全くそっているのが，アブソラム対タルボット事件（Absolam v Talbot（26 TC 166））におけるスコット首席裁判官（Scott C. J.）の意見である。『課税問題において非制定法上の取決めという制度に対して司法の支持を与えることはできないし，またそうされるべきでもない。』とりわけ，非制定法上の取決めにより，内国歳入庁の職員は誤った誘惑へとかられることになり，それは非常に高い名誉感情に支えられた内国歳入庁のような職務の場合であっても同様である。不公正な難問を回避するために非制定法上の取決めが行われなければならないという事実が，当該立法にどこか問題があるということを表している。」

　印刷産業の臨時労働者が労働組合と雇用主の黙示の承認を得て，課税されずに支払いを受けるために虚偽または架空の署名をした書類を提出するという方法により，長年にわたり脱税をしてきた事案で，もし当該臨時労働者が将来自分の立場を正規のものに調整し，1977 – 1978 課税年度から滞納税額を納付するのであれば，それ以前の課税年度の徴収漏れについて調査を行わないという合意を，内国歳入庁長官〔当時〕が当該労働組合と合意を行ったため，自営業者及び中小企業全国組合（National Federation of Self-Employed and Small Business Ltd）が，内国歳入庁長官は権限を踰越して優遇措置（amnesty）を行ったと主張して，当該決定についての司法審査を求めた。この全国組合事件（National Federation）が，内国歳入庁の責務及び管理権限に関するリーディングケースである[18]。

　本件の主たる争点は，自営業者及び中小企業全国組合に訴えの利益があるかということであったが，ウィルバーフォース貴族院裁判官は，内国歳入庁の権限をどう解するかということであると理解した。同裁判官は，内国歳入庁が制定法上の組織であり，その権限について規定する租税管理法 1 条等の内容を確認した上で，わが国おける合法性の原則と同様の議論をし，内国歳入庁は制定法上，租税を徴収する義務を負うと論じる。

---

(18)　以下の記述について，G.Funnell ed., op. cit., pp.323-327 による。

さらに続けて，同裁判官は，以下のことを論じる。

「ウィリアム・パイル（William Pile）〔当時の主席内国歳入庁長官〕は，租税の賦課及び徴収に関して内国歳入庁の職務の範囲と本質について一般的に説明している。同氏は，非常に多数の潜在的納税者（およそ25,000,000人），非常に高額の税収及び内国歳入庁の人的資源の限界に注意を向けている。同氏の論拠は，租税債権のすべてを内国歳入庁が徴収することは不可能であること，執行可能な租税を徴収すべく，費用効率的な方法で『責務と管理』により決定が行われなければならないことである。……『臨時労働者』に関して，内国歳入庁は〔SCOの〕ホードリー氏（Hoadley）の提案を受け入れ，そうすることに十分な正当性があると考えたのである。これは明らかに『管理』上の決定である。……証拠全体によれば，そのように考察し，その注意を当事者適格（locus standi）という抽象的問題に集中しない裁判所であれば，ホードリー氏を通じて，内国歳入庁が付託された権限のもと，純粋に租税に関する責務及び管理ということに配慮して行動しているという結論に至ることを回避できたであろうとは考えられないのである。本件は，納税者の問題に介入しなければならない，裁判所が扱うことになるいかなる事件とも類似性を持たない。そのように解すると，納税者または納税者の集団が管理権限の行使に異議を差し挟むことが許容されることになり，裁判所自身も管理権限の行使に関わることになるのである。」と論じる。

また，ディプロック貴族院裁判官も下級裁判所の判断について以下のように本来行われるべき議論から意識をそらせてしまった本件申請に対する審理のありかたに後悔の念を禁じ得ないとする。

「権限の行使に際して，内国歳入庁長官には，自己に課された責務，自己が利用できる職員に鑑みて執行可能な最大の純税収及び徴収費用からして租税を国庫のために徴収する最善の手段について広範な管理上の裁量がある。内国歳入庁長官とその指揮のもと行動する調査官と徴収官には，租税を賦課し徴収する義務の履行過程で取得した個人納税者の事情に係る情報に関して制定法上の守秘義務がある。そして，このことにより，内国歳入庁長官らの

管理上の裁量権には制約が課されることになる。しかしながら，私は以下のことに何ら疑念を抱くものではない，すなわち，『良き管理』という理由からではなく，他事考慮（extraneous or ulterior reason）によって当該権限が行使され，または当該権限を行使することが控えられたということが立証された場合には，内国歳入庁長官の当該作為または不作為は権限踰越となり司法審査の対象となっていた。」

さらに，スカーマン裁判官（Scarman J.）は，以下のように述べている。

「1970 年租税管理法は，所得税を内国歳入庁長官の責務と管理のもとにおき，当該目的のために内国歳入庁長官とその税務調査官（inspector）に対してその権限の行使において非常に広範な裁量権を与えている。同法はまた個人納税者の事情を調査し，処理する際に非常に重要な守秘義務を長官らに課している。…事実，弁護人（Lord Advocate）が……職務の日常的な履行に際して調査官には納税義務に係る『あらゆる部分』を徴収する義務と良き管理を行う義務との均衡を図ることが常に求められていると，主張しているが，これは正しいことである。義務の衝突が起こった場合には，良き管理上の決定を行うことによってのみこれを解決することができる。これは，場合によっては，納税義務があっても必ずしも全額が徴収されることになるわけではないということを必然的に意味することになる。制定法の本規定についての分析は明確で正しい。当該規定は，良き管理のために所得税を徴収することを義務づけられている者に課された複雑な義務と裁量権について規定する。しかし，納税者の事情に対応するに際して公正性の原則が，望ましい政策ないし道義的な義務の問題にすぎないということを受け入れることはできない。また，『内国歳入のあらゆる部分』を徴収する義務は排他的に政府に課された義務であるということも受け入れることはできない。……現代の判例法によれば，内国歳入庁が納税者一般に対して負っている，納税者を公正に扱うという法的義務を認識することができると解している。すなわち，良き管理という要件に従えば，納税者間における差別が発生しないように裁量権を行使すること，贔屓される納税者もいなければ，犠牲となって損害を被

る納税者もいないということが保障されることが法的な義務となっている。当該義務は，そのあらゆる部分について可能な限り徴収する義務を負っている，租税に係る責務及び管理に含まれる複合的義務の内部で生起する複数の義務の一と解さなければならない。この見解についての先例は多数ある……」

(1) **誤納金等の還付の場合**

例えば，ウールウィッチ建設協会事件（*Woolwich Building Society v CIR*（65 TC 265））において，ラルフ・ギブソン首席裁判官（Ralph Gibson C. J.）は，内国歳入庁〔当時〕には争いのある賦課処分について制定法の埒外で合意をする（agree and settle）権限があり，議会により課された租税を徴収することに係る責務と管理という義務の一部として納付を軽減する（ex gratia payments）裁量権があるということを述べた後で，さらに続けて，以下のように述べる。

「内国歳入庁が，納付を軽減する権限を法的に有すると解さなければならないことは明確であると思われる。このことの趣旨は，権限踰越の課税により内国歳入庁に納付された税金は，納付の状況により，法的には自発的な納付となり，当該支払いには訴因がなく当該税金は還付されるということである。当該還付権は租税の徴収にかかる管理権の必要な部分である。議会により課された租税の徴収にかかる責務及び管理において議会が内国歳入庁に委ねた裁量権の行使として，当該自発的納付の還付を行うか否かについては内国歳入庁により決定されなければならない。」

(2) **期限の延長に関する場合**

制定法が明示的に権限を与えていない場合にも，租税に係る責務及び管理権により歳入関税庁は期限を延長することができると解されている。

損失の控除を請求する期限を徒過したことに関して，マッテソン・ウォール会社事件（*R v CIR ex parte Mattessons Wall's Ltd*（68 TC 205））において，控訴院長官（Master of Rolls）は以下のことを指摘する。

「当該時点において，同一会計年度において利益と損失を相殺することを

求める会社と内国歳入庁〔当時〕の両者を拘束する2年の期限を延期するか，あるいはこれを適用しない（waive）制定法上の明示的な権限は与えられていない。しかし，1970年租税管理法1条(1)項は，法人税法は内国歳入庁の責務と管理の下にあると規定し，当該規定のもと期限を徒過して計上された損失を内国歳入庁が認めるべきことを主張する上訴の共通の根拠ともなっている。現行の1988年所得法人税法393A条(10)項は，上訴の当時（at the material time）施行されていなかったが，当該条文のもとで，損失の控除は会計年度の終了後2年以内，『又は，当該期間を徒過しても内国歳入庁が認める期間内において』行わなければならない。……この新しい裁量規定によっても，内国歳入庁長官が租税管理法1条の下で行使することができた裁量権が変更されることにはならない。」

本件は内国歳入庁が期限の延長を認めなかったことが争われた極めて例外的な事例であり，内国歳入庁は期限を徒過した請求についてSP4/92という文書を公表している。もっとも，これは網羅的なものではなく，リドル事件（*Liddle v CIR*（72 TC 62））で引用された内国歳入庁からの書簡によれば，以下のようなものである。

「内国歳入庁長官は，SP4/92において列挙された状況で期限を延長する裁量権を行使するよう備えている。加えて，内国歳入庁長官は，期限を遵守できない相当な理由がある（for good reason）場合が他にもあるということを認識している。租税管理法1条の責務および管理という一般規定のもとで内国歳入庁長官が裁量権を行使する態様については，事務運営指針（Ministerial Statement）に記述がある。

当該指針は，期限の延長を許容する一般的状況を三つ列挙している。
(i) 内国歳入庁の側に瑕疵があるときで，当該瑕疵に納税者が気がついた直後に期限延長の選択が行われた場合
(ii) 納税者が期限延長の明確な意思を明らかにしているが，期限が満了する前に制定法上の要件が充足されない場合
(iii) 期限延長の選択が納税者のやむを得ない理由による場合

例えば，納税者が——会社の場合には，当該情報等を有する唯一の者が——重篤な病気であり，同人を代理することができると解することが合理的である者がいないこと。それ以前には，不当な遅滞は存在しておらず，事情が変化した直後に速やかに期限延長の選択がなされていることを注視する。
基本的に，われわれは以下のいずれかのことを注視している。
1　納税者が期限前に期限延長の意思を明確にしていること
または
2　期限が遵守されないことに正当な理由があり，当該理由が存在しなくなった直後に速やかに期限の延長がなされることの選択が行われていること。」

　わが国においても，更正の請求の期限を徒過した場合に，従来，嘆願書で対応することの許容性が問題となる場合があったが[19]，この点について，イギリスの実務は，合法性の原則を犠牲にして現実的な対応を図り，上述の要件の下で，おそらく期限を遵守できた納税者と同視できる納税者との公平性を重視しているものと解される。

Ⅳ　裁量権の限界

　上記のように，租税管理法1条(1)項により歳入関税庁長官に裁量権があることが確認されたが，次の問題は裁量権の限界についてどのように解されて

---

(19)　平成23年度税制改正により，平成23年12月2日以後に法定申告期限が到来する国税について，更正の請求ができる期間が原則5年に延長されたことに伴い，平成23年12月2日より前に法定申告期限が到来する国税について，現在では運用上の措置として，更正の請求の期限を徒過している場合にも，増額更正ができる期間内に「更正の申出書」の提出があれば，減額更正が行われる可能性があることとされている（国税庁ホームページ：「更正の請求期間の延長等について」(http://www.nta.go.jp/sonota/osirase/encho/index.htm（最終閲覧2014年3月24日））参照)。

いるのか，ということである[20][21]。

　まず，歳入関税庁長官は恣意的に裁量権を行使することはできず，司法的に行為しなければならない。

　この点に関するものとして，合意の意味を誤解して特別な事情がないことが明らかであるにもかかわらず，基本原則が適用されない特別な事情が存在することを前提として指示をしたロンドン全国不動産会社事件（*London & National Property Co Ltd v CIR*（29 TC 303））がある。

　本件において，内国歳入庁〔当時〕は，「過誤が存在すると否とにかかわらず，特別な事情が存在するか否かという問題はもっぱら内国歳入庁長官の問題であり，さらに言えば，裁量の問題である。そして，厳密に裁量の問題であるとはいえないまでも，それにもかかわらず内国歳入庁長官の問題である。」と主張した。

　この主張を排斥して，アトキンソン裁判官（Atkinson J.）は以下のように述べている。

　「事実問題または法的問題について決定することは裁量問題であるということは極めて不可能であると解される。裁量とは二つ以上の行為の一つ，いずれの行為をするか否かを選択することを含意する。……黒を白であると，又はBという意味の合意をAであると，解している場合には内国歳入庁長官は裁量権を行使しているということはできない。そして事実認定が裁量権の行使でないとすれば，納税者が特別審査委員会（Special Commissioners）に対して不服申立をする権利を納税者から奪う規定は財政法（Finance Act）には存在しない。」

　この判示の後にアトキンソン裁判官が検討した裁判例の一つであるドナルド・キャンベル社事件（*Donald Campbell & Co Ltd v Pollak*〔1927〕AC 732）で

---

(20)　以下の記述について，G.Funnell ed., op. cit., pp.330-332 による。
(21)　裁量の違法性について，P.Craig, Adminisrative Law (Sweet & Maxwell, 7th ed., 2012) pp.567-576 参照。

は，絶対的な裁量権でさえ司法的に行使されなければならず，何らかの根拠があるとしても，その根拠が十分なものであるかいなかという問題は完全に裁判官が判断すべき問題であると判示された。

この点に関連して，クリンチ事件（*Clinch v CIR*（49 TC 52））においてロバーツ対ホップウッド事件（*Roberts v Hop-wood*［1925］AC 578）におけるレンバリー貴族院裁判官（Lord Wrenbury）の意見を引用したアクナー裁判官（Ackner J.）は，「裁量権を付与された者は，合理的な根拠にもとづいてその裁量権を行使しなければならない。裁量権は，単に裁量権者がそうしたいと考えたことのみを根拠として望むことをすることの権限を付与するものではない。……裁量権者は裁量権の行使の過程で自己の望むことではなく，自分がすべきことを行わなければならない。換言すれば，裁量権者は，自己の理性を用いることにより，理性の命じる道を確認し，それに従わなくてはならない。……『相応しいと考えるように』という文言は，自分で選択したことに従ってという意味ではない。手段は裁量権を付与された者の意思（volition）ではなく，裁量権を付与された者の合理的な判断の総体的相当性又は適切性若しくは適合性である。」と述べている。

アクナー裁判官は，「当局が相当であると解する条件をつけることによって」日曜日に映画館を開業することの権限を地方自治体に与え，15歳以下の子供は成人同伴であっても日曜日に映画鑑賞をすることは認められないという条件が付されたことの違法性が争われた地方合同映画館会社対ウェンズバリー社事件（*Associated Provincial Picture House Ltd v Wednesbury Corporation*［1948］1KB 223）におけるグリーン貴族院裁判官（Lord Greene）の言葉を引用してさらに続ける。

「制定法の裁量権の行使に関して通常用いられる用語に精通している法律家は，『不合理な』という文言をかなり包括的な意味で用いることが多い。この文言は，行われてはならないことを一般的に表現する際にこれまで頻繁に用いられてきたし，また現在でも頻繁に用いられている。例えば，裁量権を与えられた者は，いわば，適切に法に覊束されなければならない。裁量権

者は考慮すること義務づけられている事項に注意を向けなければならない。裁量権者は，考慮しなければならないことと無関係なことを考察から排除しなければならない。もし裁量権者がこの原則を遵守しなかったとすれば，不合理に行動したと真にいうことができるし，そう言われることが多い。……本裁判所には，当該地方自治体が考慮すべきではないことを考慮したのか，逆に，考慮しなければいけないことを考慮せずあるいは無視したのか，という見地から地方自治体の行為を審査する権限がある。この問題についてひとたび当該地方自治体の立場が支持されたとしても，当該地方自治体は考慮しなければならない事項のあらゆる点において逸脱はなかったにもかかわらず，合理的な当局であれば達しなかったと思われるほど不合理な結論に達していると，なお言うことができる。その場合，再び，裁判所は介入することができることになると解する。個々の事例に裁判所が介入する権限は，地方自治体の決定を覆すという上訴機関としてではなく，当該地方自治体が議会により付託された権限を踰越して行動したことにより法に違背したか否かを確認するために関与する，そしてそのことのためのみに関与する司法機関としてである。」

このアクナー裁判官の判示は，ウェンズバリー原則（Wednesbury Prineiple）と言われ，後の多くの裁判例でも引用されており，エセックス事件（Essex v CIR（53 TC 720））において，スレイド裁判官（Slade J.）は以下のように再構成している。

「本質的に，……裁判所は，当該行政機関が以下のいずれかの事由に該当する場合に，その場合に限って，議会が行政権に付託した行政の裁量権の明確な行使に介入することができる。

(i) 不正に（dishonestly）または不誠実に（in bad faith）裁量権を行使したこと
(ii) 考慮に入れるべきではないことを考慮にいれ，考慮に入れるべきことを考慮せずまた無視したこと
(iii) 合理的な機関であれば達しなかったほど不合理な結論に到達したこ

と。」

上記の条件のいずれかが満たされない場合には，調査官又は徴収官の裁量権の行使に対して上訴委員会（Appeal Commissioners）に上訴する権利は認められない。

プレストン事件（R v CIR ex parte Preston（59 TC 1））において，ロウトン裁判官（Lawton J.）は，「手続のいかなる段階でも，裁量権が発生した場合には，内国歳入庁長官〔当時〕は手続を進行させるべきではなく，課税問題（tax affairs）に最終的な決着を付けることを考慮することにより納税者と合意を形成する権限を利用すべきではない。当該合意形成権を履行しない（not honoring）やむを得ない理由が存在しない場合には，そのようにしないことは明らかに誤った裁量権の行使である。さらに，当該合意に戻るか否か決定するに際して，内国歳入庁長官は，自己の行為を検討しなければならない。」と意見を述べている。

V 行政主体の対応的手法

1 導　入

「はじめに」でも記述したように，1998年にオーストラリア国税庁（Australian Tax Office=ATO）が，長期的な法令遵守確保のための戦略（compliance enforcement strategies）として導入し，イギリスのモデルの原型となった対応的規制（responsive regulation）というピラミッド構造のモデル（pyramid model）についてここで簡単に論じておくことにしたい。このモデルは，ジョン・ブレイスウェイト（John Braithwaite）等が環境行政における規制等の分野において行った研究[22]に基づいて発展してきた規制理論と看護施設に対する規制（nursing home regulation）の研究において発展して

---

(22) I.Ayres & J. Braithwaite, *Responsive Regulation: Transcending Deregulation Debate*（Oxford University Press,New York ,1992）.

きた心理学的理論に依拠するものである。このモデルがオーストラリアで導入されて以来，OECDも関心を示したほか[23]，イギリス及びニュー・ジーランドでも同様のモデルが採用されている[24]。

オーストラリアは，1990年代に深刻な法令遵守の危機（a serious legitimacy crisis）に直面しており，オーストラリア国税庁（ATO）の対応の拙さ，ごろつきのような対応（bully-boy tactics），権限の行使が過剰でかつ不公正であるということが日常茶飯事であるとメディアが報じることはしばしばであったし，オーストラリア国税庁（ATO）は「（納税者と）距離があり（out of touch）」また「理解不足」である上，罰則の適用が不十分であることから「租税制度の健全性」が危機に瀕していると主張されていた[25]。法令遵守モデルが導入される以前には，問題が発生すると，執行上の戦略がすぐに拡大され，納税者個々の事情はほとんど考慮されることはなく，将来的な法令遵守の達成ということが考慮されることもないという状況にあったが，課税の領域においては，処罰を行うことよりも，長期的で自発的な法令遵守を確保することが目的となるという認識の下で，現場の職員（field officer）は，法的な権限を誇示するよりも忍耐と寛容を示さなければならないから，法令遵守モデルを支配する目的は，法令遵守を促し，長期的で自発的な法令遵守と租税制度の制度としての健全性を実現する環境を提供することである[26]。

法令遵守モデルにおいては，納税者との意思疎通（communication）が重要な役割を果たすため，このモデルを採用したことにより，オーストラリア国税庁（ATO）は，協力的な納税者とまず意思疎通を図らなければならないということを認識してきたし，納税者が全く協力しない場合，オーストラリア国税庁（ATO）は，協力が得られないときには，罰則を適用する権限が自分

---

(23) S.Hamilton, "Putting Client First:The Emerging Copernican Revolution of Tax Administration"(2003) *Tax Notes International*, February, pp.569-576.
(24) Murphy, op.cit., p.603.
(25) Ibid., p.604.
(26) Ibid., p.605.

図-1 ATOのコンプライアンスモデル

Business profile
* Structure-sole trader, partnership, trust, company
* Business activities -type; local, inter-state, international
* financial data
* business age

Psychological
* risk
* fear
* trust
* values
* fairness/equity
* opportunity to evade

Industry factors
* industry definition
* region
* size, segment, participants
* profit margins
* cost structures
* industry regulation
* industry issues
* competition
* seasonal factors
* infrastructure
* labour

Economic
* interest rates
* tax system
* Govt policies/international influence
* inflation

Sociological
* norms
* reciprocity
* age
* gender
* education level
* ethnic background

MOTIVATIONAL POSTURES: Disengagement, Resistance, Capture, Managerial Accommodation

ENFORCEMENT STRATEGIES: Prosecution, Audit with/without Penalty, Real Time Business Examinations/Record Keeping Reviews, Education/Record Keeping/Service Delivery (convenience, access, choice, control)

REGULATORY STRATEGIES: Command Regulation (Non-discretionary), Command Regulation (Discretionary), Enforced Self Regulation, Self Regulation

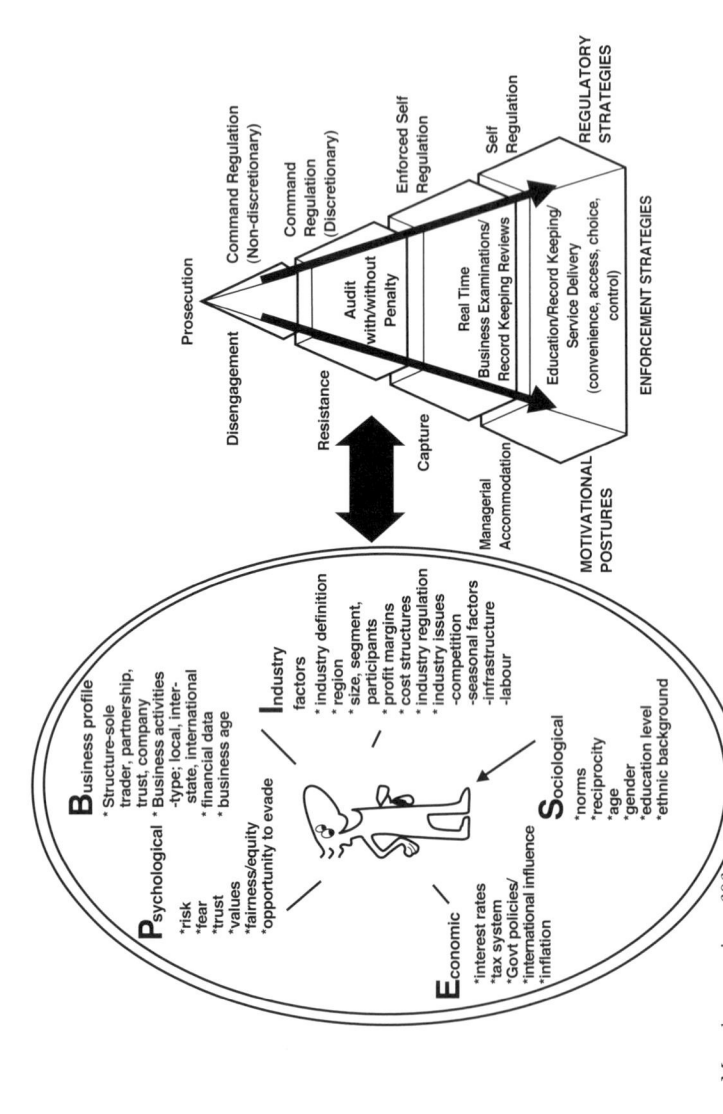

Source : Murphy, op. cit., p.606

たちにはあり，その権限を行使する可能性があると伝えることになる[27]。それゆえ，法令遵守を統制するための階層的アプローチ (hierarchical approach to compliance management) が法令遵守モデルにおいて採用されていることの意味は，罰則を機械的に適用するよりも，まず，理解，教育及びサービス提供 (service delivery) を通じて執行が行われるべきであり，法令遵守義務に対する抵抗があった場合に，(例えば，調査や罰則のような) より強力な手段に移行すべきであるということである[28]。それゆえ，このタイプの手法は，本質的に対話により行われることになる。

2　イギリスの制度の前提となったオーストラリア国税庁（ATO）の法令遵守モデル

　オーストラリアのモデルは，イアン・エイルス (Ian Ayres) とジョン・ブレイスウェイト (John Braithwaite) の規制戦略についての業績とヴァレリー・ブレイスウェイト (Valerie Braithwaite) の動機づけに対する姿勢に関する業績に強く影響を受けたものである[29]。このモデルは，①事業プロフィール (Business profile) (事業形態—組合形態か法人形態かなど)，②事業活動—州際的か，国際的かなど，財務状況，営業年数)，③産業要素 (Industrial factors) (産業区分，地域，規模，産業規制等)，④社会学的要素 (Sociological) (相互利益，年齢，ジェンダー，学歴，人種)，⑤経済 (Economic) (利率，税制，政策，インフレ)，⑥心理学的要因 (Psycological) (リスク，危惧，信頼，公正／公平など) という要素から成り (これらをその頭文字から，以下「BISEP」という。)，このモデルは，法令遵守について納税者が選択する態度を，適応 (accommodation)，捕縛 (capture)，抵抗 (resistance)，離脱 (disengagement) の四つに分け，これらの態度に応じて，個々の納税者が課税庁に対してとる立場を区分した上

---

(27)　Ibid., p.605.
(28)　Ibid., p.605.
(29)　Ibid., p.605.

で，納税者のとる行為を遵法的なもの（compliant）と非遵法的なもの（non-compliant）に分類するものである[30]。適応（accommodation）に位置づけられるのは，納税義務を自発的に履行しようとする納税者であり，捕縛（capture）に位置づけられるのは，租税制度を望ましいものとは考えてはいないが，納税が必要であると認識し納税者としての役割を受け入れている納税者であり，抵抗（resistance）に位置づけられるのは，自己規制（self-regulatory）制度に積極的に抵抗する納税者であり，離脱（disengagement）に位置づけられるのは，オーストラリア国税庁（ATO）によれば，自分たちが正しいことをしていないということを意に介しておらず，納税しないことを選択したとしても，オーストラリア国税庁（ATO）は何もできないと考えている納税者である[31]。

執行に関するピラミッドモデル（図-1）の左側について理解するのに非常に重要なことは，論点が異なることにより，また自分たちが対峙している職員への対応により，納税者の態度は変化し，固定的なものではないということである。

そして，ヴァレリー・ブレイスウェイト（Valerie Braithwaite）は，租税法の領域においては，法令遵守に関する態度について5番目の類型があると指摘している[32]。5番目の類型に位置づけられる納税者は，租税法のグレイ・ゾーンを見つけ，租税負担を最小限に抑えることを楽しんでいるゲーム・プレイヤーであり，オーストラリア国税庁（ATO）によれば，これらの納税者は自分たちが悪いことをしているのだと必ずしも考えているわけではなく，自分たちは法的な義務を履行していると信じている場合が多い。この類型の納税者は，（図-1）の法令遵守ピラミッドの左側の区分のいずれの区分にも位置づけることができるという意味で独特の存在となっている。

---

(30) Ibid., pp.606-607.
(31) Ibid., pp.607-608.
(32) Valerie Braithwaite ed., *Taxing Democracy:Understanding Tax Avoidance and Evasion*（Ashgate,Aldershot,2003）.

理論的背景として，規制の手法としては，「抑制（deterrence）」によるものと「調整（accommodative）」によるものとがあるが，対応的規制はこの二つの手法の良い部分を組み合わせたものである。すなわち，いずれの手法にも利点があるが，いずれか一方の手法のみが採用された場合には，大きな欠点が露呈されることになる。特に，頻繁に罰則を用いる手法の問題は，罰則の利用により規制に対する抵抗が促進され，法的な抵抗と反撃の手法に係る情報の共有が促進されるということである。例えば，十分に法令を遵守した記帳を行っている納税者が，規則が複雑で曖昧であるという理由で租税法律に違反する場合，課税庁による罰則が不合理で不公正なものであると当該納税者は考えがちである。

調整による（あるいは対話による）手法の採用を支持する議論は，資源の効率的な利用に関わるというものである。説得が上手くいけば，規制する側もされる側も費用のかかる執行手続や訴訟手続を踏む必要がなくなり，より多くの資源を規制領域を広げることに向けることができる。

また，純粋に調整的な手法を採用することは，基本的にすべての個人が善良で誠実だとみることであるが，それはあまりにも愚直なことであり現実的ではない。

法令遵守を履行するための対応的規制という手法は，「やさしく語りかける一方で，非常に大きな罰則を」用いることを規制する側に認めるものである。

ここで，ジョン・ブレイスウェイト（John Braithwaite）が，『罰則か説得か――炭鉱の安全性の履行（*To Punish or Persuade:Enforcement of Coal Mine Safety*）』という書物の中で論じたことを簡単に確認しておくと，以下のようなことである。

健全な規制を執行するためには，規制の対象となる者が金銭を獲得することを唯一の動機としている場合もあれば，社会的責任感を動機としている場合もあるということを規制する側が理解することが必要であるということである。それゆえ，規制手法を説得か罰則といういずれかの手法に完全に依拠

させることは望ましくない。

この両方の手法を一つに収斂させた手法を,「対応的規制」と呼んでいる。この理論の基本的な主張は, 罰則を適用するか説得を行うかということの選択ではなく,「いつ」罰則を適用し,「誰に対して」説得を行うかということである。

また, こうした手法は「しっぺ返し (tit-for-tat)」の手法とともに用いられるべきだと主張されている。

ブレイスウェイト (Braithwaite) 等の理論を基礎としているオーストラリア国税庁 (ATO) の採用するモデルにおける, そしてこれと同様のモデルであるイギリスのモデルにおける「対応」というのは,「課税庁から」の対応ということが中心となっているようにも解されるが, この点なお検討を要する。

3 イギリスにおける対応的規制 (responsive regulation) のモデル[33]

イギリスにおける課税庁と納税者の協力は「協力の高度化 (enhanced co-operation)」と呼ばれるものである。これは, 大企業との関係の反省から生まれたもので, ヴァーニー報告書 (Varney Review = 2006 Review of Links with Large Business)[34] として知られている。

本報告書は, 大企業と歳入関税庁 (HMRC) との信頼と理解に基づく関係の構築を目指すものである。歳入関税庁は, ①より大きな確実性, ②課税問題を処理するための効率的で, リスクを考慮した手法, ③問題の迅速な解決, ④効率的な協議及び対話による明確性, という四つの望ましい結果を達成するための提案を行っている。

---

(33) Judith Freedman, Responsive Regulation, Risk, and Rules: Applying the Theory to Tax Practice(2012) UBC L Rev., pp.639-650.
(34) http://www.hmrc.gov.uk (最終閲覧 2014 年 3 月 20 日)

高度な協力関係に寄与することを志向する提案は，特定の条件のもとでのアドバンス・ルーリング制度を企業向けに導入すること，移転価格の調査に対する新しいアプローチ，争点の迅速で効率的な解決手続，新しい協議の枠組み，指導の改善，リスクの序列化の導入，「より費用対効果のある資源利用と争点の効率的解決を志向することになる。」

(1) リスクの序列化の手続

リスクの序列化 (risk-rating) は，課税問題を惹起させる可能性の低い (low-risk) 法人の自発的な法令遵守を基礎とし，課税問題を惹起する可能性の高い (high-risk) 法人に資源を集中させることを前提として行われる。

リスク序列化の手続については，歳入関税庁の租税法令遵守マニュアル[35] (Tax Compliance Risk Management Manual=TCRM) に記述されている。

大企業は，大企業部門 (Large Business Service) で対応される。中小法人には，低リスクとリスクゼロ (non-risk) という序列化が行われ，この序列により，歳入関税庁が当該法人の問題に関与 (interventions) する作業量 (volume) と両者の間でどのような対応が行われるか，その作業の質が決定されることになる。本質的に，低リスクの法人には軽い接触 (a light touch) という手法が採用されることになり，その分，高リスクの法人に余剰資源を振り向けることができることになる。低リスクに序列化された法人については，通常，3年間，事業リスク審査 (Business Risk Review) は行われない。その他の法人については，リスクの序列化は毎年行われ，頻繁に関与が行われる。このような制度となっている理由は，法人は低リスクに序列化されることによりあまり課税庁の関与が行われないことに熱心であり，歳入関税庁は，法人の提出した数字を信頼することで当該法人にあまり関与せず，またあらゆる項目 (every detail) を詳細に調査するよりも，当該法人の制度がどのようになっているかということを審査することで，資源の節約を図ることができるということであると指摘されている。

---

[35] http://www.hmrc.gov.uk （最終閲覧 2014 年 3 月 20 日）

課税問題のリスクについて考慮されるのは，租税法令遵守マニュアル（TCRM）3310（事業リスク審査（Business Risk Review）：事業リスク審査項目（Business Risk Review indicator）：一般）によれば，①複雑性——事業規模，事業の範囲，事業または課税関係（tax interests）の深度（depth），②境界——国際的構造，資金調達，関係当事者等の争点の複雑性の程度，③変化——事業に影響を与える課税関係（tax implications）の変化の程度と速さ，④管理形態——納税者（customer）の歳入関税庁への率直さと協力，⑤納税（deliver）——組織，手続及び技術を通じた正当な税額（right tax）を納付する能力，⑥租税戦略——純粋な経済活動に基づくものではないタックスプランニングに納税者が関与していること，⑦税額（contribution）——申告された（declared/claimed）税額が当該納税者及びその部門について歳入関税庁が得ている情報に鑑みて合理的であると思われること，の7項目である。

　「正当な」税額，「合理的な」税額といった場合，「正当」であり，「合理的」であると判断するのは誰なのか，どのような租税戦略であれば許容されるのか，など明確ではない。

　上述の租税法令遵守マニュアル（TCRM）3310は，2011年4月に改訂され，明確化が図られているといわれている。上記内容に続いて，租税法令遵守マニュアル（TCRM）3310には「（複雑性，境界，変化）という冒頭の三つの要素は，『内在的（inherent）』なものである。すなわち，それら自体によりリスクをもたらすものであるが，次の三つの要素（管理形態，租税戦略及び納税）は，これらの内在的リスクを管理する行為である。納税者には，課税上の法令遵守に係る大きなリスクを潜在的に生み出す内在的要因があるかもしれないが，納税者が自己の行動により内在的要因を効率的に管理する場合には，当該納税者は低リスク（LOW RISK）に位置づけられる。これは純粋に理論的なものではない。大企業部門が対応する非常に複雑な納税者でありながら，低リスクに位置づけられている納税者が既に多数存在している。

　『税額』という要素については，総合的なリスクの位置づけに合意する前に，実際にチェックされることになる。換言すれば，これ以外の要素は，当

該納税者が低リスクであると示唆していても，納税者の税額（tax/duty contribution）が予測したよりも低い場合，総合的に低リスクに位置づける合意を行う前に，その理由について確認をすることになる（知りたいと思う）。」という記述がある。税額の「正当性」と「合理性」について歳入関税庁と納税者は協議を行うことになるものと思われる。

概して，不明確な点があるとしても，裏付けに乏しく（anecdotal）かつ調査に基づく証拠によれば，法人はこのアプローチが有益であると考えているということである。

(2) **納税者関係管理部門（Customer Relationship Managers）**

法人が関心を抱く領域の一つは，納税者関係管理部門（Customer Relationship Managers）が，透明性を高め，時間の節約をするのに資する程度はどのようなものかということである。

歳入関税庁が，納税者の事業を理解し，納税者と対話することに時間を費やすことは，対応的規制に基づく仕事に期待されていたとおりに成果を上げていると評価されている。納税者関係管理部門の職員に対応することに法人が見いだす価値は増大しているので，歳入関税庁と大企業双方のために租税制度の運用の改善を図るビジネス・タックス・フォーラム（BTF）[36]の議事録では，意思決定の透明性の問題は，納税者関係管理部門の職員に意思決定が委ねられることではなく，いつどういう理由で専門家が関与することになるのかということであるとされている。

あらゆる問題を納税者関係管理部門に委ねれば，政策の一貫性と納税者間の水平的公平が損なわれることになると指摘されている。これに対して，信頼関係は職員に十分な権限が与えられている場合にのみ，機能することになるとの指摘もある。このことは，裁量の行使を統制するという一般的な問題と関わる。さらに，納税者関係管理部門の職員と法人との関係は，過度に親

---

(36) http://www.hmrc.gov.uk/businesses/bistaxforum.htm （最終閲覧2014年3月24日）

しくなりすぎる（over-familiarity）という問題を惹起させることになり，この問題に対応するためには納税者関係管理部門の職員をかなり頻繁に異動させる必要があるが，その場合にも，当該部門の職員を，同人らが関与している法人と知り合うことができないほど頻繁に異動させることができるわけではないという意味で人事のローテーションにも限界がある。

(3) **リスクの序列化の基準：タックスプランニング**

　関係の高度化に関する関心事の例の一つは，非常に大規模で複雑な法人は低リスクに位置づけられることはないという見解が当初みられたということが指摘されていることである。対象とされている法人の多くは決して低リスクに位置づけられることがないため，そうであるとすれば，低リスクに位置づけられるために行動を改める誘因が排除されてしまうということである。現実には関連する要素がこの制度が示唆するよりもはるかに多様である場合，このことは，納税者を段階的なリスク序列（a linear risk ranking）に位置づけることに伴う問題である。

　租税法令遵守マニュアル（TCRM）3100 は，以下のように記述を行うことでこのことに関して明確性を担保しようとしている。

　「法人の規模と複雑さといった要素が法人自身のリスクを生み出し，この要素により納税者がその納税義務を遵守することがより難しくなる（challenging）としても，非常に大規模で非常に複雑な法人がその行動を通じて容認できる程度までそのリスクを軽減する場合には，当該法人は低リスクに位置づけられることができる。」

　低リスクに位置づけられている企業には非常に複雑な組織の大企業が多いが，この序列に位置づけられるためには，透明で適切なガバナンス制度が必要なだけでなく，当該納税者のタックスプランニングに対する手法が考慮されなければならない。租税法令遵守マニュアル（TCRM）は，その立場を明確にすることを意図しているが，一般に，納税者関係管理部門と歳入関税庁にかなり広範な裁量の余地を残している。

　2010 年 7 月 20 日のビジネス・タックス・フォーラムの議事録は，「タッ

クスプランニング」の意義が明確ではないと明記しているため，上述のように租税法令遵守マニュアル（TCRM）3100 は記述して，その意義を明確にしようとしている。

　このことについては，租税法令遵守マニュアル（TCRM）3330 でさらに説明されている。確実に低リスクに位置づけられるためには，納税者は，「立法趣旨（the intention of Parliament）に反する租税上の結果をもたらす」方法で取引を仕組んではならず，「租税法についての革新的な解釈に係る取引」について歳入関税庁に報告をしなければならず（must tell），「法的に不確実であることについてはいかなることであっても完全に〔情報を〕開示しなければならない」とされている。この指針に反するタックスプランニングにたまたま関与しても，完全に情報を開示すればそのことは許容されることになると思われるが，このような活動について歳入関税庁に情報提供を行わなかったり，当該活動に定期的に関与する場合には，低リスクではないと認定される可能性が増すことになる。

　関連して，2006 年に歳入関税庁は，租税回避開示制度（disclosure of tax avoidance scheme = DOTAS）を導入し，所得税，社会保険料（NI contributions），キャピタルゲイン税，法人税，印紙税及び相続税に適用しており，同様の制度は付加価値税その他の間接税にも適用されている[37]。この制度は，2004 年財政法 7 編（Pt 7）と租税管理法 98 条 C に根拠を持つ非常に多くの立法により支えられており，一部法的な効力を有する歳入関税庁の租税回避開示制度指針パンフレット（DOTAS Guidance booklet）でさらに支えられている。この基礎にあるメッセージは明確であり，情報の開示を行うことなく租税回避スキームを促進し，または利用しようとする者は何人も罰則の適用を受ける危険をおかすことになるということであり，開示した租税回避スキームを利用しようとする者は何人も当該申告においてその事実を申告し，当該スキームが登録された番号を歳入関税庁に開示しなければならな

---

(37) 以下この制度についての記述について，Davies, op.cit., p.65 による。

いということである。

　この指針についての難しい点は，この指針がイギリスの制定法や判例に基づく基準に依拠するものではないということである。そのため，これは望ましい要件であるが，制定法上の要件ではなかった。それゆえ租税回避が問題となった場合，裁判所は，「目的的に解釈をして，当該制定法の規定が，現実的な観点から，当該取引に適用することが意図されているか否か」を問題としなければならない。

　すなわち，長年，司法は，刑法との類推と権利章典（Bill of Rights）を参照することにより，租税法律は厳格に解釈されるべきであると考えてきたし，従うべきであるのは取引の実質ではなく，形式であるというウェストミンスター卿事件（IRS v Duke Westminster [1936] A.C.1）で示されたアプローチを採用し，いかに複雑なものであろうとも一連の取引は表面上見えるとおりに（on the face value）理解されるべきだと考えてきた[38]。その後，ウェストミンスター卿事件のアプローチは，ラムゼイ事件（Ramsay (WT) Ltd v IRS [1982] A.C.300）を含む一連の判決により修正されてきたが，その中で，最も重要なものであるファーニス対ドウソン事件（Furniss (Inspector of Taxes) v Dawson [1984] A.C.474）において，ブライトマン貴族院裁判官（Lord Brightman）は，ラムゼイ事件判決の判旨にそって，ある種の一連の取引または複雑な取引において，裁判所は個々の取引の形式を見る必要はなく，一連の取引が行われることが予定されている場合で，一連の取引の一つ以上の段階で，租税回避以外の目的が認められないときには，一体的取引（whole operation）という広い見解がとられることになるという原則が示された。これに対して，バークレイ商業金融会社対モーソン事件（Barclays Mercantile Business Finance Ltd v Mawson (Inspector of Taxes) [2004] UKHL 51; [2005] 1 A.C.684）における貴族院判決は，ラムゼイ事件判決で示された原則（いわゆるラムゼイ原則）を「歳入法令（revenue statutes）の解釈を文理（literal）解釈と限定（blinkered）

---

(38) この段落の以下の記述は特に断らない限り，Davies, op.cit., pp.42, 44-46 による。

解釈から解放するもの」と位置づけ，租税回避に対する新しいアプローチを展開する司法の動きに終止符を打ったことにより，ラムゼイ事件判決その他の先行裁判例ではなく，バークレイ商業金融会社対モーソン事件判決が参照されるべきであると解されている。それゆえ，バークレイ商業金融会社対モーソン事件において，貴族院判決は，歳入法上の特別理論としてのラムゼイ原則を廃止し（kill off），当該原則は法解釈の一般理論の中に組み込まれることになったとホフマン貴族院裁判官（Lord Hoffmann）により指摘されている[39]。

いずれにしても，租税法令遵守マニュアル（TCRM）に記述されている商取引性（commerciality）のテストは，それゆえ，歳入関税庁が適用する経験則（rule of thumb）に過ぎない。大企業の税務担当取締役（tax director）には，最終的に裁判所が支持することになる態様の活動の指針としてかなり有益であると認める者が多いが，現行のテストは法律問題として適用されるものではない。さらに納税者の税務担当者等は，制定法の規定の意味について歳入関税庁から異なった解釈の指摘を受けるかもしれない。それにもかかわらず，租税法令遵守マニュアル（TCRM）のリスク序列に関する要素からすれば，歳入関税庁の解釈に従わない納税者は，低リスクに位置づけられることは難しいということになる。低リスクに位置づけられることが望ましく，その利点に疑問を提示する者もいるが，そのことに同意する大企業が多いとしても，純粋に行政上の手法であるため，納税者にはリスクの序列を争う制度がないので，これは潜在的には法の支配との関係で問題である。

企業の中には，低リスクに位置づけられることに価値を見いだすもの，高度な協力をすることにより得られることの利点（advances）に価値を見いだし，これらの利点から利益を受けるために行動を修正するものもあるが，低リスクに位置づけられることにより得られる利益が，歳入関税庁が好ましく思わないものの，企業は合理なものであると考えているタックスプランニン

---

[39] Leonard Hoffmann, Tax Avoidance, [2005] BTR, pp.197 et seqq.

グ（tax arrangement）を行う自由を失うことからもたらされる結果を凌駕するか否かは明確ではないと解している者もある。問題は，当該目的が主として資源配分の効率化（increase）にあるとすれば，法人が特定のタックスプランニングを行うことを控えることを期待するよりも，単に透明性を確保することを通じてリスクを回避することができるのかということである。

法人との協力の高度化の経験は，一般に，成功であると解されている。

4　対応的規制の理論的問題点―法の支配との関係[40]

法の支配を維持し，目的の明確な枠組みを提示するためには，法的に執行可能な保護手段が必要である。それは，課税問題の微妙さと市民と納税者との関係の複雑さによるものである。

ここで，法の支配とは，実質的な意義ではなく形式的な意義でのそれをいい，政府は既存の規範により統治され，法は国民の行動を導くものでなければならないということを意味する[41]。このことは相互の信頼に基礎を置く理論的アプローチと矛盾するものではなく，信頼関係に対する適切な背景を提供するものである。

「法の支配」に固執することは，詳細な立法を行うことによる事後的対応（cat-and-mouse game）に固執することではない[42]。

ジョン・ブレイスウェイト（John Braithwaite）は，法令遵守のみによる規制に取りつかれていることから，法律家は離れなければいけないと指摘している。法令遵守を生み出し，ゲームプレイングを阻止するためには，租税法はその諸原理に基づくべきであると論じる者が少なくない。ブレイスウェイト（Braithwaite）やフリードマン（Freedman）の問題意識もこうしたことから出発していると解される。すなわち，納税者にとって自分たちが合理的だ

---

(40)　Freedman, op. cit., pp.650-658.
(41)　Paul Craig, Formal and Substantive Conceptions of the Rule of Law:An Analytical Framework [1997] PL, pp. 467 et seqq..
(42)　Freedman, op. cit., p.629.

と感じる解釈が問題視されているがゆえに，透明性という利益が不明確であり続けるならば，透明性ということは法令遵守に基づく行動を促進する方法としてはうまく機能しないことになる[43]。これは，「目的の混在 (mixed objectives)」問題の一例である[44]。いずれにしても，課税問題を惹起する可能性の高い納税者に位置づけられるのであれば，タックスプランニングの戦略においてより積極的な態度をとっても同じことであると考える納税者もいることは否定できない。それゆえ，法が許容する以上のことをしないために，また信頼と協力を得るにあたり，リスクの序列化がその目的を達成できるとすれば，歳入関税庁は，法を厳格に遵守することが重要であり，法がこのような厳密な執行をすることができないほど不明確であるとすれば，用いられる基準は立法と判例により導き出されるべきである。

法の遵守を超えて「法の精神 (spirit of law)」という概念を遵守すべきであると主張することは，法の支配の問題と関連する。法の支配を遵守するためには，必ずしも正確性が必要ではない。ジョン・ブレイスウェイト (John Braithwaite) に重大な影響を及ぼしたフィリップ・ペティ (Philip Pettit) は法の支配を侵害することなく，裁量を行使する余地があることを論ずる。

この裁量が法そのものにより具体化された原則により拘束されている (guided) 場合，裁量権は詳細に規定された規範制度のもとにおけるよりも大きくなることはない。

立法により支配されることを求めることは，詳細な規範を文理解釈することを求めることではなく，裁量を統制する場合に，適用することのできる制定法の枠組みを求めることである。このことは，裁判所により監督されるという原則を通じて裁量の必要な領域を支配する優れた立法を草案することにつながる。

---

(43) Ibid., p.651
(44) イギリス行政法における裁量の問題に関する指摘だと解される。H.W..R.Wade and C.F.Forsyth, Administrative Law (Oxford, 10th ed., 2009) p.259 では，"mixed motives" が用いられている。

租税制度において、あらゆる場合に租税法を執行するわけではないという裁量を租税行政庁に付与する必要性を認めている場合は多いが、イギリスもその例外ではない。この裁量をどのように統制し、歳入関税庁に租税法を立法する権限を与えないようにするにはどうしたらいいのかということが問題である。

5　リスクの序列化と対応的規制 (45)

　納税者は課税問題を惹起するリスクに応じて序列化され、序列に応じて異なった取扱いを受けることになる。この制度は、対応的規制と整合的であり、納税者が進んで法制度を遵守するか否かが評価される。

　納税者の序列化は、最初は法令遵守に関するピラミッド・モデルに適合するものの、定期的に見直されるべきだとまではいえないが、次第に固定的なものになり (static)、対応的ではなくなり (non-responsive)、過去を確認すること (backward looking) になると、全く対応的なものではなくなる。また、課税問題を惹起する可能性の低い活動に対する抑制力も低くなり、長期的にみれば効率的なものではなくなる。そうすると、課税行政制度の公正さに対する信頼性を失わせ、最終的には大多数の納税者の法令遵守に影響を与えることになる。

　ジョン・ブレイスウェイト (John Braithwaite) は次のように説明している。

　「ピラミッドモデルは、いかなるタイプの問題がピラミッドの底辺の問題として扱われることになるのか、ピラミッドの中間の問題として扱われるより重要な問題とはどのようなものなのか、ピラミッドの頂点の問題として扱われることになる実にひどい問題とはどのようなものなのか、事前に特定することを目的とするものではない。最も重要な問題についても、……<u>ピラミッドの底辺で対話 (dialogue) からはじめることが望ましい</u>という仮定に基づいている。〔下線——執筆者〕」

---

(45)　Freedman, op. cit., pp.658-661.

この問題は，納税者間の衡平性と公正性について法の支配の問題を惹起させるものであるが，納税者が，制定法の枠内の取引であると信じてはいるが，なお不明確な点もある場合に当該取引について透明性を維持する場合，低リスクの関係であることを出発点とすべきである。裁判所で取り消されることになるか，または「立法趣旨」に関する歳入関税庁の見解と異なる租税回避が存在するという見解を，裁判所がとっている場合にも同様である。

　あまり急速にピラミッドの階層を引き上げると，リスク序列化制度の対応性を危険にさらすことになる。

　一たび低リスクに位置づけられた場合，企業に対する次のリスク審査があるまで3年間はより「革新的な解釈」を採用しても逃れることができると考える法人もあるかもしれない。

　対話は進行中のプロセスであることが必要であり，リスクの序列化という別の目的との緊張関係が念頭に置かれている必要があると指摘されている。

　租税法令遵守マニュアル（TCRM）において，歳入関税庁は，「イギリスにおける大口納税者（the largest taxpayers）から正しい税額を徴収するという歳入関税庁の義務に反することにならないのか」という問いが頻繁に向けられるため低リスクの納税者への対応についての関心を向けるべきであると意識している。

　租税法令遵守マニュアル（TCRM）1400付属文書Lの中で次のように答えている。

　「反していない。我々は，低リスクの納税者が，完全な租税法令遵守の手続をとり，十分な資質の職員またはアドバイザーを備えていること，申告及び税額軽減に対する立場における比較的保守的な戦略を有していること，リスクの可能性について開示を行うこと，そうしたリスクを解決するために協力する手法を採用していることを期待している。

　この種の関係が存在せず，経験からして納税者のグループを通じて法令遵守のために関与することにより回復される税額は大企業サービスの法令遵守から生み出される利益のほんのわずかな部分に過ぎない場合，我々は最善の

技術を用いる必要がある。そうでなければ我々と納税者が法令遵守のために関与することに費やす資源は，法令遵守を改善することに使われるのが望ましい。」[46]

これは，利用される資源配分メカニズムを守るための配慮であるが，そのような質問がなされているということ自体が，納税者間の公平性に関する関心が提起されていることを示唆している。

それゆえ，リスクの序列化が行政コストを節約し，定期的な調査を行う必要性を減少させる手段として用いられる場合，効率的である一方で，注意深く取り扱うべき手段であるという危険性が存在する。納税者のデータに応じて異なる取り扱いをするということは，課税庁が限られた資源を効果的に用いることには資することになるが，他の納税者との関係で当該納税者を不公平に扱うことになるからである。

6　イギリスの議論から導き出されること

上述の議論によれば，対応的規制と大企業の法令遵守という特定の領域におけるリスクの序列化（risk-rating）は，租税行政の領域においてジョン・ブレイスウェイト（John Braithwaite）の理論が大いに有益であることを示している[47]。しかし，納税者に対して法的義務（legal requirements）を超えた期待を歳入関税庁がしないように配慮することが必要であると指摘されている。このことは，法は国民の行動を導くものであるという法の支配の観点または法的安定性・予測可能性に資するものである租税法律主義[48]の機能からしても首肯することができる。

また，法的義務以上の遵守義務が求められているという認識が納税者にある場合には，逆効果となるため，この制度の目的が透明性の確保と自己規制

---

(46)　大企業サービス部門について，http://www.hmrc.gov.uk/lbo/（最終閲覧2014年3月24日）参照。
(47)　特に断らない限り，以下の記述は，Freedman, op.cit., pp. 661-662 による。
(48)　金子宏『租税法〔第19版〕』(2014年・弘文堂) 73頁。

の促進にあるとすれば，納税者が歳入関税庁とは異なる議論の余地のある解釈を採ることを阻止するのではなく，透明性の確保と自己規制の促進に焦点を当てることが望ましいと指摘されている。そして，法の支配の観点からして，争いのある法的問題については，リスクの序列化で対応するのではなく，司法判断に委ねられることが必要である。そのためには，租税法の領域において，立法者の意思を実現することにつながり，歳入関税庁の裁量行使が適切な範囲内にとどまるような基準（framework）を提示できるような立法が行われることが必要となる。

　一度立法された後は，すべての納税者に対して法は公平に執行されるべきであるが，法律の枠組みの中でリスクに基づいて調査（audit）と執行の資源が配分されることが合理的である。そして，あらゆる要素を上手く取り扱うためには常に警戒すること（constant vigilance）が必要であるが，あらゆる要素を捕捉することができれば，少なくとも望ましい結果をもたらすことができることになり，複雑な法人税の分野においても，望ましい結果をもたらすことができることになると解されている。

　いずれにしても，対応的規制は歳入関税庁の裁量を規制することと相まって，複雑化する課税の世界に不可避的に伴う課税の不確実性に対処するための有効な基本的枠組みを提示するものと解されている。

おわりに

　イギリスにおけるネゴシエーションを検討するにあたり，法の支配の問題，裁量を巡る行政法上の議論についても詳細に検討した上で，少なくともそうした基礎的な議論を十分に踏まえた上で，検討を行うことが望ましかったが，本稿は全体的にイギリスでの議論の紹介の域を出るものではない。さらに踏み込んだ検討内容を改めて検討する機会を持てるよう今後も研究を続けたい。

第5章 税務調査等におけるネゴシエーションの分析

税理士 藤曲 武美

はじめに

　強行法規である租税法の性格から，租税行政庁には租税を減免したり，租税を徴収しない自由はなく，法律で定められたとおりの税を徴収しなければならない（合法性の原則）。したがって，税務行政，税務訴訟においては和解はあり得ないということが一般的な見解である[1]。しかし，昨今，弁護士，税理士等の一部から，海外の例などを挙げて，税務争訟，特に税務訴訟における和解制度の創設を要望する声が聞かれる[2]。一方，税務実務においては，実際には，税務調査場面等で交渉による妥協，合意が図られているのが実情であるともいわれている[3]。

　果たして税務行政，税務争訟の各場面で行政庁と納税者の間での和解というものが可能であるのか，可能であるとするとその和解にはどのような制限を加え，和解を認める基準，制度はどうあるべきかということが問題になる。

---

(1) 金子宏「租税法　第十八版」79～80頁
(2) 志賀櫻「国税不服審判所制度の改革」月刊税務事例 2012・8，30頁
(3) 注2掲載論文，同30頁

本稿は，税務争訟における和解の問題などを検討する前提として，税務行政の実際の実務場面，特に税務調査の場面での納税者，税務代理人と税務署との交渉，調整，合意・互譲の場面がどのような実態であるかをいくつかの例を挙げて検討し，税務行政の実務での交渉，調整，合意・互譲（和解に類似する現象，以下「ネゴシエーション」という。）がどのようなケースで行われているのかを分析するものである。

現状の税務実務におけるネゴシエーションの分析自体は，税務争訟におけるネゴシエーションの制度がどうあるべきかを直接に検討するものではないが，その前提として，どのようなケースにおいてネゴシエーションが問題になり，そのルールはどうあるべきかの研究の参考とするものである。

税務実務における行政庁の対応については，税務行政の過程であるから当然に合法性の原則との関係が生ずる。税務実務におけるネゴシエーションが合法性の原則との調和，あるいは整合性をどの程度考慮しているか，するべきかに留意して検討してみたい。

I 税務調査，税務争訟の各段階

税務実務におけるネゴシエーションが問題となる場面，段階は，行政庁と納税者との間で行政庁による課税処分が問題となり，行政庁と納税者が課税処分（または予測される課税処分）を巡って双方の主張について交渉，調整等のネゴシエーションが問題となる段階であり，いわゆる税務争訟の各段階が検討の対象になる（図表1参照）。

本稿で取り上げるネゴシエーションの分析は，税務調査の段階を中心とするが，異議申立，不服審判所の裁決段階についても若干触れることにする。

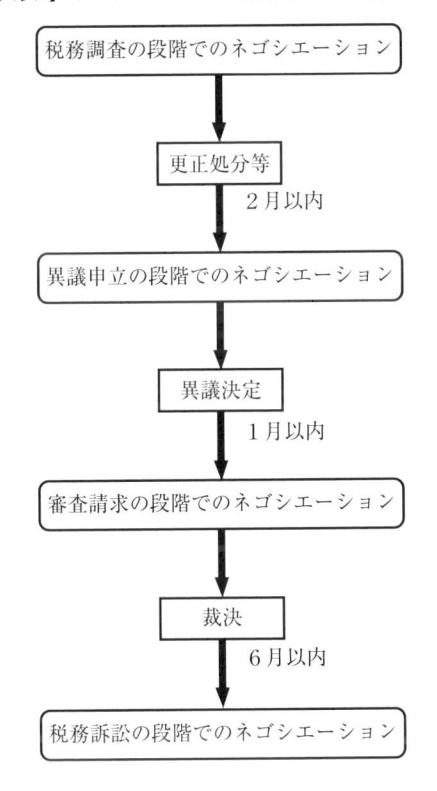

【図表1】ネゴシエーションが問題となる場面・段階

```
┌─────────────────────────────┐
│ 税務調査の段階でのネゴシエーション │
└─────────────────────────────┘
              ↓
        ┌──────────┐
        │ 更正処分等 │
        └──────────┘
             2月以内
              ↓
┌─────────────────────────────┐
│ 異議申立の段階でのネゴシエーション │
└─────────────────────────────┘
              ↓
        ┌──────────┐
        │ 異議決定  │
        └──────────┘
             1月以内
              ↓
┌─────────────────────────────┐
│ 審査請求の段階でのネゴシエーション │
└─────────────────────────────┘
              ↓
         ┌────────┐
         │  裁決  │
         └────────┘
             6月以内
              ↓
┌─────────────────────────────┐
│ 税務訴訟の段階でのネゴシエーション │
└─────────────────────────────┘
```

Ⅱ 税務調査の段階でのネゴシエーション

1 平成23年12月改正後の税務調査手続きの概要

　平成23年12月国税通則法の改正により，税務調査手続きが法定化された。事前通知，調査終了手続きの法定化などが主なものであるが，この改正の趣旨は，税務調査の手続きの透明性及び予見可能性を高め，調査に当たって納税者の協力を促すことで，より円滑かつ効果的な調査の実施と申告納税の一層の充実・発展に資する観点及び課税庁の納税者に対する説明責任を強化する観点から，従来の運用上の取扱いが法令上明確化されたものとされて

いる[4]。この改正後の税務調査の手続きを概観すると次のとおりである（図表2参照）。

なお，平成23年12月改正は，平成25年1月1日以後の税務調査から適用になっている[5]。

【図表2】税務調査手続きの概要

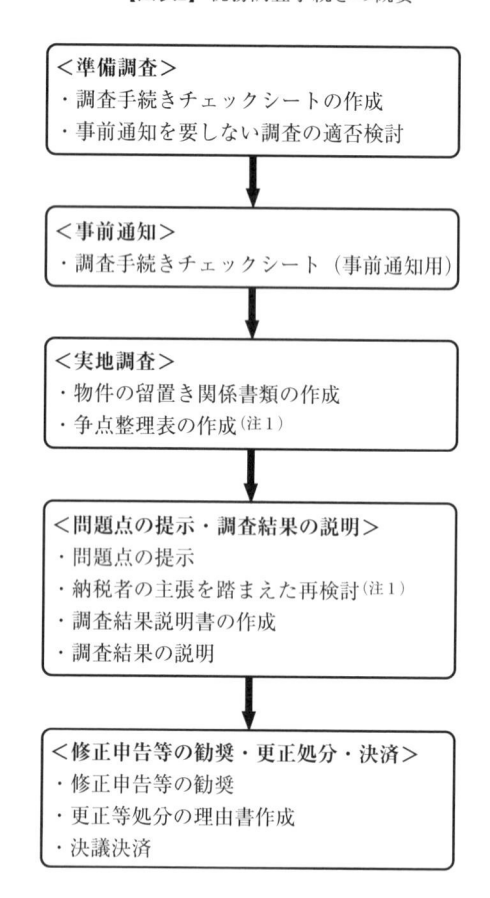

```
<準備調査>
・調査手続きチェックシートの作成
・事前通知を要しない調査の適否検討
        ↓
<事前通知>
・調査手続きチェックシート（事前通知用）
        ↓
<実地調査>
・物件の留置き関係書類の作成
・争点整理表の作成（注1）
        ↓
<問題点の提示・調査結果の説明>
・問題点の提示
・納税者の主張を踏まえた再検討（注1）
・調査結果説明書の作成
・調査結果の説明
        ↓
<修正申告等の勧奨・更正処分・決済>
・修正申告等の勧奨
・更正等処分の理由書作成
・決議決済
```

（注1） ネゴシエーションが問題になる場面は，これらの時点での調査担当者等と納税者等とのやり取りの場面である。

2　平成23年12月改正後の税務調査手続きの留意点

　平成23年12月改正に関して，ネゴシエーションとの関係で留意すべき点について確認する。

(1) 行政指導と税務調査との区分

　税務当局から納税者に問い合わせ等があった場合に，その税務当局からの問い合わせが行政指導なのか税務調査かの区別をすることが必要である。申告書に計算誤りや記載漏れなどが考えられる場合に，納税者に自発的な見直しを要請する税務当局の行為は，原則として行政指導とされ，納税者がその問い合わせに基づいて自発的に修正申告書等を提出した場合は，自主的な修正申告として過少申告加算税等が課税されない。納税者は，税務当局とのやり取りが行政指導に対するものなのか，税務調査に対するものなのかを区別して対処する必要がある。文書等による問い合わせの場合には，その問い合わせが行政指導か税務調査かを税務当局は明示することとしている[6]。

(2) 争点整理票の作成等の署内手続きの整備とネゴシエーションへの影響

　平成23年12月改正による税務調査手続きの法定化がもたらした税務署内の事務手続きの整備で重要なものは，争点整理表の作成及び調査結果説明書の作成の一般化である。

　いずれも，調査の結果において①更正決定等をすべきと認められる場合には，その調査結果の内容を納税義務者に対して説明することが法定化されたこと（通則法74の11②），②白色申告も含めて，原則としてすべての更正処分等について理由附記が義務付けられたこと（通則法74の14）から，これらの法定事項が適法に行われることを担保する内部事務処理として設けられたものである。

　争点整理表の作成，決裁のプロセスは次のとおりである（図表3参照）。

---

(4)　平成23年度税制改正大綱，国税庁・事務運営指針「調査手続きの実施に当たっての基本的な考え方について」など。
(5)　先行取組が平成24年10月1日より行われた。
(6)　税務調査手続に関するFAQ（一般納税者向け）問2

【図表3】争点整理表の作成・決済のプロセス

```
＜調査担当者＞
・争点整理表の起案
        ↓
＜担当統括官＞
・内容確認後に審理担当者に説明
        ↓
＜審理担当者＞
・審理面から確認後筆頭統括官の確認・決済
・審理検討結果の意見を担当統括官に説明
・複雑困難事案は審理専門官に確認
        ↓
＜筆頭統括官＞
・審理担当者の説明を受けて確認・決裁
・いわゆる重審事案は副署長・署長の決裁
・事案によっては局担当部署に確認
```

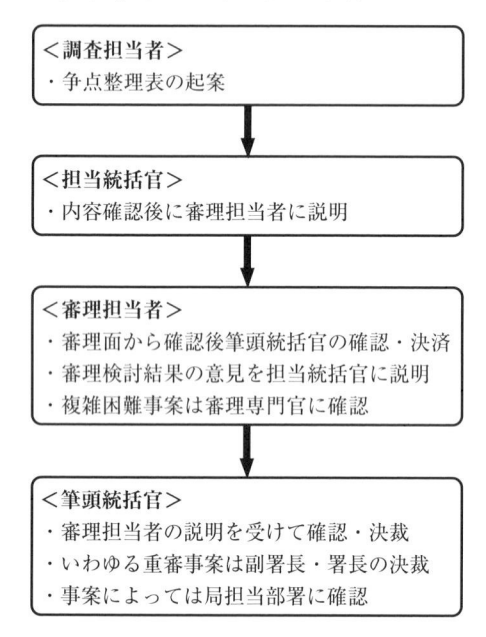

　上記の内部決裁を受けた争点整理表に基づき納税者に指摘事項を提示，説明し，納税者の意見，主張を踏まえて「調査結果の説明書」を作成する。

　調査結果の説明書についても，調査担当者→統括官→審理担当者（事案に応じて筆頭統括官，副署長，署長）の確認，決済を受ける。

　改正後の税務調査手続きにおいては，実地の調査の過程及びその終了段階で争点整理表，「調査結果の説明書」と2段階の署内書類の検討，決済が行われる。

　平成23年12月改正前においては，争点整理表の作成，調査結果説明書の作成，決済は署内手続きとして定められていなかった。このように署内手続きが整備され，厳格化されることになると調査担当者の判断による納税者への対応の範囲は狭められ，より組織的な対応になってくるといえる。

　このような税務調査手続きの改正がネゴシエーションにどのような効果，影響を及ぼすかが問題であるが，次のような諸点が考えられる。

① 争点整理表,「調査結果の説明書」の作成,検討,決済という手続きが厳格に行われると,一般的にはネゴシエーションの余地は少なくなってくるのではないかと考えられる。

税務署内の組織的な決済手続きが行われる体制になってくると,交渉,調整・互譲というようなネゴシエーションの制度が位置付けられていない現状においては,合法性の原則が優先すること,事実認定についてもできるだけ税務署としての見解を構築する方向に作用するのではないかと考えられる。そうすると,ネゴシエーションそのものが正式な組織的な手続きに対するマイナス要素とされて,排斥される傾向になると考えられる。

② 改正前に比し,調査の早い段階から納税者の意見,主張を的確に述べて,争点整理表等に反映させていかないと,ネゴシエーションの余地はなくなるものと思われる。一般に組織的決定が持つ性格からして,一旦,組織的に検討,決済されたものを変更することは困難であると考えられるからである。

以上の影響をまとめると,改正後の税務調査手続き制度においては,税務署内の処理手続きが組織化,厳格化されることによって,制度に硬直化が生じ,後記するようなネゴシエーションの余地は少なくなり,柔軟性が損なわれることが危惧される。

(3) 修正申告の勧奨の位置付けについて

改正後の税務調査手続きについて,国税通則法74条の11第3項は次のように定めている。調査結果の内容を説明する場合において,「職員は,当該納税義務者に対し修正申告又は期限後申告を勧奨することができる。この場合において,当該調査の結果に関し当該納税義務者が納税申告書を提出した場合には不服申立てをすることはできないが更正の請求をすることはできる旨を説明するとともに,その旨を記載した書面を交付しなければならない。」

この規定について,税務行政過程において修正申告の提出に関連して「調整,合意」の制度を法的に定めたものとして位置付ける意見も考えられる。

しかし，この解釈は無理があると考える。

なぜならば，国税通則法74条の11第3項の規定は，税務調査の終了を前提としているからである。そのことは，同項の前提としている同条第2項が「更正決定等をすべきと認める場合には，当該職員は，当該納税義務者に対し，その調査結果の内容（更正決定等をすべきと認めた額及びその理由を含む。）を説明するものとする。」と規定していることからも明らかである。国税通則法74条の11第3項の規定は，行政庁としての見解は，「更正決定等をすべき」ことで結論を得ているが，修正申告に応じるかどうかを確認しているに過ぎないのである。したがって，納税者が修正申告に応じないときは，更正処分を行うことに移行することを前提としているといえる。

この点は，今税務調査手続きの改正における重要な改正点であるといえる。

すなわち，改正前の税務調査手続きでは，税務調査の終了時点が改正後とは異なっていたのである。改正前は，調査結果の説明，修正申告の慫慂，納税者の意見との調整を経たうえで，修正申告書の提出または更正処分等をもって税務調査の終了時点と認識していたものと考えられる。そこで実務家としては，修正申告の慫慂の時点で，納税者側の意見を主張してネゴシエーションを行うことが少なからず見られたといえる。

しかし，改正後の税務調査手続きにおいては，上記(2)でみたように争点整理表，「調査結果の説明書」の確認，決裁という2段階の署内手続きを経た時点で税務調査は終了しているのである。あとは，納税者に説明して修正申告書を提出してもらうか，そうでなければ更正処分を行うことになり，納税者への調査結果の説明は税務調査終了後の事後手続きともいえる位置付けになっていることに留意する必要がある。（図表4参照）

【図表4】改正前後の調査終了時点の相違

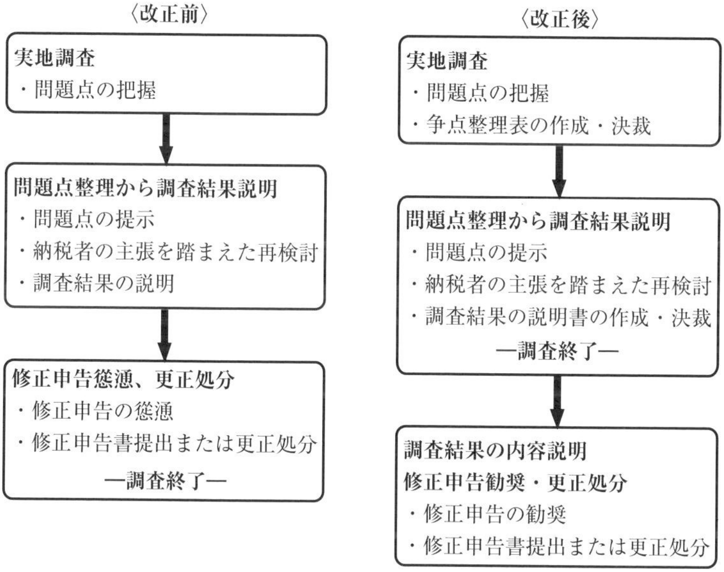

〈改正前〉

```
実地調査
・問題点の把握
    ↓
問題点整理から調査結果説明
・問題点の提示
・納税者の主張を踏まえた再検討
・調査結果の説明
    ↓
修正申告慫慂、更正処分
・修正申告の慫慂
・修正申告書提出または更正処分
    ―調査終了―
```

〈改正後〉

```
実地調査
・問題点の把握
・争点整理表の作成・決裁
    ↓
問題点整理から調査結果説明
・問題点の提示
・納税者の主張を踏まえた再検討
・調査結果の説明書の作成・決裁
    ―調査終了―
    ↓
調査結果の内容説明
修正申告勧奨・更正処分
・修正申告の勧奨
・修正申告書提出または更正処分
```

3　税務調査によるネゴシエーション

　この項においては，実際の税務調査の場面，段階における税務当局と納税者とのネゴシエーションの現象を挙げて分析してみたい。なお，以下に述べるものは，改正前の税務調査の場面で散見された現象である。したがって，上記2で見てきたように改正前後で税務調査手続きの改正が行われ，かなり税務調査の場面の様変わりが予想される状況下で，まったく同様な事象が生ずるかどうかは不明であることをあらかじめお断りしたい。

　ところで，一般の税務調査においては，納税者が行った税務申告が税法にのっとった適法なものかどうかが，税務署の調査担当者により調査される。

　調査の期間，範囲等は個々の調査によって異なるが，いずれにしてもその調査において更正または決定すべき事項が発見されれば，その事項について調査担当官は，調査結果の内容，指摘事項等を整理し，最終的には修正申告，期限後申告の慫慂を行う。

それに対して納税者の側は，その指摘事項に対する主張を行うのであるが，調査担当官の指摘事項のすべてを納税者が受け入れて修正申告等に応ずることは多くなく，むしろ，指摘事項のうちいくつかについて修正申告をすることで決着することが多いといえる。そのようなケースは，いろいろな要素が混入しており，まさに駆け引きの世界の面がある。調査担当官としては，指摘はするがはじめからすべての事項について修正項目になるものとは考えておらず，駆け引き材料に指摘事項を挙げてくるような場合も少なからずある。

　指摘事項のうち修正申告に至らなかった事項は，納税者の主張により指摘事項に該当する事実等がないことが明らかになった場合もあるが，納税者の主張に完全に承服するわけでなくても，調査担当官側も歩み寄りを行って，金額的な面などで当初指摘事項段階での修正額を減額するなどのことが行われる。

　調査における指摘事項を巡るネゴシエーション「現象」ともいえるものについて，以下にいくつかの例を挙げることにする。

4　ネゴシエーション「現象」の例
(1)　相続税における支出先の認定

　相続税における調査では被相続人の預貯金等から多額の支出があることが問題になる。支出先によっては申告漏れの資産に関連した支出であることも考えられる。また，親族等へ贈与されたものかもしれない。このようなケースでは，支出した当の本人が存在しないことから事実の解明が困難な場合も少なくない。さらに時間と労力をかければ解明できるかもしれないが，調査には一定の時間的制約があることから，納税者側からある程度の説明があれば，全面的に解明がなされなくても修正事項から外すことになる。

　これと同様なケースは，被相続人の過去の所得や保有資産に比し，遺産が少額と思われる場合も同様なことがいえる。長期間における費消先の全面的な解明は，困難である。

もちろん，行政庁，納税者の双方が可能な限りで間接事実を提示し対応することになるが，決め手を欠くことになるケースが多い。そのような場合は，双方が譲れる線まで妥協して決着することも少なくない。行政庁からすれば，自らの主張に全面的に固執した場合には，更正処分等によることになるが，それによる事務負担の増大，税務争訟に発展した場合に更正処分等を維持し得るかどうかの展望，特に，財産の存否に係る事実認定については，争訟の段階では行政庁に立証責任が存することも考慮すべき問題となる。

　一方，納税者の側は，自己の主張を押し通した場合には，更正処分等を受けて税務争訟になることによる時間と費用の負担を考慮することになる。

(2) 財産の帰属の認定について

　家族の財産については，その財産が誰に帰属するものかが問題になることが少なくない。生計を一にする家族の財産について各人毎に管理して運用しておらず，特に夫婦などは夫婦の共同財産としてまとめて管理運用しているケースが少なくないのが現状である。このような場合には，単純にその金融資産の名義によって，財産の帰属を判断することはできない。過去における各人の収入，所得や運用，管理の実態，生活費等の負担の実態，購入資産の資金出所などを総合的に勘案して帰属を認定することになるが，明確な一本の線で仕切れるものではない。

　また，相続税において被相続人から子供等の親族へ生前に預貯金の贈与が行われることがある。しかし，子への贈与が真実成立していたのか，それとも名義預金に過ぎないかの事実認定は微妙である。預貯金の管理実態等から総合的に判断することになる。

　これらのケースでは，そもそも事実関係において様々な要素が含まれていて不明確な場合が多い。行政庁，納税者の双方から，自らの主張に沿った間接事実等を提示することになるがこれも決め手を欠く場合が少なくない。このようなケースでは，金額の問題で双方が歩み寄り決着がつく場合も少なくない。

(3) 土地の評価

　相続税においては，財産の時価が問題となる場合も多い。土地について路線価方式，倍率方式により評価することが一般的であるが，個別性の高い土地，例えば無道路地や傾斜地である市街地山林等の評価について鑑定評価による時価評価が妥当かどうかで問題になることがある。その土地の特殊性，個別性を考慮すべきものか，鑑定評価の妥当性などが問題になる。対象土地の個別性，特殊性が無視し得ない場合は，一定の金額で妥協点を見出すこともある。

(4) 認定賞与か貸付金か

　会社の仮払金の精算金額のうち相当額が代表者個人の個人的費用の使途に充てられていたような場合は，原則的には，役員賞与になるが，役員賞与になると法人税の損金不算入，給与所得の源泉徴収漏れに対する追徴，その役員の所得税における給与所得の追徴課税，さらに隠蔽，仮装に係る重加算税の賦課となってくるため，かなりの税負担が生ずる。そのような場合は，納税者の側は貸付金や役員に対する債務の弁済に充当する処理に交渉することがある。

　簿外預金などについても，売上計上漏れの処分は当然であるが認定賞与を避けるため貸付金にするなどの交渉がよく行われている。特に，使途が不明の場合は，認定賞与にすることについて課税庁に立証責任の問題があるため貸付金等での処理で決着がつく場合がある[7]。

(5) 不相当に高額に関連して

　親族役員に対する給与や退職給与が高額かどうか，専従者給与が高額かどうかについて，争点になる場合には，職務内容の実態等の事実認定が問題になる。納税者の側は，職務の実態，個別性などがあることを主張する場合が

---

(7) 最判昭57.7.1税資127号1頁は，使途が不明である場合に代表者に対する賞与と認定した源泉所得税の告知処分を取り消している。また，大阪高判平14.8.28税資252号9179頁では，代表者個人名義の土地取得等に充てられた金員を貸付金とし，利息の認定を行った処分を見ることができる。

多いが，課税庁は類似法人の平均的な金額水準，例えば非常勤の場合とか同程度の職務内容の類似法人の支給水準の金額などを主張する場合が多い。役員退職給与について，課税庁が平均功績倍率法を主張するのに対し，納税者側が最高功績倍率法とか一般的基準としてよくいわれる功績倍率3倍基準とかを主張し，両者の主張する基準からしても許容される範囲での一定額で合意する場合がある。このようなケースで合意が成り立つのは，課税庁が主張する基準と異なる有力な基準（過去の裁判例等で採用されている基準など）が存在することを考慮したものと考えられる[8]。

(6) 交際費等か隣接費用か

従業員に対する慰安のための飲食などが福利厚生費で処理されている場合が多いが，厳格には交際費等に該当するものも少なくない。同様に，交際費等の隣接費用である広告宣伝費や販売促進関係の諸費用は交際費等との区分が争点になることが少なくない。このような争点については，金額的な重要性が行政庁，納税者双方の接点になるケースが多い。例えば，行政庁は，金額的に多額でなければ指導事項で止めることもある。

同様な問題は，寄附金についても生ずる。

(7) 所得税の交際費の範囲

所得税の場合，例えば事業所得の必要経費に該当するかどうかは，「これらの所得を生ずべき業務について生じた費用」であるかどうか，その支出が事業所得を生ずべき業務の遂行上必要であるかどうかにより，その判断は，その事業の業務内容等の諸事情に即して社会通念に従って客観的に行われるべきである。特に所得税における交際費は，家事費との区分が問題になる。

---

(8) 最判平10.10.7税資238号648頁は最高功績倍率法を採用しており，その他いくつかの裁決で最高功績倍率法が採用されている。また東京地判平25.3.22では，功績倍率3倍で更正処分が行われているケースがあることが交渉の材料になる。この点については役員報酬についても同様である（例えば名古屋地判平6.6.15税資201号485頁は売上額，売上総利益の前年対比の増加率により相当額を判定している。）。

「社会通念上」必要かどうかということになると，立場によってかなり判断に差が生ずることになる。そうすると，その線引きはお互いの主張を踏まえて妥協点を見出すことになる。最近の裁判例で，弁護士会の会務に伴う懇親会等の費用が弁護士の事業所得の必要経費になるかどうかが争われたものがある[9]。この裁判例では，一審では会務に係る懇親会費用はすべて必要経費に該当しないとされたが，控訴審においては，一次会の費用は必要経費とされ二次会等の費用は必要経費に該当せず，家事費とされた。この裁判で問題になっているような専門家の会務に係る費用は，これまでの実務の場面では問題になるケースがあったと思われるが，訴訟に至らず，税務調査の場面での交渉による合意，互譲により「常識の範囲内」で必要経費に算入されていたのではないかと考えられる[10]。

(8) 給与か外注費か

会社が役務提供の対価として支払うものが，給与か外注費かもよく問題になるところである。どちらに区分されるかにより，給与としての源泉徴収の問題，消費税の仕入税額控除の可否，役務提供者の所得税の所得区分に影響する問題である。原則的には，昭和56年4月24日最高裁判決（民集35巻3号672頁）で明らかにされている給与所得と事業所得との区分についての判断基準によるわけであるが，実務においてはそれほど単純ではなく，次のような様々な要素，

① 契約の内容が他人の代替を受け入れるかどうか。
② 仕事の遂行に当たり個々の作業について指揮監督を受けるかどうか。
③ まだ引渡しを終わっていない完成品が不可抗力により滅失した場合において，その者が権利として報酬の請求をなすことができるかどうか。
④ 材料が提供されているかどうか。
⑤ 作業用具が提供されているかどうか。

---

(9) 東京高判平24.9.19判時2170号20頁，最判平26.1.19不受理決定。
(10) 「常識の範囲内」が結果的には本文の東京高裁判決の判断に近い場合も少なくなかったようである。

が考慮されるので，交渉の場面においては様々の角度からの主張が可能なる。さらには，役務提供そのものの性格だけでなく，実際に役務提供者がどのような所得で申告しているかも判断材料になる。このように判断基準に様々の要素がある場合には，それだけ，ネゴシエーションの余地が出てくることになる。

(9) 期ズレ，期間損益について

収益の計上時期，費用の計上時期については，絶えず問題となるところであり，おおむねの場合は，注文書，納品書，請求書などの資料により，事実関係は明確になるが，金額的重要性を考慮した場合や翌期等で処理されている場合は，直ちに正しい期に訂正処理をするのではなく指導事項でとどめることもある。

(10) 「著しく低下」かどうか

資産の評価損，貸倒損失などについては，通達で形式基準等が設定されているため，実務上は，それが基準になる。一般に通達で明確な判断基準等が明らかになっているものについては，交渉の余地は少ないといえる。納税者は通達に法的には拘束されないが，税務職員にとっては，上級庁の通達には拘束されるからである（国家行政組織法14②）。しかし通達の文言そのものにいわゆる不確定概念や将来の予測を伴うような概念が使用されている場合には，交渉の余地が出てくるといえる。例えば，相当期間（法基通9-6-1(4)），著しく低下（おおむね50％，法基通9-1-7），回復可能性の判断（法基通9-1-7）などの場合がこれに該当する。

(11) 移転価格税制における独立企業間価格

移転価格税制の独立企業間価格には幅の概念がある。国外関連取引に係る比較対象取引が複数存在し，独立企業間価格が一定の幅を形成している場合において，その幅のうちにその国外関連取引の対価の額があるときは，その国外関連取引については移転価格税制の規定の適用はないことにされている（措通66の4(3)-4）。このように価格に幅があると考えられる場合には，その幅に入っているかどうかを巡って交渉の余地が生じてくる。

⑿　更正を予知した修正申告か

　税務当局の指摘に基づく修正申告は，更正を予知したものとして過少申告加算税の対象になるが，更正の予知については，何時の時点をもって判断すべきかの問題がある。

　国税通則法65条5項の制度趣旨からすると，「調査があったことにより…更正があるべきことを予知してされたものでないとき」というのは，「税務職員がその申告に係る国税についての調査に着手してその申告が不適正であることを発見するに足るかあるいはその端緒となる資料を発見し，これによりその後調査が進行し先の申告が不適正で申告漏れの存することが発覚し更正に至るであろうということが客観的に相当程度の確実性をもって認められる段階に達した後に，納税者がやがて更正に至るべきことを認識したうえで修正申告を決意し修正申告書を提出したものでないこと，言い換えれば右事実を認識する以前に自ら進んで修正申告を確定的に決意して修正申告書を提出することを必要とし，かつ，それをもって足りると解すべきである。（東京高判昭61.6.23.税資152・419頁）」とされている。一方，行政庁の平成12年7月3日事務運営指針「法人税の過少申告加算税及び無申告加算税の取扱いについて」によれば，「法人に対する臨場調査，その法人の取引先の反面調査又はその法人の申告書の内容を検討した上での非違事項の指摘等により，当該法人が調査のあったことを了知したと認められる後に修正申告書が提出された場合の当該修正申告書の提出」は，原則として，「更正があるべきことを予知してされたもの」に該当するとしている。したがって，行政庁の事務運営指針によれば税務調査開始後に提出された修正申告書は，原則として，「更正があるべきことを予知してされたもの」に該当することになる。事務運営指針は，「原則として」としているので例外的には，「更正があるべきことを予知してされたもの」に該当しない場合もあることは想定しているものと考えられる。しかし，この例外的な場合に該当するかどうかは納税者

---

(11)　本文の東京高裁判決のほかに最近の判決としては東京地判平成24.9.25がある。

の側で立証すべきことであるという考え方であるから，このようなケースでは行政庁の主張に対して，納税者の側が「不適正であることを発見するに足るかあるいはその端緒となる資料を発見」するに至っていないことを主張できれば，交渉の余地が生じてくることになる(11)。

　また，単純な計算間違いや要件の適用ミスなどの場合には，税務当局の指摘によるものであっても，自主的申告として過少申告加算税をないものとするような場合もある。これは，行政指導によるものか，税務調査に基づく非違事項の指摘かがやや曖昧なところに選択の余地があることを根拠にしている。既述のとおり，平成23年12月改正により行政指導と税務調査との区分を通知時に明示するとされたことから今後は明確化することになると考えられる(12)。

(13)　重加算税か否か

　税務調査による非違事項が，単なる転記ミス等の単純なミス，または無知による計上漏れ等のミスによるものか，それとも事実の隠ぺい・仮装によるものかの認定については困難を伴う場合も少なくない。課税庁側から隠ぺい・仮装によると主張される場合でも，納税者側からは税に対する知識等の欠如や事務的ミスで生じてしまったもので隠ぺい・仮装によるものではないと主張する場合もある。例えば，法人税において，「帳簿書類の作成又は帳簿書類への記録をせず，売上げその他の収入（営業外の収入を含む。）の脱ろう又は棚卸資産の除外をしていること」は重加算税の対象とされている(13)。しかし，売上除外か，経理処理のミス等による売上計上漏れかの事実認定は困難な場合もある。

　また，相続税においては，「相続人等が，その取得した課税財産につい

---

(12)　注6参照
(13)　平成12年7月3日，課法2-8「法人税の重加算税の取扱いについて（事務運営指針）」
(14)　平成12年7月3日，課資2-263「相続税及び贈与税の重加算税の取扱いについて（事務運営指針）」

て，例えば，被相続人の名義以外の名義，架空名義，無記名等であったこと若しくは遠隔地にあったこと又は架空の債務がつくられてあったこと等を認識し，その状態を利用して，これを課税財産として申告していないこと又は債務として申告していること」は，重加算税の対象とされている[14]。このような場合も「その状態を利用して」のものか，単に失念して漏れてしまったものかの事実認定は困難な場合も少なくない。

　これらのケースでは，他の非違事項の状況や金額的重要性などを考慮して双方の合意点が形成される場合もある。

(14) 金額の少額性

　ゴルフ場利用税や軽油引取税の支払は，消費税の課税仕入れに該当しないことは明らかである。しかし，これらの区分処理は煩雑であることから，金額的に少額の場合は，指導事項にとどめるケースが多い。このようなケースのみならず，上記の各ケースで述べたように事実認定などで確定させるのに困難を伴う場合には，金額的な重要性を考慮して指導事項にとどめるケースは少なからずあるといえる。

5　ネゴシエーションの事情

　ネゴシエーションが発生するのは，行政庁，納税者双方に次に挙げるような一定の制限，事情が存することが背景にあるものと考えられる。

(1) 行政庁側の事情

① 　行政庁としては，納税者が行政庁の指摘事項に納得せず，修正申告に応じない場合には更正処分等を行うことになる。更正処分を行うことを想定すると，行政庁側では更正決定等通知書の作成，理由記載など事務処理上の煩雑さが増大すること。

---

(15) 行政庁が確定処分を行うには，課税要件事実の認定が必要であるから，原理的には民事訴訟の通説である法律要件説に基づいて立証責任を検討する必要があり，原則として租税行政庁が立証責任を負うと考えられる。（金子宏「租税法第十八版」915頁参照）

② 納税者からの修正申告の提出が行われずに更正処分を行う場合には，異議申立，審査請求，税務訴訟に発展する場合を想定する必要があり，課税要件事実を充足することの立証責任が原則として行政庁側に存することを考慮する必要が生ずる[15]。その結果，事実関係を証する書類，資料等の作成，収拾により，事実認定等を確実にすることが必要になること。
③ 行政庁側においては，通常の任意調査の1件当たりにかけられる調査日数，時間的制約があり，調査の効率性が必要であること。
④ 理論的には合法性の原則の建前，手続き的には行政内部の組織的チェック機能として調査担当官→統括官等→審理担当官による決済手続きがあり，事案の重要性に応じて担当副署長，署長，局審理担当官の確認があるため無原則的な妥協に基づくネゴシエーションは容認されない。そうすると，ネゴシエーションによる合意・互譲による決着には一応の合理的理由は必要であり，実務上は，この点が重要である。この観点からネゴシエーションに至るには次のような事情が必要である。
　　i 納税者の事実関係についての主張，説明から，行政庁の主張が必ずしも完全とはいえない状況であり，納税者側の主張にも見るべき点があること。
　　ii 両者における争点が，いわゆる不確定概念を巡ってのものであることなどから判断に多少の幅があると考えられる状況にあること。
　　iii 青色申告取消などのように，処分を行うかどうかについて多少の裁量が行政庁に存するものであること。
　　iv 資産や取引における時価等について複数の妥当な評価基準が考えられるため，時価と考えられる価額に一定の幅が認められること。
⑤ 会計検査院等の外部的チェックを考慮する必要があるが，金額的重要性が低く，悪質でないものは，そのようにチェックの対象から除外されていると考えるのが自然である（聞くところによると，その金額的基準としては，税額で50万円程度であるとの話もあるが定かではない）が，その基準

以下のものについては厳格なチェックが多少緩和される可能性がある。

(2) **納税者側の事情**
① 納税者側は，納税の義務があることはもちろんであるが，その納税の義務は「法律の定めるところにより」，負うものである（憲法30）。したがって，租税法律主義の下，法の定める以上の税を納付する必要はなく，行政庁の税務調査における指摘事項に対しても，納税者として納得できるものでなければ，修正申告の勧奨に応ずる必要がないことから，行政庁による更正処分を受けることになる。そうすると異議申立，審査請求，税務訴訟に発展する場合を想定することになると，そのための時間と費用がかかることを覚悟することが必要になる。
② 異議申立→異議決定→審査請求→裁決までの平均処理期間は1年2ヶ月程度であるとされ，税務訴訟の第一審に係る期間は平均1年5ヶ月程度とされている[16]。
③ この間の費用負担は，異議申立，審査請求そのものには特に直接的な費用がかからないが，税務訴訟には民事訴訟費用がかかる。そして，本人訴訟も可能ではあるがほとんどの場合は代理人に手続き等を依頼するためその費用が多額にかかる[17]。
④ 上記の様に時間と多額の費用をかけても，後記のように納税者の主張が通る確率が低いことがある。

III 異議申立・審査請求における「ネゴシエーション」

1 異議申立，審査請求における「事実上の和解」
異議申立，審査請求の段階で和解制度は存在しない。これは合法性の原則

---

(16) 平23.9.7行政救済制度検討WG(第5回)配布資料による。
(17) 前掲(注)16配布資料によると審査請求の80%，税務訴訟の85%が税理士，弁護士を代理人として依頼している。

を前提とする限り，行政庁が妥協して和解を行うことはあり得ないからである。

しかし，行政庁の課税処分に問題があると考えられるときは，その限りで処分を変更し，または取り消し，それを前提として納税者側が不服申立，審査請求を取り下げることはある。

これを「事実上の和解」というかどうかは疑問である。なぜならば，課税処分に瑕疵があったことからそれを自主的に是正したに過ぎず，課税要件が充足しているにもかかわらず行政庁が妥協して処分を変更，または取り下げたものではないからである。

仮にネゴシエーション現象（合意・互譲）が不服申立，不服審査の段階であるとしたらそれをもって「事実上の和解」ということができるであろうが，税務調査の場面で見られるようなネゴシエーション現象は，不服申立や不服審査の段階では数が少ないのではないかと考えられる。

異議申立，審査請求の段階などで考え得るケースは，更正等処分に際しての課税要件事実に係る事実関係書類等の整備が，結果的には不十分と認められる状況の下で更正処分が行われていたことが判明した場合などが考えられる。このようなケースでは，更正等処分が違法なものであったかどうかを判定すべき課税要件事実を正確に断定はできず不明であるが，行政庁が立証責任を果たせないことから，処分を変更し，納税者の側も申立を取り下げるということになる。この過程で，行政庁と納税者が基礎となる事実認定について合意し，その事実認定についての合意に基づいて処分の変更と申立，請求の取下げが行われていれば，それは「事実上の和解」といい得る。

また，税務調査におけるネゴシエーションの現象整理で触れたように，いわゆる不確定概念の個別事案の適用に際しての一定の幅の中で一定の金額等について両者が合意して処分を変更し，申立，審査請求を取り下げる例も「事実上の和解」の一例といい得るだろう。

2 取下件数について

(1) 異議申立の取下件数等

異議申立は，平成20年度から平成24年度の5年間毎年約3,400件から約5,300件の間で推移しているが，取下件数は，約580件から約1,330件程度である。この取下件数うち実質認容は10%程度といわれている。なお，ここで留意すべきことは公表されている処理件数等は，3で述べるとおりの処分件数であることから，人数(事件)ベースではないということである。人数ベースにするとおおむね4分の1になるので，取下件数のうちの実質認容の数(10%)は15〜30件程度ということになると考えられる。また，処理件数に占める請求の一部または全部が認容された割合は9%〜12%の間で推移している。

【図表5】異議申立の取下件数等

年度	処理件数[1]	取下件数	請求認容件数[2]	認容割合%
平成20年度分	5,313	1,330	468	8.8
平成21年度分	4,997	891	591	11.8
平成22年度分	4,746	687	476	10.0
平成23年度分	4,511	641	375	8.3
平成24年度分	3,286	576	325	9.9

＊1 国税庁HPより。税目，加算税，年度ごとに1件と数えている。人数(事件数)ベースに直すと約4分の1程度の件数になると考えられる。
＊2 請求が一部または全部認められた件数。

(2) 審査請求の取下件数等

裁決は，平成20年度から平成24年度の5年間毎年約2,600件から3,700件の間で推移しているが，取下件数は，280件から310件程度である。この取下件数のうち実質認容は異議申立と同様に10%程度といわれている。なお，上記(1)でも述べたとおり，公表されている件数は処分件数であることから，人数(事件)ベースではない。人数ベースにするとおおむね5分の1程度になると考えられるので，取下件数のうちの実質認容の数(10%)は5〜

7件程度ということになる。また，処理件数に占める請求の一部または全部が認容された割合は12%～15%の間で推移している。

【図表6】審査裁決の取下件数等

年度	処理件数[1]	取下件数	請求認容件数[2]	認容割合%
平成20年度分	2,814	284	415	14.7
平成21年度分	2,593	285	384	14.8
平成22年度分	3,717	309	479	12.9
平成23年度分	2,967	284	404	13.6
平成24年度分	3,618	304	451	12.5

＊1　国税庁ＨＰより。税目，加算税，年度ごとに1件と数えている。人数（事件数）ベースに直すと約5分の1程度の件数になると考えられる。
＊2　請求が一部または全部認められた件数。

3　人数（事件）ベースの件数

　ここで注意すべきことは，上記2で触れたように国税庁ホームページ等で公表されている異議申立や審査請求の件数は，人数（事件）ベースではないということである。例えば，法人税を3事業年度更正処分を行い，それぞれの増差税額について重加算税の賦課決定処分をするとそれだけで6件にカウントするということである。国税庁調べの人数（事件数）ベースのデータが平成17年度から20年度について明らかにされている。このデータからすると，異議申立と審査裁決とで若干の違いがあるが，国税庁ホームページの発生件数ベースに比して異議申立は約4分の1程度，審査請求は約5分の1程度になることがわかる。

【図表7】異議申立の人数ベース件数

年度	発生件数[*1]	人数ベース[*2]
平成17年度分	4,501	1,294
平成18年度分	4,301	1,151
平成19年度分	4,690	1,203
平成20年度分	5,359	1,134

*1　国税不服審判所HPより。税目，加算税，年度ごとに1件と数えている件数である。
*2　国税庁調べの人数（事件）ベースの件数。

【図表8】審査裁決の人数ベース件数

年度	発生件数[*1]	人数ベース[*2]
平成17年度分	2,963	675
平成18年度分	2,504	554
平成19年度分	2,755	559
平成20年度分	2,835	549

*1，*2　【図表7】と同様である。

Ⅳ　不当な処分の取消裁決

　裁決レベルにおける「事実上の和解」と関連しそうな現象に不当な処分の取消裁決がある。違法な処分ではないが，不当な処分であるため，青色申告取消処分のすべてが取り消された事例が存在する（平成22年12月1日裁決，裁決事例集81号）。違法ではなく不当が基準とされれば，納税者と調整できる余地があるように思われる。ただし，青色申告取消し以外にどのような場合に不当が基準となるかは検討しなければならない。

1　不当を基準として処分を取り消した裁決例の概要
　上記裁決においては，まず青色申告制度の趣旨について，次のように最高

裁判決などを引用し，青色申告の取消処分については処分行政庁に一定の合理的裁量が存するとしている。

「青色申告制度は，誠実かつ信頼性のある記帳をすることを約束した納税義務者が，これに基づき所得額を正しく算出して申告納税することを期待し，かかる納税義務者に特典を付与するものであり，青色申告の承認の取消しは，この期待を裏切った納税義務者に対しては，いったん与えた特典をはく奪すべきものとすることによって青色申告制度の適正な運用を図ろうとすることにあるものと解されるところ（東京地方裁判所昭和38年10月3日判決），この青色申告の承認の取消しは，形式上所得税法第150条第1項各号に該当する事実があれば必ず行われるものではなく，現実に取り消すかどうかは，個々の場合の事情に応じ，処分庁が合理的裁量によって決すべきである（最高裁判所第一小法廷昭和49年4月25日判決）。」

裁決は，上記のような青色申告承認の取消しに関する行政庁の裁量についての基本的な考え方に基づき，次のように行政庁の事務運営指針の取扱いを肯定している。

「平成12年7月3日付課所4-17ほか3課共同「個人の青色申告承認の取消しについて（事務運営指針）」は，「個人の青色申告の承認の取消しは，所得税法第150条第1項各号に掲げる事実及びその程度，記帳状況等を総合勘案の上，真に青色申告書を提出するにふさわしくない場合について行うこと」としているところ，当審判所も，同事務運営指針は，青色申告制度の趣旨及び青色申告の承認の取消しの意義に照らし，相当であると解する。」したがって，「青色申告の承認取消処分を行うか否かの判断に当たっては，所得税法第150条第1項第1号に該当する事実が形式的に存在するか否かだけでなく，請求人の業種業態，事業規模に応じた帳簿書類の備付け及び記録の状況，帳簿書類の提示の状況等の個々の事情をも総合的に勘案し，真に青色申告を維持するにふさわしくない場合に，取消処分を行うべきである。」

裁決は，この基本的考え方，取扱いを踏まえて，事案へのあてはめを次のように行っている。

「請求人の帳簿書類の備付け，記録及び保存は，財務省令に従って行われていないものというべきであり，所得税法第150条第1項第1号の青色申告の承認の取消し事由に該当する事実があると認められるから，本件取消処分は違法とはいえない。」

しかし，「請求人は，…記帳状況からすると，所得税法施行規則第56条第1項ただし書に規定する簡易な記録の方法及び記載事項によって記帳を行おうとしているものと認められるから，仕訳帳，総勘定元帳及び貸借対照表等の作成は要しないものであり，請求人が，本件伝票を収入，経費及び現金出納等の区分ごとに整理，集計し，残高等の記載を追記するなど，整然と，かつ，明りょうに整理していれば，財務省令で定める要件を充足したといえることに照らすと，請求人の帳簿書類の備付け及び記録の不備の程度は，甚だ軽微なものと認められる。」「以上の事情を総合勘案すれば，本件は，真に青色申告を維持するにふさわしくない場合とまでは認められないから，本件取消処分は，不当な処分と評価せざるを得ず，これに反する原処分庁の主張には理由がない。」

2　所得税法150条第1項について

所得税法150条第1項は次のように定めている。

「第143条（青色申告）の承認を受けた居住者につき次の各号のいずれかに該当する事実がある場合には，納税地の所轄税務署長は，当該各号に掲げる年までさかのぼって，その承認を取り消すことができる。この場合において，その取消しがあつたときは，その居住者の当該年分以後の各年分の所得税につき提出したその承認に係る青色申告書は，青色申告書以外の申告書とみなす。

　一　その年における第143条に規定する業務に係る帳簿書類の備付け，記録又は保存が第148条第1項（青色申告者の帳簿書類）に規定する財務省令で定めるところに従って行なわれていないこと。　その年

　二　その年における前号に規定する帳簿書類について第148条第2項の規

定による税務署長の指示に従わなかったこと。　その年
三　その年における第1号に規定する帳簿書類に取引の全部又は一部を隠ぺいし又は仮装して記載し又は記録し，その他その記載又は記録をした事項の全体についてその真実性を疑うに足りる相当の理由があること。
　　その年」

　この規定の「税務署長は…できる」という規定は，権限規定であり，税務署長がこの法令に基づいてその職権を行使することができることを定めたものと解され，上記最高裁判決の判示もそのことを明らかにしたものということができる。行政庁は，その権限を行使することについて一定の合理的な裁量を有するということになる。上記裁決は，行政庁に認められた上記合理的な裁量を根拠に「違法とはいえないが，不当である」との判断を下したものと考えられる。

3　不当基準について

　裁決における不当基準については，およそ次のような検討すべき点があることを指摘したい。
　(1)　不当基準は裁決にのみ認められる判断基準であり，違法かどうかを判断基準とする裁判段階では基準と成り得ないといえるかどうか。
　この点については，不当の判断基準は裁決特有のものであると考えられる。一般的に裁決の法的根拠をなすものは，行政不服審査法である。行政不服審査法1条は，「この法律は，行政庁の違法又は不当な処分その他公権力の行使に当たる行為に関し，国民に対して広く行政庁に対する不服申立てのみちを開くことによって，簡易迅速な手続による国民の権利利益の救済を図るとともに，行政の適正な運営を確保することを目的とする。」と定めている[18]。行政不服審査法は不当な処分に対して取消しを求めることができる

---

(18)　行政不服審査法は，平成26年3月14日全文改正法案が国会に提出されている。改正法の第1条においては，「行政庁の違法又は不当な処分…」と定めており，その点では現行法と変わりがない。

としており，この点が裁決において不当を判断基準とすることができる法的な根拠といえる。したがって，違法かどうかを基準とする訴訟の段階での判断基準にはなり得ないと考えられ，裁決特有の判断基準であると考えられる。もっとも，裁決以前の段階である異議申立や調査の段階では判断基準に成り得ることは明らかである。

(2) 裁決において不当基準が認められる行政庁に合理的裁量が認められる権限規定「税務署長は…できる」規定には他にどのような規定があるか。

さし当り考え得る規定としては，税務調査に係る質問検査権等の規定（通則法74の2～74の6及び74の7）がある。国税通則法74の2では，「国税庁，国税局若しくは税務署（略）…は，所得税，法人税又は消費税に関する調査について必要があるときは，…調査の区分に応じ，当該各号に定める者に質問し，その者の事業に関する帳簿書類その他の物件（略）を検査し，又は当該物件（略）の提示若しくは提出を求めることができる。」と定めている。この規定は税務署等の権限を定めた規定といえるが，その権限を行使する場合について「必要があるとき」との要件が定められており，「必要があるとき…求めることができる。」されている。この規定について，必要があるときの要件を満たすが，権限の行使が不当といえるようなときがあるかが問題である。一応の客観的必要性があれば，違法とはいえないが，昭和48年最高裁判決は「この場合の質問検査の範囲，程度，時期，場所等実定法上特段の定めのない実施の細目については，右にいう質問検査の必要があり，かつ，これと相手方の私的利益との衡量において社会通念上相当な限度にとどまるかぎり，権限ある税務職員の合理的な選択に委ねられているものと解すべく」としていることからすると，私的利益の衡量との関係で，違法とまではいえないが不当といえるケースもあり得ると考える。

その他に滞納処分における差し押さえにおいて，滞納者の財産のうち，どの財産を差し押さえるかは，徴収職員の合理的な裁量に属すると考えられる（国徴法47②）。この場合にも条文上の文言から理論的に考えると違法とまではいえないが，不当である場合がないとはいえないと考えられる。

なお，行政庁の合理的裁量に係る「裁量の濫用（違法）」と不当とはどのように区別すべきかの問題がありそうであるが，本稿では，指摘するにとどめたい。

(3) 法人税法25条6項（資産の評価益の益金不算入）は，「税務署長は，…添付のない確定申告書の提出があった場合においても，…やむを得ない事情があると認めるときは，…規定を適用することができる。」といういわゆる「宥恕規定」を定めており，税法の他の規定にも数多く見られる。これらの宥恕規定において，行政庁の合理的な裁量が認められるのかが問題になる。これらの宥恕規定は，「やむを得ない事情」の有無を要件とするものであり，納税者の訴え等により行政庁が「やむを得ない事情」があると認識しながら，権限の行使について行政庁に裁量が認められているとはいえないと考えられる。

お わ り に

税務調査等の税務実務におけるネゴシエーションはどのようなケースで発生するかを整理すると次のとおりである。

(1) 相続税における，被相続人預金口座等からの支出金の使途の認定等に顕著なように，取引等の事実認定に困難さが伴う場合である。このようなケースでは，相当の時間，労力及びコストをかけ，さらには裁判官のような専門家の判断を経れば，それに応じてより正確な事実認定に近づくであろうが，それだけの時間とコストを費やすよりは，行政庁と納税者との間で，お互いが譲れるところで合意した方が効率的である。

(2) 資産の評価や取引の時価ように，合理的と考えられる評価方法が複数考えられ，評価額，時価に一定の幅が考えられるようなケースである。このようなケースでは，一定の幅の中で行政庁と納税者が譲れる価額で合意した方が妥当である。

(3) 不相当に高額，著しく低下などのようないわゆる不確定概念が課税要

件となっているケースである。不確定概念の具体的事実への適用，当てはめに際しては，個別事情の捉え方や社会通念の内容について行政庁と納税者の立場の違いにより，相違が生じてくる。このような場合には，争点となっている金額の決定について行政庁と納税者で歩み寄る余地が生ずる場合もあると考えられる。

(4)　「更正の予知」とか「隠ぺい・仮装」とかの要件には，内面の意志の認定が関係する場合がある。このようなケースでは，これらの意志の存否の認定に当たって，困難さが伴う場合や見方によって異なる判断ができる場合が生ずると考えられ，両者の間で歩み寄る余地も生ずるのではないかと考えられる。

(5)　過去の裁判例とか識者の見解で判断が分かれているようなケースである。このようなケースでは，立場によって引用する裁判例等が異なり，結論が分かれることになるが，行政庁と納税者がお互いの主張を尊重して歩み寄ることも考えられる。

(6)　いわゆる期ズレとか金額的重要性が乏しい非違事項のケースである。これらの場合は，間違いの性質が税負担に大きな影響を及ぼさないと考えられるため，いわゆる指導事項に行政庁がとどめることも考えられる。

　行政庁と納税者が課税を巡って争う場合は，決して対等な立場であるとはいえない。争う場合の人的・資金的格差，情報量の違い，事業や生活への影響など格段の格差があるといえる。このような点を考慮すると，時間とコストをかけて唯一の真実を求めることが絶対的に正しい選択であるとはいえないと考える。しかし，法的に和解制度が認められていない現状では，特に行政庁としては合法性の原則が優先し，和解はあり得ないとならざるを得ないのではないだろうか。納税者の権利救済及び行政の効率性の観点から和解による解決方法を制度的に争訟の各段階で定めることも必要ではないかと考える。その場合は，和解の対象となる範囲，適正な執行を担保するチェック機能も同時に整備すべきであるように思われる。

【参考文献】
本文中で触れた文献，資料以外に次のようなものがある。
・渡辺裕泰「租税法における和解」編集代表・中山信弘「政府規制とソフトロー」有斐閣，209 頁以下
・吉村典久「ドイツにおける租税上の合意に関する判例の展開」碓井光明ほか編「公法学の法と政策」有斐閣 239 頁以下
・実務公法学会編「実務行政訴訟法講義」民事法研究会 256 頁以下
・山田二郎・石倉文雄「税務争訟の実務」新日本法規 496 頁
・租税訴訟学会編「事例で学ぶ租税争訟手続」財経詳報社 256 頁
・租税訴訟学会「国税不服審判所制度の改革」租税訴訟№6，財経詳報社

税務行政におけるネゴシエーション

第6章　租税法における行政裁量

大東文化大学法学部教授　　森　　稔樹

はじめに

　日本の租税法体系の，まさに根本をなすべき基本原理として，租税法律主義および租税公平主義があげられる。なかでも租税法律主義は，後に取り上げるように日本国憲法において明文で定められる原理であり，一般的に厳格なものと理解されている。

　しかし，本号中の諸論文において明らかにされているように，実際には租税法の領域においても合意，協議，和解などの制度（ネゴシエーション）が存在する。それらの中には法律に基づくものもあるが，逆に法律に基づかないものとしか言いえない事実上の制度（または手続）も散見される。かような手段を用いることについては，少なくとも法律の明文の根拠を持たないのであれば，税務行政庁に（一種の）効果裁量が認められることになるが，それは許容されるべきであるのか。この問いに肯定の解答をなすならば，効果裁量とはいかなるものであるのか。

　また，法律に基づくネゴシエーションについても，いかなる要件の下においてそれを行うことが認められるか，という問題がある。法律要件が一義的に，または確定的に規定されているのであれば，その法律要件に従えばよい

のであり、特別な問題は生じないであろう。しかし、法律要件が不確定概念——ドイツ公法学の表現を借りるならば不確定的法概念（unbestimmter Rechtsbegriff）[1]。以下、原則としてこのように記す——により規定されることも多いと考えられる。その場合に、税務行政庁には要件裁量が認められるべきであろうか。また、認められるべきであるとするならばいかなる場合においてであるのか。

本稿は、本号の統一主題の趣旨に従い、租税法（学）における行政裁量について、序説的ながら改めて検討をなすことを試みる。そのために、日本およびドイツの租税法学ないし公法学の理論を概観するが、両国の理論の間には決して無視しえない程の差異が存在する。そもそも行政裁量というが、日本とドイツとでは裁量の認められる範囲が大きく異なる。後に検討するように、日本の公法学の通説（および判例）においては要件裁量と効果裁量のいずれもが認められるのに対し、ドイツの公法学の通説（および判例）において行政裁量は効果裁量のみが認められ、法律要件における不確定的法概念について要件裁量は認められず、ただ例外的なものとして若干の事項について判断余地（Beurteilungsspielraum）が認められるにすぎない、とされる。かような事柄を概観し、検討することにより、本稿がネゴシエーションに関する考察をなす際の補助役として資することになれば幸いである[2]。

I　租税法律主義との関連——問題の所在——

日本国憲法第84条は「あらたに租税を課し、又は現行の租税を変更するには、法律又は法律の定める条件によることを必要とする」として、租税法律主義を明定する。同条は租税法律主義を国家財政運営上の原則の一つとし

---

(1) Hartmut Maurer, Allgemeines Verwaltungsrecht, 18. Auflage, 2011, §7 Rn. 28 は「不確定的法律概念」（unbestimmte Gesetzesbegriffe）なる表現のほうが望ましい旨を述べる。
(2) なお、本稿においては敬称を一切略したことをお断りしておく。

て捉え，課税権力の行使に対する制約を定める。また，憲法第30条は，直接的には国民の納税義務を定めるが，国民が享有する基本的人権の保障という観点から租税法律主義の原則を定め，少なくとも第84条の趣旨を補強する趣旨であると言いうる[3]。

そして，租税法律主義は，法治主義（法治国家）原理に由来し，行政法学を支配する基本的原理である法律による行政の原理の，租税法の領域における一環でもある。しかし，租税法律主義の淵源は法律による行政の原理よりも古くに遡ることができ，「近代法治主義の確立のうえで，先導的・中核的役割を果たし」，「法治主義一般の確立に大きな影響を与えた」[4]。その意味において，また，憲法の明文の原則として強調されていることから，租税法律主義は，各行政分野に通用する法律による行政の原理の中で最も強く，厳格に妥当すべきものであると考えられている[5]。最大判平成18年3月1日民集60巻2号587頁（旭川市国民健康保険条例訴訟最高裁大法廷判決）も，一般論として「憲法84条は，課税要件及び租税の賦課徴収の手続が法律で明

---

(3) 新井隆一『租税法の基礎理論』〔第三版〕（1997年，日本評論社）59頁。なお，租税法律主義の憲法上の根拠について，金子宏『租税法』〔第十九版〕（2014年，弘文堂）73頁，北野弘久『税法学原論』〔第六版〕（2007年，青林書院）90頁，増田英敏『リーガルマインド租税法』〔第4版〕（2013年，成文堂）24頁，拙稿「租税法律主義地方条例主義の射程距離（上）―旭川市国民健康保険条例訴訟最高裁大法廷判決の検討を中心に―」税務弘報54巻12号（2006年）129頁注1，同「租税特別措置法附則27条による同法31条の遡及適用が違憲無効と判断された事例」速報判例解説編集委員会編『速報判例解説』（法学セミナー増刊）3号（2008年）288頁も参照。なお，石森久広「地方公共団体における新税条例の創設」『財政民主主義と経済性―ドイツ公法学の示唆と日本国憲法―』（2011年，有信堂）67頁も参照。
(4) 金子 注（3）72頁。また，同「租税法の基本原則」『租税法理論の形成と解明上巻』（2010年，有斐閣）42頁を参照。
(5) 阿部泰隆『行政法解釈学Ⅰ』（2008年，有斐閣）92頁，98頁，兼平裕子「租税行政分野における判断余地の法理―不確定概念に対する司法審査―」税法学563号（2010年）163頁を参照。Vgl. Johannna Hey in: Klaus Tipke / Joachim Lang, Steuerrecht, 21. Auflage, 2013, §3 Rz. 238ff.; Dieter Birk, Steuerrecht, 15. Auflage, 2012, Rn.172; Heike Jochum, Grundfragen des Steuerrechts, 2012, S. 5ff., 123.

確に定められるべきことを規定するものであり，直接的には，租税について法律による規律の在り方を定めるものであるが，同条は，国民に対して義務を課し又は権利を制限するには法律の根拠を要するという法原則を租税について厳格化した形で明文化したものというべきである」と述べている[6]。

租税法律主義の具体的な内容が何であるかについては議論があるものの，課税要件法定主義および課税要件明確主義が中心であるという点に疑問の余地はないであろう。

いずれも，その出発点からすれば租税実体法上の原則であると考えられるが，租税手続法においても妥当すべきである。すなわち，租税手続法についても，法律に基づく，正式な租税手続を踏むことが要請されていると理解すべきである。とくに，申告納税方式（国税通則法第16条第1項）の場合，納税義務の確定は第一次的に，かつ，原則として最終的に，納税義務者の申告により確定する。税務署長も，更正・決定という形で第二次的に確定の権限を与えられるが，更正・決定が行政法学にいう確認行為（準法律行為的行政行為の一種としての）であるとされることからすれば，更正・決定には裁量が認められるべきではない[7]。

しかし，例えば質問検査権の行使について国税通則法第74条の2第1項が明示するように，租税手続法においては税務行政庁に裁量——要件裁量，効果裁量のいずれか，または双方——を認めていると解さざるをえない場面が存在する。かような場面に属するものとして，税務行政過程における合意，協議，和解などを捉えることは許されるのか[8]。

この問題の一端は，古いところでは相続税法に贈与税の延納を認める旨の

---

[6] 佐藤英明「租税法律主義と租税公平主義」金子宏編『租税法の基本問題』（2007年，有斐閣）62頁，谷口勢津夫『税法基本講義』〔第4版〕（2014年，弘文堂）12頁も参照。

[7] 占部裕典『減額更正処分を求める非申請型義務付け訴訟が不適法であるとされた事例』速報判例解説編集委員会編『速報判例解説』（法学セミナー増刊）3号280頁。但し，京都地判昭和56年11月20日訟月28巻4号860頁を参照。

[8] 租税争訟法の分野においても問題とされうる。

規定（現在の第 38 条第 3 項）が存在しなかった時代に納税義務者と所轄税務署長とが締結した贈与税の年賦延納契約の可否に関する事例に現れていた[9]。最近では，2008（平成 20）年，第 169 回国会（常会）に「行政不服審査法案」および「行政手続法の一部を改正する法律案」が提出された際に現出した。いずれの法律案も会期中に成立せず，閉会中審査とされた後に，2009（平成 21）年，第 171 国会（常会）において審査未了の故に廃案となったが，両者，とくに後者によって行政手続法に追加されるはずであった第 36 条の 3[10]が，税務署長による更正・決定処分についても適用されるか否かという形

---

(9) 福岡地判昭和 25 年 4 月 18 日行集 1 巻 4 号 581 頁は「租税徴収権が一種の金銭債権であるということから直ちに当事者の合意によって処分され得るものと解すべきでな」く，「公法上の権利である租税徴収権には私法上の一般債権には存しない特質があり，これらの点から考えるならば当事者の契約によって自由に租税の年賦延納等納税義務者の負担の軽減をなし得ないことはむしろ当然といわなければならない」と判示した。福岡高判昭和 25 年 10 月 20 日税資 11 号 13 頁および最三小判昭和 27 年 8 月 5 日行集 3 巻 8 号 1675 頁も，前掲福岡地判を支持した。
(10) この規定は，行政手続法に追加されるべき「第四章の二　処分等の求め」に置かれることとされていた。規定の全文を示しておく。
「何人も，法令に違反する事実がある場合において，その是正のためにされるべき処分又は行政指導（その根拠となる規定が法律に置かれているものに限る。）がされていないと思料するときは，当該処分をする権限を有する行政庁又は当該行政指導をする権限を有する行政機関に対し，その旨を申し出て，当該処分又は行政指導をすることを求めることができる。
　2　前項の申出は，次に掲げる事項を記載した申出書を提出してしなければならない。
　一　申出をする者の氏名又は名称及び住所
　二　法令に違反する事実の内容
　三　当該処分又は行政指導の内容
　四　当該処分又は行政指導の根拠となる法令の条項
　五　当該処分又は行政指導がされるべきであると思料する理由
　六　その他参考となる事項
　3　当該行政庁又は行政機関は，第一項の規定による申出があったときは，必要な調査を行い，その結果に基づき必要があると認めるときは，当該処分又は行政指導をしなければならない。」
なお，「行政手続法の一部を改正する法律案」は，2014（平成 26）年 3 月 14 日に内閣提出法律案第 72 号として衆議院に再度提出された。第 36 条の 3 は，上記と同一内容である。

で，活発な議論が起こった。それは，同条の追加が更正の請求に係る法定申告期限から1年（当時）[11]を徒過してからの減額更正の嘆願[12]にいかなる影響を与えるか，という問題と密接に関わっていたからである[13]。

2011（平成23）年12月2日法律第117号によって国税通則法第23条第1項の改正がなされ，現在は原則として法定申告期限から5年以内に更正の請求を行いうることとなった。このため，同第70条に定められる更正の除斥期間との不一致が解消され，減額更正の嘆願という問題は解消されたと言えるかもしれない。しかし，この問題は，租税法律主義が支配すべき租税法の領域においても，とくに租税手続法に関しては，法律に定められない事実上の手続的行為が存在することを，改めて浮き彫りにしたのである[14]。

また，嘆願が法定の手続でないことから，税務署長が減額更正の嘆願を受け入れることは，そもそも法的義務に該当しない。そのため，嘆願の受け入れは法的に許容されることであるのか，また，許容されるとすれば嘆願に対する処置は税務署長の裁量に属する事項なのか，という問題が生ずる。端的に述べるならば，国税通則法などに規定がないために税務署長が嘆願に応ずることは許されないという解釈も成立しうるが，硬直的に過ぎるであろう。

---

(11) この期間について，酒井克彦「行政事件訴訟法改正と租税訴訟（上）」税務大学校論叢47号（2005年）429頁も参照。

(12) 納税義務者が，減額更正の嘆願ではなく，納税申告をなす際に錯誤に陥っていたとして修正申告をなすことも考えられない訳ではなかったが，最一小判昭和39年10月22日民集18巻8号1762頁は，納税申告についての民法第95条の適用を認めていない。なお，金子宏「更正の請求について」『租税法理論の形成と解明下巻』（2010年，有斐閣）608頁も参照。

(13) 藤曲武美「更正の請求の期限徒過後の是正措置と義務付け訴訟」租税訴訟学会編『租税法における法の支配』（租税訴訟1号）（2007年，財務詳報社）115頁，青木丈「義務付け裁決，処分庁に対する申出制度」税務弘報56巻9号（2008年）70頁，志賀櫻「国税通則法改正案における不服申立制度の手続的側面（下）」税理51巻13号（2008年）93頁注38，宇賀克也「行政不服審査制度検討会最終報告」月刊自治フォーラム584号（2008年）57頁，同「行政不服審査法・行政手続法改正の意義と課題」ジュリスト1360号（2008年）9頁，岩﨑政明「国税不服審判への行政不服審査法改正の影響」ジュリスト1360号22頁を参照。

嘆願が職権調査の事実上の端緒となりうる点からしても、嘆願に応ずるか否かは税務署長の裁量——少なくとも効果裁量——に属することであり、法的義務と理解しえない[15]。以上の点は減額更正の嘆願のみならず、事実上の手続的行為全般に関してもあてはまることである。

日本の租税法学において、事実上の手続的行為をはじめとする事実行為に関する研究は多いとは言えず、また、かような行為にあたっての裁量、さらに一般的に裁量全般に関する研究も少ない。比較法的研究に関しても同様である。その理由としては、租税手続法が行政手続法の一分野であること[16]、租税行政庁の裁量もまさに行政裁量であることがあげられる。そこで、行政裁量に関しては行政法学の研究の成果を検討せざるをえない。従って、本稿

---

(14) これとは別に、税務調査の問題がある。三木義一は、2011 年 10 月 26 日に行われた講演会の質疑応答の場で「日本では税務調査の段階で税理士と税務調査官の間で実質的に話し合いや和解が行われているといわれています」と述べている〔長谷川博編、講師：ヤン・グロテア「ドイツの税務訴訟について——名誉職裁判官を含む参審制及び話し合いによる合意制度——」税務事例 44 巻 3 号（2012 年）7 頁〕。これに対し、グロテアは「実際に税務調査の現場においても、私どもは合意や和解とは呼んでいませんが、どちらかというと私が本日話したような事実関係の話し合いによる合意というようなことが事実上よく行われています」と答えている（同頁）。なお、グロテアの講演によると、ドイツにおいては財政裁判所において協議、話し合いによる合意が行われているとのことである〔同 4 頁以下、Jan Grotheer（手塚貴大訳）「ドイツにおける財政裁判所の手続——"事実に関する合意"を中心に——」租税法研究第 40 号（2012 年）25 頁〕が、行政裁量との関係などについては触れられていない。

(15) 同旨、東京高判平成 3 年 1 月 24 日税資 182 号 55 頁。但し、私は、この判決の主張が嘆願の法的意味の問題と国税通則法第 24 条の解釈の問題とを混同しているのではないか、という疑念を抱く。嘆願に応ずるか否かということと税務署長の権限の行使の正当性とは別の問題である。酒井・注（11）435 頁は「期限を徒過した更正の請求があった場合に減額更正をすべきことが一義的に明白である」という理解が国税通則法第 23 条の文言からも妥当でないという旨を述べるが、同第 24 条の存在などを没却する解釈ではなかろうか。北野・注（3）277 頁、金子宏『租税法』〔第十三版〕（2008 年、弘文堂）643 頁、占部・注（7）280 頁も参照。なお、東京地判平成 17 年 7 月 28 日判例集未登載、東京高判平成 18 年 6 月 29 日判例集未登載、広島地判平成 19 年 10 月 26 日判例集未登載も参照。

(16) 谷口・注（6）13 頁、82 頁を参照。

においては行政法学における議論を多く参照することとなる。この点を，あらかじめお断りしておかなければならない。

　他方，ドイツにおいても，行政法における事実行為への関心は高まっており，1980年代から「非公式な行政活動」(Informelles Verwaltungshandeln) に関する議論が増え[17]，行政法学においては「単純な行政活動」(Schlichtes Verwaltungshandeln) に関する研究が蓄積されるに至っている[18]。しかし，かような行政活動について，行政庁のいかなる裁量がどの程度まで及びうるのかについて，十分に検討されているとは言い難いようである[19]。そして，租税法の領域における事実上の手続的行為を分析するにあたり，行政裁量の概念を，改めて検討することが必要となる。

---

(17) これは Informales Verwaltungshandeln または Informelles Hoheitshandeln とも 称 さ れ る。Maurer (Fn.1), §15 Rz. 14. Vgl. z. B. Hans J. Wolff / Otto Bachof / Rolf Stober, Verwaltungsrecht, Band 2, 6. Auflage, 2000, §57 Rz.1ff.; Barbara Remmnert in Hans-Uwe Erichsen / Dirk Ehlers (Hg.), Allgemeines Verwaltungsrecht, 14. Auflage, 2010, §36 Rz.1ff.; Stefan Storr / Rainer Schröder, Allgemeines Verwaltungsrecht, 2010, Rz. 267; Michael Fehling, Informelles Verwaltungshandeln, in: Wolfgang Hofmann-Riem / Eberhard Schmidt-Aßmann / Andreas Voßkuhle (Hg.), Grundlagen des Verwaltungsrechts, Band II, 2. Auflage, 2012, §38 Rn.1ff.; Wilfried Erbguth, Allgemeines Verwaltungsrecht mit Verwaltungsprozess- und Staatshaftungsrecht, 6. Auflage, 2014, §23 Rn. 7.; Steffen Detterbeck, Allgemeines Verwaltungsrecht mit Verwaltungsprozessrecht, 11. Auflage, 2013, Rn. 885ff.

(18) Z. B. Martin Schulte, Schlichtes Verwaltngshandeln, Verfassungs- und verwaltungsrechtsdogmatische Strukturüberlegungen am Beispiel des Umweltrechts, 1995.

(19) Vgl. z. B. Judith Lockmann, Verständigung zwischen Finanzbehörde und Steuerpflichtigem, Die „tatsächliche Verständigung" – Grundlagen, Voraussetzungen und Folgen, 2013, S. 10f.

II　日本における行政裁量論の現状

1　課税要件明確主義と行政裁量

　租税法における行政裁量を，租税法律主義との関係という観点から考察する際には，課税要件明確主義がより重要な意義を有することとなろう。

　周知のように，課税要件明確主義は，法律——その下における政令・省令の場合も含む——における課税要件および賦課・徴収の手続に関する規定は，なるべく一義的かつ明確でなければならない，というものである。従って，租税行政庁に裁量を認めることは原則として許されず，不確定的法概念の使用も慎重でなければならない。

　もとより，不確定的法概念と裁量とは区別されるべきであり，租税法規に不確定的法概念を導入することによって直ちに租税行政庁の裁量が認められることにはならないが，不確定的法概念の故に納税義務者の予測可能性が侵害される可能性は否定できない[20]。

　もっとも，課税要件明確主義の要請を受けて不確定的法概念や概括条項を完全に排除することは困難であるように思われる[21]。また，国税通則法第24条に定められる更正，同第26条に定められる再更正，同第27条に定め

---

(20)　増田・注 (3) 29頁も「不確定概念の存在は，納税者の予測可能性を阻害し，文言が不確定であるがゆえに租税行政庁の過度の裁量の余地と恣意性の介入する余地を生む」と指摘する。

(21)　金子・注 (3) 77頁，同「市民と租税」『租税法理論の形成と解明上巻』15頁，佐藤・注 (6) 60頁，兼平・注 (5) 167頁，中里実・弘中聡浩・渕圭吾・伊藤剛志・吉村政穂『租税法概説』(2011年，有斐閣) 16頁を参照。これに対し，北野弘久編『現代税法講義』〔五訂版〕(2009年，法律文化社) 15頁〔北野弘久担当〕は「税法の領域においては不確定概念，概括条項，自由裁量規定の導入が禁止される。もしある条項の規定の仕方があまりにも不明確で，その法的意味を解明することが不可能である場合には，当該条項は租税法律主義に反し違憲無効となる」と述べる。なお，秋田地判昭和54年4月27日行裁例集30巻4号891頁および仙台高秋田支判昭和57年7月23日行裁例集33巻7号1616頁も参照。

られる「国税庁又は国税局の職員の調査に基づく更正又は決定」，同第74条の2以下などに定められる調査の実施または手続は，税務署長などの裁量に委ねられることとなろう[22]。さらに，再更正については，明文の規定はないが繰り返して行うことが可能であると理解されており，その点において裁量性を帯びることは否定できない[23]。租税実体法に属する規定に不確定的法概念や概括条項を安易に持ち込み，結果として租税行政庁に認められる裁量の範囲が拡大することは望ましくないが[24]，租税手続法の分野に関してはやむをえない部分があるものと思われる[25]。

2 要件裁量と効果裁量

行政裁量は，表現の異同があるものの，法（法律）が行政機関に与えた判断の余地であると理解されている。これに対し，不確定的法概念は——宮田三郎が述べるように「簡潔にかつ実質的に定義づけること自体かなり困難である」[26]が——法律要件（構成要件）の部分に用いられる抽象的・多義的な概念であるという理解が，学説において共有されているものと思われる[27]。

周知のように，日本においては，かつて，行政過程のどの段階において

---

(22) 志場喜徳郎・荒井勇・山下元利・茂串俊編『国税通則法精解』〔平成19年改訂版〕（2007年，大蔵財務協会）343頁注2も参照。
(23) 最一小判昭和50年9月11日訟月21巻10号2130頁は，更正処分取消請求訴訟の係属中に税務署長が更正処分の理由付記の不備を理由に自ら当該処分を取り消し，理由を補完した上で再更正を行ったことについて，更正権の濫用に該当しないと判示したが，一般論として疑問がある。なお，戦前の行政裁判所の判例について，田中二郎「判例に現はれた自由裁量問題」『行政争訟の法理』（1954年，有斐閣）272頁を参照。
(24) 山本守之・守之会『検証 税法上の不確定概念』〔第2版〕（2004年，中央経済社）2頁は，法人税法第34条，同第132条を例として取り上げ，議論を進めている。
(25) Vgl. Jochum (Fn. 5), S.123.
(26) 宮田三郎「行政法上の不確定概念—五〇年代の学説を中心にして—」『行政裁量とその統制密度』〔増補版〕（2012年，信山社）51頁。赤間聡「公法上の不確定な法概念とその適用の合理化 (1) —H. J. コッホ及び R. アレクシーの公法理論を中心に—」青山法学論集38巻2号（1996年）4頁も参照。

「自由裁量」が認められるかという問題に関して要件裁量説と効果裁量説との対立が存在した。

　要件裁量とは，行政行為の根拠となる要件の充足について，行政庁が最終認定権を有する場合の裁量のことである。具体的には，認定された事実を（行政行為の）構成要件にあてはめる段階での裁量をいう。佐々木惣一は，法律要件が不確定的法概念で定められている場合で，行政の終局目的というような程度にしか要件が定められていない，あるいは要件が法律上何も規定されていない場合に，要件裁量が認められると理解した[28]。換言すれば，不確定的法概念であっても中間目的や経験概念を内容とするものについては要件裁量が認められないということになる[29]。

　これに対し，効果裁量とは，行政行為をするか否か，するならばいかなる行政行為をするかということについて，行政庁が最終認定権を有する場合の裁量である。美濃部達吉は，行政行為（処分）の性質や，自由裁量・羈束裁量の区別との関連において，効果裁量についての三原則を提唱した。それによると，①「人民」の権利を侵害し，負担を命じ，またはその自由を制限する「処分」は，いかなる場合でも自由裁量行為ではない，②「人民」に新たな権利を設定し，その他「人民」に利益を供与する「処分」は，法律がとくに人民にその利益を要求する権利を与えている場合を除いて，原則として自

---

(27)　兼平・注（5）164頁，塩野宏『行政法Ⅰ行政法総論』〔第五版補訂版〕（2013年，有斐閣）127頁，芝池義一『行政法読本』〔第3版〕（2013年，有斐閣）65頁，原田尚彦『行政法要論』〔全訂版補訂二版〕（2012年，学陽書房）147頁，宇賀克也『行政法概説Ⅰ行政法総論』〔第5版〕（2013年，有斐閣）320頁，櫻井敬子・橋本博之『行政法』〔第4版〕（2013年，弘文堂）111頁なども参照。
(28)　佐々木惣一『日本行政法論総論』（1922年再版，有斐閣）602頁。塩野・注（27）126頁，芝池・注（27）69頁，大浜啓吉『行政法総論第三版行政法講義Ⅰ』（2012年，岩波書店）257頁も参照。
(29)　芝池義一「税法と行政法」芝池義一・田中治・岡村忠生編『租税行政と権利保護』（1995年，ミネルヴァ書房）5頁。山本隆司「日本における裁量論の変容」判例時報1933号（2006年）11頁，藤田宙靖『行政法総論』（2013年，青林書院）112頁も参照。

由裁量行為である。③直接に「人民」の権利義務を左右する効果を生じない行為は、法律がとくに制限を加えている場合を除いて、原則として自由裁量である(30)。

　上記の要件裁量説と効果裁量説との対立は日本国憲法が施行されてからもしばらく続いたようである。しかし、「ドイツやオーストリアと異なり、日本の裁量論は、法規範の適用が人間の所為としてどのような性質を持つかに関する論争と結合して展開されることがほとんどなかった」(31)ことに由来するためか、最高裁判所の判例は、この対立にとらわれず、むしろ事案に応じて要件裁量、効果裁量の双方を認めている。その典型的な例が最大判昭和53年10月4日民集32巻7号1223頁であり、外国人の在留許可に関する法務大臣の裁量権の行使に際しての要件の認定につき、「在留期間の更新を適当と認めるに足りる相当の理由」について要件裁量を認め、他方において、外国人が日本に在留する権利を保障されていない旨を述べ、効果裁量をも認めている。また、専門的・技術的裁量も、主に要件裁量の段階において認められることになる(32)。不確定的法概念についても行政裁量を認める傾向が強まった訳である。

　そればかりでなく、日本の行政法学においては、裁量が認められる領域（または段階）を拡大する傾向もあるものと思われる。

　田中二郎は、自由裁量・羈束裁量の区別に力点を置いているが、基本的には要件裁量を否定する見解を採ったものと思われる。すなわち、田中は、行

---

(30)　美濃部達吉『日本行政法上巻』(1936年、有斐閣) 170頁。塩野・注 (27) 127頁、芝池・注 (27) 69頁、大浜・注 (28) 258頁も参照。山本隆司は、美濃部の裁量論を「行政機関が法規範ないし法律を適用して判断・決定を行うことの意味、特に、行政機関が法（律）に羈束されて行う判断・決定と、法（律）に裁量を認められて公益の実現を目的として行う判断・決定との間の関係を、明確には示していない」と評価する。山本・注 (29) 11頁。
(31)　山本・注 (29) 11頁。藤田・注 (29) 107頁も参照。
(32)　実質的な例として、最一小判平成4年10月29日民集46巻7号1174頁をあげることができる。

政行為の要件が「抽象的な不確定概念」によって定められている場合には「客観的な経験則に従ってなされる覊束行為であ」り,「公益原則を掲げている場合」には「一種の不確定概念規定と考えるべきもので,その判断は客観的な経験則によってなされることを要」すると述べ[33],「要件について別段の定めがなく,内容について種々選択の余地があり,しかも行為をするかしないかの決定について行政庁の判断の余地を残している場合については,行為の性質を考え,法の趣旨を合理的に解釈するとともに,行政行為に関する条理法（例えば比例の原則とか平等の原則とか,更に法的安全の保護とかの原則がこれである）の存在に注意して覊束行為か裁量行為かの判断をしなければならぬ」と述べる[34]。

しかし,田中は「自由裁量とその限界」という論文において「行為の要件について,特にその認定に関し,行政庁の裁量の余地が認められるかどうかの問題となることがある（特に抽象的な概念規定がされている場合）」と述べた上で「行政庁の自由裁量を認めている場合もあり,そのうちのある点については,法が一般法則性を予定し,行政庁の自由裁量を認めていない場合もある。したがって,一概に裁量行為といっても,どういう点について,どういう意味での裁量が認められているかを検討する必要がある」と述べており[35],要件裁量を完全に否定していないとも理解できる。田中の学説においては,裁量がどの段階において認められるのか,という側面（要件裁量・効果裁量）について不明な部分が多く,要件裁量についても消極的ながら承認をしていたと考えることも可能であろう[36]。これは,山本隆司が指摘するように,田中が｜『法の合理的・目的的解釈』により『政治的裁量又は技術的裁量』を

---

(33) 田中二郎『行政法総論』(1957年,有斐閣) 290頁。大浜・注 (28) 250頁も参照。
(34) 田中・注 (33) 291頁。
(35) 田中二郎「自由裁量とその限界」『司法権の限界』(1976年,弘文堂) 144頁,145頁〔初出は法律時報27巻7号 (1955年)〕。
(36) 田中二郎『新版行政法上巻』〔全訂第二版〕(1974年,弘文堂) 116頁以下には同・注 (33) 290頁のような記述がみられない。

承認した」こと，および司法権の限界を重視するという趣旨の下での三権分立論によるものであろう[37]。

　裁量が認められる領域の拡大は，例えば最大判昭和53年10月4日民集32巻7号1223頁が政治的判断に基づく要件裁量を認め，最三小判平成5年3月16日民集47巻5号3483頁などが専門技術的判断に基づく要件裁量を認めるように，判例において顕著である。しかし，この傾向は必ずしも判例に留まらない。日本の行政法学説も，裁量統制の必要性を述べながらも，裁量が認められる領域の拡大については積極的に承認するように見受けられる。例えば，塩野宏は，最二小判昭和57年4月23日民集36巻4号727頁を例として取り上げ，時の裁量の存在を認め[38]，また，要件裁量と効果裁量との，いわば中間段階における手続の裁量の存在をも認めている[39]。時の裁量，手続の裁量のいずれも，ドイツの公法学においては──少なくとも意識的には──論じられていない。両者は効果裁量の一環であるとも考えられるが，効果裁量と区別して論じられる点には注意を要する。

　それでは，日本の租税法（学）において，裁量が認められる領域についてはどのように理解されているのであろうか。

　租税法（学）においては，とりわけ課税処分に関して要件裁量を否定する傾向が強い。金子宏は，不確定的法概念を二種に分け，租税法規に「終局目的ないし価値概念を内容とする不確定概念」が定められる場合には「課税要件明確主義に反して無効であると解すべきであ」るのに対し，「中間目的ないし経験概念を内容とする不確定概念」は「一見不明確に見えても，法の趣旨・目的に照らしてその意義を明確になりうるものである」から「租税行政庁に自由裁量を認めるものではなく，ある具体的な場合がそれに該当するかの問題は，法の解釈の問題であり，当然に裁判所の審査に服する問題である

---

(37)　山本・注（29）12頁。
(38)　塩野・注（27）131頁。
(39)　塩野・注（27）133頁。池村正道「裁量と不確定概念」宇賀克也・交告尚史・山本隆司編『行政判例百選Ⅰ』〔第6版〕（2012年，有斐閣）155頁も参照。

と解される」と述べる[40]。明言はなされていないものの，要件裁量を否定する見解であると考えられる。

また，谷口勢津夫は，ここからさらに議論を進め，租税法律主義が租税債務関係説と結びつくことを，課税要件法ないし租税実体法から「税務官庁の形成的・裁量的判断の余地」が「法理論上完全に排除」され，とくに課税要件明確主義によって「課税要件の中で用いられている不確定法概念の解釈は，法律問題として全面的に裁判所の審査に服するものとされ，そこに税務官庁の要件裁量の余地は全く認められない」と述べる[41]。

これに対し，芝池義一は，租税法における要件裁量否定論が「納税者が行政庁の不確定概念の解釈を争った場合には，裁判所は，自らの解釈を代置し，これと異なる行政庁の解釈に基づく処分を違法として取り消すことができる」という論理的帰結をもたらすことを指摘し，これによって「有効な権利保護の要請が満たされる」が「要件裁量を肯定した上で司法審査のあり方を探ろうとする行政裁量論の発展傾向」とは異なることを指摘する[42]。また，芝池は「課税処分の要件規定についても行政庁の政策的判断が入る余地はあり，事柄によっては裁判所がこれを尊重せざるを得ない」ことがあるのではないかとも述べる[43]。

兼平裕子も「税務行政の現場においては，事実上（実務上）の裁量の余地が存するのは間違いなく，同時に，ある程度の判断余地を認める必要性を否定できない」とした上で，要件裁量否定論に対して「裁判所が自己の判断を優先させる根拠はどこにあるのであろうか。行政庁の解釈にも合理性が認められる場合，裁判所の判断を優先させるべき根拠が問われざるをえない」と述べる[44]。

---

(40) 金子・注（3）78頁。中里・弘中・渕・伊藤・吉村・注（21）16頁も同旨。
(41) 谷口・注（6）12頁。同頁によると，本文中の「課税要件法」とは「納税義務の成立に関する法」と定義される。また，「不確定法概念」とは不確定的法概念のことである。
(42) 芝池・注（29）6頁。
(43) 芝池・注（29）7頁。

芝池および兼平の主張については，一定の範囲において理解することができるとしても，疑問を寄せざるをえない。たしかに，租税法の「要件規定」について「行政庁の政策的判断が入る余地」を完全に否定することはできないかもしれないが，裁判所が尊重しなければならない事柄とはいかなるものを指すのであろうか。両者の主張は，租税法の領域においても要件裁量をある程度広く認めるべきであるという趣旨にも読み取りうるが，そうであるならば，法的ないし理論的根拠を要するであろう。むしろ，安易に行政庁の政策的判断を認めることは，国民の権利・自由の保障の観点から問題とされざるをえない。「不確定法概念に関する裁量判断の認容は裁判所のコントロール密度の喪失を伴」うのである[45]。また，日本国憲法の権力分立原理および法治主義の原則（法律による行政の原理）によれば，行政権の行為・活動について「裁判所が自己の判断を優先させる」のは，元来，司法権の本質からして当然のことであろう。むしろ，行政裁量の認容は法治主義の原則からみれば例外的事象である[46]。行政機関の活動の適法性が問題とされ，行政機関の適法性判断と裁判所のそれとが異なる場合に，いかなる理由により行政機関の判断を優先させるべきであるのか。このような主張は憲法に明文の規定が存在しない限りで，奇妙な結果を導かざるをえない。行政裁量は法律が行政庁に授権したものであり，それ以上のものではない。

3　自由裁量と羈束裁量

　これも周知のことであるが，日本の行政法学は，かつて，裁判所が審査しうる範囲という点から，自由裁量（便宜裁量）と羈束裁量（法規裁量）とを分けていた。

---

(44)　兼平・注(5) 165頁，167頁。なお，同論文の「判断余地」は要件裁量と同義で用いられるものと思われるが，やや不明確である。
(45)　宮田三郎「行政裁量」『行政裁量とその統制密度』〔増補版〕327頁。
(46)　藤田・注(29) 97頁，李斗領「行政裁量」黒川哲志・下山憲治編『確認行政法用語230』(2010年，成文堂) 30頁。

自由裁量とは，法が個別事案の処理を行政庁の公益判断に委ね，行政庁の責任で妥当な政策的対応を図ることを期待している場合になされる裁量のことである。行政庁の政治的・政策的事項に属する判断や高度の専門的・技術的な知識に基づく判断であり，それを誤るとしても原則として当不当の問題にすぎない。すなわち，客観的な法則性に即した法的判断ではない。従って，判断の誤りは裁判所の審査の対象とはなりえない。当不当の問題として行政不服申立てなどによって行政内部の矯正を待つしかないとされ，適法違法の問題ではないこととなる。授益的行政行為の多くが自由裁量行為であるとされた。

これに対し，覊束裁量とは，法は明確な規定を欠いているが，行政庁が経験則や法的衡平感に基づいて客観的視点から個別事案に相応しい判断を行うことが予定されている場合になされる裁量のことである。通常人が共有する一般的価値判断に従いつつ，裁判所が法規裁量の正誤を判断する。つまり，法律問題として，裁判所の全面的審査の対象となる。賦課的行政行為の多くが覊束裁量行為であるとされた。

しかし，この区別も意味を失っている。まず，行政事件訴訟法第30条は，行政庁の裁量権行使に逸脱または濫用があれば，裁判所がその行使を違法として行政行為を取り消しうる旨を規定している。従って，行政裁量の適法・違法を判断しうるという意味において，自由裁量は存在しえない。他方，覊束裁量であるからといって裁判所の司法審査権が完全に行使されるとは限らない。その意味において，自由裁量と覊束裁量とは量的な相違に留まるのであり，質的な相違を示すものではない。

Ⅲ　ドイツの公法学における裁量の概念

日本の公法学（とりわけ行政法学）における行政裁量論は，歴史的にドイツの公法学における学説・判例を参照し，分析することによって発展してきた。最近においても，主に行政法学において，ドイツの行政裁量論に関する

研究が蓄積されている。本稿は、かような先行研究をも参考にしつつ、ドイツの公法学における裁量の概念を概観し、改めて分析を試みることとしたい。

なお、ここであらかじめ注意しておかなければならない点がある。第一に、ドイツにおいても、租税法に特有の——行政法総論とは別個の——行政裁量論が存在するという訳ではなく、日本の場合と同様に、行政法学における議論を多く参照しなければならない。第二に、日本の多くの国税などとは異なり、ドイツにおいては賦課課税方式が採用されている。すなわち、租税通則法 (Abgabenordnung) 第155条第1項によれば、納税義務は租税行政庁の行政行為である租税決定 (Steuerbescheid) により確定する。ドイツにおいては、納税申告 (Steuererklärungen) は租税行政庁に対して租税決定のための基礎資料を送付するための手段にすぎない[47]。従って、租税法における行政行為の位置づけなどについて日本とは異なることを見落としてはならない。

1 裁量に関する一般的な規定

ドイツには、1919年12月13日に公布されたライヒ租税通則法 (Reichsabgabenordnung vom 13. Dezember 1919, RGBl. S. 1993) 以来、(税務行政庁の) 行政裁量に関する一般的規定が存在する。そこで、学説や判例に関する分析をなす前に規定を概観しておく。

ライヒ租税通則法第6条:「法律の意味において行政庁がその裁量により決定を行うべき場合には、決定は法および公正 (Billigkeit) に従ってなされなければならない。」

租税調整法 (Steueranpassungsgesetz vom 16. 10. 1934, RGBl. I, 925) 第2条

---

(47) 租税通則法第149条第1項を参照。但し、同第150条第1項第3文により納税申告の一種とされる Steueranmeldung については、原則として租税決定が不要とされる（同第167条第1項）。やや古いが、拙稿「ドイツの電子申告制度における現状と課題」税務弘報49巻1号 (2001年) 145頁も参照。

第1項：「行政庁がその裁量によって行わなければならない決定（裁量決定）は，法律が裁量に対して設ける限界の範囲に留まらなければならない。」

同第2項：「前項の限界の内部で，裁量決定は公正および目的適合性（Zweckmäßigkeit）に従って行われなければならない。」

連邦行政手続法（Verwaltungsverfahrensgesetz vom 25. 5. 1976, BGBl. I, 1253）第40条：「行政庁がその裁量により行為する権限を有するときは，行政庁は，その裁量を授権の目的に従って行使し，かつ裁量の法律上の限界を遵守しなければならない。」[48]

租税通則法（Abgabenordnung in der Fassung der Bekanntmachung vom 1. 10. 2002, BGBl. I, 3866, berechtigt BGBl. 2003 I, 269）第5条：「税務行政庁がその裁量により行為する権限を有するときは，税務行政庁は，その裁量を授権の目的に従って行使し，かつ裁量の法律上の限界を遵守しなければならない。」

行政裁判所法（Verwaltungsgerichtsordnung in der Fassung der Bekanntmachung vom 19. 3. 1991, BGBl. I, 686）第114条：「行政庁がその裁量により行為する権限を有する限りで，裁判所は，行政行為または行政行為の拒絶もしくは不作為が裁量の法律上の限界を越え，または裁量が授権の目的に相応しない方法で用いられたために違法であるか否かについても審査する。行政庁は，その裁量の考慮（Ermessenerwägungen）を行政行為に関して行政裁判の手続においても補充することができる。」

財政裁判所法（Finanzgerichtsordnung in der Fassung der Bekanntmachung vom 28. März 2001, BGBl I S. 1577）第102条：「税務行政庁がその裁量により行為する権限を有する限りで，財政裁判所は，行政行為または行政行為の拒絶もしくは不作為が裁量の法律上の限界を越え，または裁量が授権の目的に相応しない方法で用いられたために違法であるか否かについても審査する。税務行政庁は，その裁量の考慮を行政行為に関して財政裁判による手続の事

---

(48) 訳文は，南博方『行政手続と行政処分』（1980年，弘文堂）268頁による（但し，一部を修正している）。

実審 (Tatsacheninstanz) の終結に至るまで補充することができる。」

2 行政裁量の概念

ドイツ公法学における行政裁量論の展開は、日本の行政法学においても研究され、業績も重ねられている。本稿においては、かような先行業績をも参照しつつ、ドイツにおける現在の行政裁量論について検討を進める。

ドイツにおいても、ベルナツィック (Edmund Bernatzik) やラウン (Rudolf Laun) により展開された要件裁量説とテツナー (Friedrich Tezner) により展開された効果裁量説との対立が存在した[49]。本稿は学説史を主題としないので詳述は避けるが、ローデ (Lars-Henrik Rode) は、現在のドイツ行政裁量学説の礎石 (Grundstein) がテツナーによって据えられたと述べるとともに、行政裁量理論とともに不確定的法概念の理論の成立がヴァルター・イェリネク (Walter Jellinek) に帰する旨を指摘する[50]。

現在のドイツにおいても、行政裁量の概念は、不確定的法概念との区別などに関して議論がなされているが[51]、前提として理解しなければならないのは、現在に至る行政裁量学説の発展が、1949年5月25日に公布された基本法 (Grundgesetz) を大きな契機とする点である。ローデの表現を借りるならば、基本法は「行政活動の自由領域 (Freiräume) に対する準則 (Vorgabe) および裁判所による統制を設ける新たな憲法上の根拠」を創設し、「法治国

---

(49) 宮田三郎「裁量の瑕疵」『行政裁量とその統制密度』〔増補版〕78頁、宮崎良夫「西ドイツの行政法学」『行政訴訟の法理論』(1984年、弘文堂) 317頁。高橋滋「現代西ドイツにおける裁量論の展開」『現代型訴訟と行政裁量』(1990年、弘文堂) 9頁も参照。なお、エッカルト・ヒーン (川合敏樹訳、神橋一彦監訳)「裁判による裁量決定の統制」判例時報1932号 (2006年) 5頁を参照。
(50) Lars-Henrik Rode, §40 VwVfG und die deutsche Ermessenslehre, 2003, S.13f. Vgl. Friedrich Tezner, Zur Lehre von der freien Ermessen der Verwaltungsbehörden als Grund der Unzuständigkeit der Verwaltungsgerichte, 1888, S. 12ff; Walter Jellinek, Gesetz, Gesetzesanwendung und Zweckmäßigkeitserwägung, 1913, S. 36f. 宮田・注 (49) 78頁も参照。
(51) Vgl. z. B. Maurer (Fn. 1), §7 Rn. 47.

家原則をその成果〔法律の優位および法律の留保ならびに第19条第4項による権利保障（Rechtsschutzgarantie）〕とともに強調することは，行政の自由領域を法律要件（Tatbestand）から放逐することにつながった」のである[52]。

そして，1950年代から不確定的法概念と行政裁量とを厳格に区別する見解が現れる。その最も早い代表例がロイス（Hermann Reuss）である[53]が，現在の学説および判例に強い影響力を示したと思われるのは，バッホフ（Otto Bachof）による「判断余地説」[54]およびウーレ（Carl Hermann Ule）による「代替性の理論」（Vertretbarkeitslehre）[55]である（いずれも1955年に公表された）。本稿では後に「判断余地」の概念について検討を試みるが，判断余地説は不確定的法概念の解釈を裁判所による審査の問題として扱ったものであり，それまで法律の構成要件に用いられた不確定的法概念に裁量を認めると，行政裁判所（および財政裁判所）による司法的統制が十分に働かなくなるという疑念から生じたものと考えられる[56]。

判断余地説は1960年代に至って通説（的見解）となり，連邦行政裁判所および連邦財政裁判所の判例に採用されることとなる。こうして，法律の規定のうち，法律要件に関しては判断余地（Beurteilungsspielraum auf der Tatbestandsseite）が認められ——但し，例外的な場合に限定される，と説かれる——法効果に関しては行政裁量（Verwaltungsermessen auf der Rechtsfolgeseite）が認められるものとされる[57]。

---

(52) Rode (Fn. 50), S. 16f.
(53) Hermann Reuss, Das Ermessen, DVBl. 1953, S. 385ff., derselbe, Der unbestimmte Rechtsbegriff, DVBl. 1953, S. 649. Vgl. Rode (Fn. 50), S. 17. ロイスの見解については，宮田・注（26）56頁，山田準次郎「自由裁量論」（1960年，有斐閣）374頁も参照。
(54) Otto Bachof, Beurteilungsspielraum, Ermessen und unbestimmter Rechtsbegriff im Verwaltungsrecht, JZ 1955, 97ff. 宮田・注(26)61頁も参照。
(55) Carl Hermann Ule, Zur Anwendung unbestimmter Rechtsbegriffe im Verwaltungsrecht, Gedächtnisschrift für Walter Jellinek, 1955, S. 309ff. 宮田・注（26）62頁も参照。
(56) Vgl. Maurer (Fn. 1), §7 Rz. 32. 高橋・注（49）13頁も参照。

従って，現代のドイツの公法学における通説（的見解）および判例は，少なくとも概念の上においては要件裁量を認めず，効果裁量のみを認めることとなる[58]。すなわち，行政裁量は，法（立法者）が行政に対して，いかなる決定をなすか（決定裁量。Entschließungsermessen），いかなる措置を行うか（選択裁量。Auswahlermessen）に関して認めるものであり，法（立法者）が行政庁に与えた法効果の選択の余地として位置づけられる。より具体的には，次のような場合に行政裁量が認められる，とされる。

① 租税通則法第 246 条や社会法典第 12 巻第 17 条第 1 項第 2 文などのように，条文中に「裁量により」〔nach (ihrem) Ermessen〕，「義務に適った裁量により」(nach pflichtmäßigem Ermessen)，などと規定されている場合。

---

(57) 表現は Ferdinand O. Kopp / Ulrich Ramsauer, VwVfG, 12. Auflage, 2011, §40 Rz. 1a による。Siehe dazu Maurer (Fn. 1), §7 Rz. 7, 35；Jochum (Fn. 5), S. 124; Matthias Jestaedt in Erichsen / Ehlers (Fn. 17), §11 Rz. 10ff.；Ernst Forsthoff, Lehrbuch des Verwaltungsrechts, Band I, 1973, S. 85ff.；Fritz Gräber, Finanzgerichtsordnung, Kommentar, 1977, §102 Rn. 2；Herbert Ziemer / Hans Birkholz, Finanzgerichtsordnung, Kommentar, 3. Auflage, 1978, §102 Rn. 11ff；Rolf-Detlev Scholtz in Karl Koch / Rolf-Detlev Scholtz, Abgabenordnung, 5. Auflage, 1996, §5 Rz. 2/3, 4；Hans J. Wolff / Otto Bachof / Rolf Stober, Verwaltungsrecht, Band 1, 11. Auflage, 1999, §31 Rz. 1ff., 31ff.；Armin Paulke in: Armin Paulke / Ulrich Koenig, Abgabenordnung, 2004 §5 Rz. 4, 13；René Dauven, Ermessensentscheidungen und ihre (gerichtliche) Überprüfung im Steuerrecht, Steuer und Studium 2009, S. 255f.；Joachim Englisch in: Tipke / Lang, (Fn. 5), §5 Rz. 147；Jan Ziekow, Verwaltungsverfahrensgesetz, 2. Auflage, 2010, §40 Rz. 1ff., 11ff.；Winfried Huck / Martin Müller, Verwaltungsverfahrensgesetz, 2011, §40 Rz. 1；Klaus Ritgen in: Rainer Bauer / Dirk Heckmann / Kay Ruge / Martin Schallbruch (Hg.), Verwaltungsverfahrensgesetz mitrechtlichen Aspekten des E-Government, 2012, §40 Rn. 1；Eva-Maria Gersch in Franz Klein (begründee), Abgabenordnung, Ⅱ. Auflage, 2012, §5 Rz.7,15；Michael Sachs in Paul Stelkens / Heinz-Joachim Bonk / Michael Sachs(Hg.), Verwaltungs-verfahrensgesetz, 8. Auflage, 2014, §40 Rn. 32ff.

(58) 宇賀・注 (27) 320 頁も，端的にではあるが「ドイツでは，現在でも，要件裁量は基本的に否定されている」と指摘する。

②　„kann" „können"（いずれも「～できる」）„ist berechtigt"（「～する権限を有する」）„ist befugt"（「～する権限を与えられる」）„darf"（「～することが許される」）という言葉が用いられている場合。

③　法律の規定には明確な文言が存在しないが，法律の全体的関連性（gesetzliche Gesamtzusammenhang）から行政裁量が認められると解釈される場合。この例として，道路交通法（Straßenverkehrordnung）第48条があげられる[59]。

④　条文中に „soll"（「～するものとする」）が用いられている場合。租税通則法第89条第1項第1文,同第91条第1項第1文などが例である。„soll" の位置づけは „kann"（または „können"）と „muss"（「～しなければならない」。すなわち羈束行為を意味する）との中間であり，行政の裁量行使に対する制約は強い。そのため，通常は „soll" と „muss" は同義であるが，例外的に裁量が認められる場合もあるとされる[60]ことから，裁量規定に分類されるとする説明もなされる[61]。

そして，効果裁量に対しては，行政裁判所法第114条および財政裁判所法第102条により，裁判所は，行政裁量が法律上の限界を遵守しているか，および，裁量が法律による授権の目的に相応する方法により行使されているかについて審査をなしうる。しかし，それを超えて，行政庁による裁量決定に代えて裁判所が自らの裁量考慮（Ermessenserwägungen）を置くことは許されない[62]。

これに対し，法律要件における不確定的法概念は，法律の適用の問題，ま

---

(50)　Detterbeck (Fn. 17), Rn. 318 ; Erbguth (Fn. 17), §14 Rn. 37.
(60)　Siehe z. B. Maurer (Fn. 1), §7 Rn. 11; Englisch in Tipke／Lang (Fn. 5), §5 Rz. 146; Jochum (Fn. 5), S. 126; Michael Rudersdolf, Das intendierte Ermessen, 2012, S. 8f.
(61)　Detterbeck (Fn. 17), Rn. 320.
(62)　Jochum (Fn. 5), S. 130; Erbguth (Fn. 17), §14 Rn. 42; Wolf-Rüdiger Schenke, Verwaltungsprozessrecht, 13. Auflage, 2012, Rn. 735. ヒーン（川合訳）・注(49) 6 頁も参照。

たは法律の構成要件の解釈の問題として理解される。不確定的法概念に関しては，行政庁に判断余地が認められるものの，原則として裁判所による司法審査の権限が無制約に及ぶこととなる(63)。

次に，効果裁量が認められる場合であっても，それは行政に自由や随意性（Beliebigkeit）を認めるものではない。ドイツの公法学は，一般的に，「自由裁量」（freies Ermessen）は認められず(64)，「義務に適った裁量」または「法的に羈束された裁量」（rechtlich gebundenes Ermessen）が認められる，と表現する。これは，先に示した連邦行政手続法第40条および租税通則法第5条(65)などの規定に示されると解されており，最終的には基本法第20条第3項に規定される，行政権（執行権）に対する法律および法の拘束に結び付けられ，法治国家原理に適うとされる。従って，行政庁が法律に定められた目的に従って裁量権を行使しない場合には裁量の瑕疵（Ermessensfehler）となり，従って違法と評価される。

前述のように，日本の行政法学説において，裁量行為が違法の瑕疵を帯びるのは裁量権の行使に逸脱または濫用があるときであるとされる。行政事件訴訟法第30条もその趣旨を定める。もとより，裁量権行使の限界は，法の目的，比例原則，国民の権利・自由（基本的人権あるいは基本権）によって画せられるのであるが，憲法の規定と常に結び付けられる形で意識されている訳ではない(66)。

これに対し，ドイツにおいては，裁量行為に対する司法審査が基本法第

---

(63) Dauven (Fn. 57), S. 256. Siehe dazu Maurer (Fn. 1), §7 Rn. 32; Englisch in Tipke / Lang (Fn. 5), §5 Rz. 49f., 115.

(64) Maurer (Fn. 1), §7 Rn. 17 は「自由裁量」を「誤解を招く定義づけ」と評価する。また，ヒーン（川合訳）・注（49）6頁も「現代のドイツ行政法においては，裁判によるどんな統制も及ばない領域—いわゆる司法に服さない高権的行為（justizfreie Hoheitsakte）—は，もはや殆ど存在しない」と述べる。

(65) これらの規定は裁量の授権規定ではなく，解釈規定である。Gersch in Klein (Fn. 57), §5 Rz. 1; Dauven (Fn. 57), S. 255; Kopp / Ramsauer (Fn. 57), §40 Rz. 12; Sachs in Stelkens / Bonk / Sachs (Fn. 57), §40 Rn. 16.

19条第4項に定められる権利保護に結び付けられ(67)，同第3条第1項に規定される一般的平等原則が，行政の自己拘束を導くとともに，裁量行使の限界として強く位置づけられる(68)。その上で，一般的に，裁量の瑕疵は裁量の逸脱（Ermessensüberschreitung），裁量の不行使（Ermessensnichtgebrauch）(69)，裁量の誤用（Ermessensmissgebrauch）に分けられる(70)。

裁量の逸脱は，そもそも授権規範に定められる構成要件上の前提が存在しないのに裁量行為が行われた場合，または，構成要件上の前提は存在するが法律において予定されていない法的効果が発生した場合を指すものとされる(71)。例として，租税通則法第152条第1項において遅延割増金は確定された租税の10%または上限25,000ユーロと定められているが，これを超えた額が確定された場合があげられている(72)。

次に，裁量の不行使は，授権規範の趣旨から構成要件上の前提が存在する場合には裁量行為を行うべきであるのに行わなかった，という場合を指す。行政庁は裁量に基づいて何らかの行為をすべきであったとされる訳である。

---

(66) 山本・注（29）12頁も参照。また，同13頁においては「最高裁は，平等原則や比例原則による統制を傾向として独立に行わずに，他の考慮要素と合わせて裁量濫用を判定するための一考慮要素として，裁量審査の中に溶け込ませてきた」と指摘されている。
(67) Siehe z. B. Hans D. Jarass in Hans D. Jarass / Bodo Pieroth (Hg.), Grundgesetz, Kommentar, 12. Auflage, 2012, §19 Rz. 69.
(68) Siehe z. B. Rode (Fn. 50), S. 37; Jochum (Fn. 5), S. 128; Jarass in Jarass / Pieroth (Fn. 67), §3 Rz. 34; Gersch in Klein (Fn. 57), §5 Rz. 9; Thomas Würtenberger, Verwaltungsprozessrecht, 3. Auflage, 2011, Rn. 27.
(69) 文献によって表現が異なり，裁量の過少行使（Ermessensunterschreitung），裁量の不足（Ermessensdefizit），裁量の欠如（Ermessensmangel），裁量の不作為（Ermessensunterlassung），裁量の中止（Ermessensaustall）ともいわれる。
(70) 裁量の濫用（Ermessensfehlgebrauch）ともいわれる。
(71) トーマス・グロース（小舟賢訳）「欧州的文脈におけるドイツの裁量論」判例時報1933号4頁，ヒーン（川合訳）・注（49）6頁。Englisch in Tipke / Lang (Fn. 5), §5 Rz. 152; Gersch in Klein (Fn. 57), §5 Rz. 9; Jochum (Fn. 5), S. 128. 裁量の不行使，および裁量の誤用についても，これらの文献を参照。
(72) Englisch in Tipke / Lang (Fn. 5), §5 Rz. 152; Dauven (Fn. 57), S. 257f.

そして，裁量の誤用は，授権規範の意味ないし目的に反する裁量行使が行われた場合を指す。学説による整理は必ずしも一様ではないが，裁量権の行使が法律の授権の目的によりカヴァーされていない，または事案と無関係の考慮がなされた場合を意味し，一応は目的違反，考量不足および濫用に細分される。ここで目的違反とは，行政庁が裁量への授権の目的を全く認識していない，または十分に認識していない場合を意味する。次に考量不足とは，問題となっている事案のあらゆる状況や，法律により考慮に入れるべきである情況を考慮に入れなかった場合を意味する。そして濫用とは，事実と関係のない，または法律の授権の趣旨から完全に外れた行為を行う場合を意味する。これらの境界は流動的であり，必ずしも厳密に区別できる訳ではない[73]。

なお，憲法上の限界からの逸脱，とりわけ平等原則違反や比例原則違反が裁量の逸脱に該当するのか，それとも裁量の誤用にあたるのかについては議論があるが[74]，事案により，いずれにも該当しうるであろう。前記三種とは別のカテゴリーの瑕疵とするものもある。

なお，事件の性質によっては裁量のゼロへの収縮（Ermessensreduzierung auf Null）が生じうる[75]。

3 「意図を伴った裁量」(intendiertes Ermessen) [76]

行政裁量の法的限界について，近年，「意図を伴った裁量」の存在が語られる。これは連邦行政裁判所の判例において言及されている概念であり[77]，裁量活動の指針が法律により既に示されており，または，法律により特定の活動が望まれているということが読み取られうる場合を指すものとされる。

---

(73) Vgl. Detterbeck (Fn. 17), Rn. 330ff.
(74) Siehe z. B. Dauven (Fn. 57), S. 258; Englisch in Tipke / Lang (Fn. 5), §5 Rz. 153.
(75) Jochum (Fn. 5), S. 130 には，租税法における裁量収縮の例が示されている。
(76) 本稿においては十分に検討できない。詳細な研究として Rudersdorf (Fn. 60) がある。

換言すれば，立法者が一定の行政裁量を企図するとともに，一定の結論をも意図している場合である。このような裁量が認容されるならば，既に裁量行使の理由が法律に示されているため，行政庁は特別な裁量考慮を行う必要もなければ，連邦行政手続法第39条第1項第1文により求められる理由付けを示す必要もない[78]。連邦行政裁判所は「意図を伴った裁量」を „soll" 規定などにおいて捉えている。

デッターベック (Steffen Detterbeck) は「意図を伴った裁量」の概念そのものを否定していないが，「あらゆる裁量決定について法律の目的が，および法律に含まれているその他の指示 (Direktiven) が尊重されるべきであることは当然である」と述べ，行政庁を理由付けの義務から解放することには反対している[79]。また，マウラー (Hartmut Maurer) は「意図を伴った裁量」の概念を不要とするばかりでなく，„kann" と „soll" との境界を消すことで混乱を招くとして反対する[80]。

他方，ヨッフム (Heike Jochum) は，連邦財政裁判所の判例を参照しつつ，租税通則法第130条第2項第4号を引き合いに出して瑕疵のある，確定力を伴う査定処分の変更を例として論じている。この規定によると，授益的行政行為の違法性が名宛人に知られている，または名宛人の重過失の故に知られていない場合には，職権により取り消されうる。その点において，この規定は租税行政庁に裁量を認める。一方，名宛人は行政行為（さらに課税）の適法性という憲法上の要請を信頼せざるをえないが，その信頼に関する考慮は名宛人の負担に帰する。行政行為に確定力があるとは言え，第130条第2項第4号の存在からすれば，名宛人の信頼は，違法性を知っていたこと，

---

(77) Vgl. z. B. Bundesverwaltungsgericht, Urteil des 8. Senats vom 5. Juli 1985, BVerwGE 72 (1986), S. 1, 6 ; Urteil des 8. Senats vom 25. September 1992, BVerwGE 91 (1993), S. 82, 90 ; Urteil des 3. Senats vom 16. Juni 1997, BVerwGE 105 (1998), S. 55, 57f.
(78) Maurer (Fn. 1), §7 Rn.12; Detterbeck (Fn. 17), Rn. 322.
(79) Detterbeck (Fn. 17), Rn. 323.
(80) Maurer (Fn. 1), §7 Rn.12.

または重過失により知らなかったことの故に，保護に値しない。従って，特別の理由が存在しない限り，その行政行為の取消に関する行政庁の考慮は，必然的に職権取消に向かわざるをえない[81]。

しかし，この説明をみる限りにおいて，敢えて「意図を伴った裁量」を援用する必然性があるのか，疑問が生ずる。明文が存在する以上，第130条第2項第4号に該当する授益的行政行為であれば，取り消しうるのは当然である。この規定には „darf" という言葉が用いられているが，規定の趣旨からすれば，名宛人には保護に値するだけの信頼は存在しないということは自明であり，その他に考慮すべき事情があるか否かを行政庁が判断した上で決定すればよいということではないであろうか。

4 小　括

言うまでもなく，ドイツの行政裁量論は日本のそれにも大きな影響を与え続けている。裁量行使の限界に関する法理をみても，両国に大差がないように思われる。しかし，ドイツの行政裁量論は，行政裁量の範囲を効果裁量に限定し，かつ，基本法に定められる権利保護および一般的平等原則を裁量行使に対する基本的な制約原理としており，その上で裁量権の限界を論じる。この点について，宮崎良夫による，「行政裁量権の行使に対しては行政庁の自主性を尊重してそれが違法である場合に例外的に裁判的統制が及びうると考えるのではなく，法治国家の原則からすれば，本来，法的限界のない裁量権の行使，したがって裁判的統制を免れうる行政裁量権の行使はありえず，もし裁判的統制を免れうるものがあるとすれば，それはむしろ例外的なものとみる思考がその裁量論の出発点となっているところにその特質がある」という評価[82]が妥当するであろう。

日本の公法学および判例も，司法審査から完全に自由な行政裁量を認めな

---

(81) Jochum (Fn. 5), S. 127.
(82) 宮崎・注（49）317頁

いとする方向性にあり，それは行政事件訴訟法第 30 条の規定からもうかがえるところである。しかし，日本においては，学説，判例ともに，効果裁量のみならず要件裁量についても広く認め，憲法，なかんずく法治国家原理（法律による行政の原理）との関係が薄くなりやすい，という傾向にある。このことからすれば，ドイツにおける行政裁量は，日本における行政裁量よりも幅の狭い概念であると考えられる[83]。

但し，ドイツにおける行政裁量論は，基本的に行政行為を中心とする法的行為を念頭に置くものである。従って，法律に基づかない事実上の制度（または手続）との関連については，管見の限りにおいては十分な論究を見出しえなかった。かような制度（または手続）については，定義上，行政裁量論の範疇から外れるのかもしれないが，明文で禁止されていないならば，租税行政庁には効果裁量が認められるはずである。

IV ドイツの公法学における不確定的法概念および判断余地の概念

1 問題の所在

ここで問題となる不確定的法概念は「訓練を積み重ねた法律家であっても，常に一義的に，かつ確実に，いつその前提が充足されたかを言うことができるという訳ではない」ものであり[84]，例として「公の需要」(öffentliche Bedürfnis)，「公的な安全及び秩序」(öffentliche Sicherheit und Ordnung)，「不公正な (unbillig)」(租税通則法第 227 条)，「明らかな不正 (offenbare Unrichtigkeit)」(同第 129 条第 1 文)，あるいは「不当な手段 (unlautere Mittel)」(同第 130 条第 2 文) があげられる。

---

(83) これについては，ドイツにおける行政裁判所制度および財政裁判所制度の存在が影響しているのかもしれないが，推測の域を出ない。機会を改めて検討することとしたい。

(84) Detterbeck (Fn. 17), Rn. 349. Vgl. Rode (Fn. 50), S. 48; Maurer (Fn. 1), §7 Rn. 27f.; Dauven (Fn. 57), S. 256; Erbguth (Fn. 17), §14 Rn. 26.

不確定的法概念の解釈にあたり，行政庁に第一次的判断権が認められるとして，最終的な判断権（決定権）が認められうる場合が存在するのか。それとも，いかなるものであれ，行政庁による不確定的法概念の解釈の正当性は最終的に裁判所の審査に服するのか。これが，ドイツ公法学において長らく議論されている不確定的法概念の問題である。

2　不確定的法概念と判断余地

先にみたように，現在のドイツ公法学の通説，および連邦行政裁判所・連邦財政裁判所の判例においては，効果裁量のみが認められており，要件裁量は認められていない。

法律要件に不確定的法概念が含まれている場合，その概念が有する意味内容の確定は法的問題であり，全面的に裁判所の審査の下に置かれる。すなわち，基本的に，行政庁には不確定的法概念の解釈に関する自由の余地が認容されない[85]。しかし，あくまでも例外的な事象ではあるが，法の適用者が意味内容を具体化しなければならない不確定的法概念が，法律の規定中の構成要件に含まれているという場合が存在する。これは，通常の，解釈による不確定的法概念の具体化とは異なるものとされ，行政が最終的に具体化に関する権限を有し，裁判所の審査権を排除するものとされる[86]。これが判断余地である。

これはバッホフの判断余地説に由来し，後に判例においても採用されたものである[87]。彼は，まず，「事実が客観的に法律要件へ包摂されるか否か」ということは「行政庁が事実を義務に適った判断により要件に包摂すること

---

(85)　Rode (Fn. 50), S. 52. Vgl. z. B. Detterbeck (Fn. 17), Rn. 349, 360; Erbguth (Fn. 17), §14 Rn. 27.
(86)　グロース（小舟訳）・注（71）5頁。Jochum (Fn. 5), S. 12; Maurer (Fn. 1), §7 Rn. 31ff.
(87)　Maurer (Fn. 1), §7 Rn. 31ff ; Jochum (Fn. 5), S. 124; Gersch in Klein (Fn. 57), §5 Rz. 15.

が許されるか否か」ということと異なる法的問題であるとも述べる[88]。この点は，後の学説や判例においてどこまで意識されているか，必ずしも明確ではない[89]。

次に，バッホフは不確定的法概念を「一部は経験概念であり，一部は価値概念であり，一部は両者の成分から構成される」ものであると捉え，経験概念については「十分に一義的な事情の判断が可能であるか」が問題となるのに対し，価値概念については「その観念が唯一の正当な決定のみを可能なものとして出現させる限りで客観化されうるか否か，されうるとすればどの程度までか」に照準を合わせなければならない，と述べる[90]。その上で，経験概念であっても，その概念を一義的に判断することの現実的・具体的な可能性が小さく，それに反比例して行政庁の決定責任が大きくなれば，行政庁の判断余地が認められることになり[91]，価値概念の場合には，それが多少なりとも主観的な評価を内容とするものであれば，やはり裁判所の審査の対象となりえない判断余地が認められることとなる，という趣旨を述べる[92]。

その後の判断余地説の発展において，経験概念と価値概念との関係がどの程度まで意識的になされてきたか，不明な部分もあると思われるが，多くの見解は基本的に判断余地を価値概念の審査可能性の問題として理解しているようである[93]。

---

[88] Bachof (Fn. 54), S. 99. 宮田・注 (26) 61 頁も参照。 Vgl. z. B. Jochum (Fn. 5), S. 125; Dauven (Fn. 57), S. 256.
[89] 赤間・注 (26) 15 頁は，「行政の義務が不確定な法概念によって規定されている場合でも，唯一正しい決定というものが存在する，とする見解」，「そのような場合，複数の正しい決定の可能性を含む判断余地 (Beurteilungsspielraum) なるものがあり，判断は行政に任されているとする見解」のいずれも「不確定な法概念の意味分析の問題と適用権限の問題を混同している」という，コッホ (Hans-Joachim Koch) の議論を紹介する。
[90] Bachof (Fn. 54), S. 102. 宮田・注 (26) 61 頁も参照。
[91] もっとも，租税法の領域においてこのような経験概念はまず見当たらない，という見解もある。Dauven (Fn. 57), S. 256.
[92] Bachof (Fn. 54), S. 100. 経験概念と価値概念との関係については，赤間・注 (26) 18 頁，25 頁も参照。

連邦憲法裁判所や連邦行政裁判所などの判例は，行政庁に判断余地が認められるものを限定的に示している。代表的なものは，口述試験など，個人の能力を判定する試験（または試験に類似するもの）における評価の上での判断，専門技術的・学術的判断または教育的判断である（税理士試験のようなものも含まれる）。もっとも，手続上の問題は裁判所の審査の対象であり，また，専門技術的・学術的判断であるから直ちに行政庁の判断余地が認められるという訳ではなく，国家試験についても基本法第12条第1項により保障される職業の自由が考慮されなければならない（同第19条第4項も関わってくる）[94]。

　その他，行政庁の判断余地が認められるものとして，公務員法による「能力評価の際の判断」，独立の合議制委員会による決定，経済法や環境法の分野における「行政の予測決定およびリスク決定」があげられる[95]。しかし，何故にこれらの事例群について行政庁の判断余地が認められるのか，必ずしも明確でない。「裁判官による法適用の限界に関する機能的な考慮」が背後にあるとしても[96]，それが不確定的法概念に判断余地を認めるための基準ないし原則と言いうるか，疑問が残る[97]。

　裁判所は，行政庁が適用すべき規範を正しく解釈したか，行政庁が適切かつ完全に確かめられた事実から出発しているか，および行政庁が誤った価値基準または思考原則に基づいて判断したか，という三つの観点から不確定的法概念について審査する[98]。その上で，行政庁に認められる判断余地に瑕

---

(93)　ヒーン（川合訳）・注（49）10頁，グロース（小舟訳）・注（71）5頁を参照。
(94)　Bundesverfassungsgericht, Beschluß des Ersten Senats vom 17. April 1991, BVerfGE 84 (1992), S. 34, 55.
(95)　グロース（小舟訳）・注（71）5頁。Siehe z. B. Rode (Fn. 50), S. 52ff.; Maurer (Fn. 1), §7 Rn. 37ff.; Jochum (Fn. 5), S. 124; Detterbeck (Fn. 17), Rn. 362ff.; Erbguth (Fn. 17), §14 Rn. 29ff.
(96)　グロース（小舟訳）・注（71）5頁。
(97)　結局，グロース（小舟訳）・注（71）5頁も述べるように「カズイスティックに展開されてきた」ということなのであろう。Vgl. Rode, (Fn. 50), S. 57.

疵が存在した場合を念頭に置き，判断余地の限界，および裁判所による統制を考えなければならない。

　連邦行政手続法第40条および租税通則法第5条は，直接的には行政裁量に関する規定であり，不確定的法概念および判断余地には言及していない。しかし，いずれの規定も不確定的法概念および判断余地に類推適用される可能性は認められる[99]。そして，行政裁量にせよ判断余地にせよ，裁判所による統制を受けるとともに，その範囲または密度が問題とされる。そのため，判断余地の瑕疵についても行政裁量の瑕疵と同様に，判断余地の逸脱（Beurteilungsüberschreitung），判断余地の不行使（Nichtgebrauch der Beurteilungsspielraum）[100]，判断余地の誤用（Beurteilungsmissgebrauch）に分けられる。それぞれ，裁量の逸脱，裁量の不行使，裁量の誤用と，意味するところは基本的に同じである。また，判断余地のゼロへの収縮も認められうる。そして，判断余地の瑕疵の効果も，基本的に裁量の瑕疵の効果と同様に考えるべきである。さらに，基本法第19条第4項および同第3条第1項が，判断余地に対する憲法上の制約として位置づけられる点も，行政裁量と同様である。

3　連結規定（Koppelungsvorschriften）

　法律要件の部分において不確定的法概念を用い，法律効果の部分において行政裁量を認容する規定を，連結規定〔または混合要件（Mischtatbeständen）〕という。その例として，租税通則法第222条（納税猶予），同第227条（免除）があげられる。

　このような規定については，要件の部分の不確定的法概念に重きを置い

---

(98)　Urs Kramer, Allgemeines Verwaltungsrecht und Verwaltungsprozessrecht, 2. Auflage, 2013, Rn. 308. Vgl. Kopp / Ramsauer (Fn. 57), §40 Rn. 86.
(99)　Siehe Kopp / Ramsauer (Fn. 57), §40 Rn. 4.
(100)　判断余地の過少行使（Beurteilungsunterschreitung; Beurteilungsausfall）ともいう。

て，もはや行政裁量の問題ではないとして処理する („kann"規定が実質的に „Muβ"規定として捉えられる）こともある[101]。他方，効果の部分の行政裁量を中心に据え，行政裁量が不確定概念の範囲および内容を決定するとして，行政裁量規定として統一的に捉えることもある[102]。

4 小　　括

　ドイツの公法学および判例において，要件裁量が認められていないという点は，その是非はともあれ，日本の公法学（勿論，租税法学も含む）にとって，何らかの示唆を与えるものであろう。ともすれば，租税法規の構成要件に不確定的法概念が用いられる場合に，これを要件裁量の問題として扱うのが日本の公法学および判例の傾向であるとするならば，行政庁の判断余地が認められる対象を限定し，不確定的法概念に関して裁判所の審査権を確保しようとする議論は，貴重な示唆を与えうるものである。

　しかし，ドイツの公法学および判例にいう判断余地と，日本の公法学および判例にいう要件裁量が，量的な――または範囲の面における――差異があることを認めるとしても，質的な差異が存在するか否かについては，疑問を呈せざるをえない。そもそも，ドイツにおいても，行政裁量と不確定的法概念との区別について何ら疑問が示されてこなかった訳ではない[103]。いずれも，行政活動に対して裁判所が事後的に行う統制の質および量が問われる問題であり，憲法上の制約も共通している。そして，瑕疵の種類，性質についても，行政裁量と不確定的法概念は共通する。このように見るならば，判断余地も行政裁量の一種なのであり，ただ，行政活動に対する司法審査の範囲

---

(101) Maurer (Fn. 1), §7 Rn. 49.; Vgl. Bundesverwaltungsgericht, Urteil des 1. Senats vom 29. April 1964, BVerwGE 18 (1964), S.247, 250.
(102) Maurer (Fn. 1), §7 Rn. 49.; Vgl. Beschluß des Gemeinsamen Senats der obersten Gerichtshöfe des Bundes vom 19. Oktober 1971, BVerwGE 39 (1972), S. 355, 363ff; Jochum (Fn. 5), S.125; Detterbeck (Fn. 17)., Rn. 383.
(103) Vgl. Maurer (Fn. 1), §7 Rn. 47, 55; Jestaedt in Erichsen /Ehlers (Fn. 17), §11 Rn. 10ff.

を確保し，拡大するために用語を変えたのではないか，と考えられないであろうか。

　また，これまで判断余地が認められた領域についても，その基準などが必ずしも明確ではない。今後，判断余地の範囲が拡大するのか，または理論に質的な変化がもたらされるのか，注意して観察しなければならないであろう。

お わ り に

　以上において，租税法，というより公法学全体における行政裁量の概念について，日本およびドイツの理論を中心に概観し，若干の検討を行った。取り上げられなかった問題もあり，また，序説的であるとはいえ不十分な内容となったことは否めないが，全て筆者の能力の関係によるところである。読者の皆様の御海容を願いたい。

補　章　フランス税務行政における
　　　　　　ネゴシエーション

金沢大学人間社会研究域法学系准教授　平川　英子

は じ め に

　本稿は，フランス税務行政におけるネゴシエーションに関する研究資料として，フランス租税法のテキストを参照しながら，フランス税務行政における「ネゴシエーション」の位置付けを確認し，「ネゴシエーション」をとりまく議論状況について概観することを目的とする。

　本稿において参照したテキストは，パリ第二大学のマルタン・コレ（Martin Collet）教授（租税法，租税手続法，行政法が専門）の『租税法（Droit fiscal, 4^{e}éd, 2013, PUF）』である。同書の初版は2007年に出版された比較的最近の著作であるが，すでに4版を数えている。同書は「ネゴシエーション」にかかわる法制度や現象について，租税法の体系の中に一つの分野を形成するものとして取り扱っている点で，本稿の研究対象として最適な資料と考えられる。もちろん，フランスにおいても租税法体系における位置付けも含めて，ネゴシエーションに対してどのようなスタンスをとるかは論者によって異なるであろう。本稿は，コレ教授による整理・分析を紹介することで，フランスにおける「ネゴシエーション」研究の一つの研究資料としたい。

I　コレ教授の『租税法』における「ネゴシエーション」の位置付け

ここではコレ教授による『租税法』のテキストの構成を確認しつつ，同書において「ネゴシエーション」がどのように位置付けられているのかを確認する。

まず，同書の索引に，「ネゴシエーション (négociation)」という用語があることは，注目されてよいだろう。索引への記載は，この問題に対する著者の関心をあらわすものと考えられるからである。例えば，ジャン＝ジャック・ビエンヌ (Jean-Jacque Bienvenu) 教授[1]および ティエリー・ランベル (Thierry Lambert) 教授[2]による租税法のテキスト[3](1987年初版, 最新4版は2010年発行）と比較してみると，後者においても，コレ教授がネゴシエーションにかかわるものとして分析する諸制度についての記述がみられるものの，ネゴシエーションという観点からの整理を行っているわけではないし，ネゴシエーションという用語が使われているわけでもない。コレ教授の『租税法』の初版は2007年に発行されている比較的最近のものであることから，ネゴシエーションに対する関心自体がフランスにおいても新しい視点であるとも考えられ，興味深い。

1　テキストの構成

コレ教授のテキストの構成は，大きく，第1部「租税法の諸原則および法技術の総体」からなる部分と，第2部「個別租税法」からなる部分とに分けられている。第1部は，租税法の総則的なルールや一般的な制度について，

---

(1) パリ第二大学教授。租税法および行政法が専門。
(2) エクス・マルセイユ第3（ポール・セザンヌ）大学教授。租税法および租税手続法が専門。なお，エクス・マルセイユ第3（ポール・セザンヌ）大学は，2012年にエクス＝マルセイユ第1プロヴァンス大学，エクス＝マルセイユ第2地中海大学と合併し，現在はエクス＝マルセイユ大学となっている。
(3) Jean-Jacque Bienven et Thierry Lambert,Droit fiscal,4^{e}éd.,2010,PUF.

第2部は個別租税法の仕組みについて取り扱っている。さらに，第1部「租税法の諸原則および法技術の総体」は，第1編「租税規制（réglementation fiscal）」と第2編「租税調整（régulation fiscal）」とからなっている。

第1編「租税規制」においては，まず，第1章「租税法の法源」について論じられ，そこでは，憲法，法律，EU法，条約および行政立法などの租税法の法源について記述されている。租税法律主義や平等原則など租税法における基本原則は，第1章のはじめで取り扱われる。次いで，第2章「租税法の解釈」では，租税法の解釈原理や行政公定解釈の位置付けなどが論じられている。最後に，第3章「租税手続」においては，租税調査，租税確定手続，租税処罰手続および租税争訟手続について記述されている。以上，第1部第1編は，租税法における総則的ルールや，租税手続などの一般的に適用される法制度に関する記述となっている。

テキスト前半で総則的ルールや一般的制度に関する内容を取り上げ，後半で個別租税法に関する記述を行うというスタイルは，日本における租税法の体系的テキストでも一般的であろう。しかし，コレ教授のテキストにおいて注目されるのは，総則的ルールに関する第1部において，第2編「租税調整」というタイトルのもと「租税法規の強行性からの離脱につながりうるような法技術[4]」について一編を割いて記述していることである。第1部第1編が強行法規としての租税法のルールに関する内容であること，「租税規制」と「租税調整」というそれぞれのタイトルの含意[5]から，この第2編は，第1編と対比するかたちで，租税法の強行性に抵触しうるような諸現象について取り扱うことを目的としていると考えられる。そして，まさに本稿の検討対象である「ネゴシエーション」に関する事項は，この第2編第1章において，「納税者と課税庁の対話の場，およびネゴシエーションの余地」として登場する。

（4） Voir,Martin Collet,Droit Fiscal,4eéd.,2013,PUF,p.171.

2 租税調整 (régulation fiscal) という概念

　コレ教授によれば，近年，「régulation」という概念が，法律用語にみられるようになったという[6]。コレ教授は，その意味内容はいまだ統一されてはいないとしつつ，その特徴は，「義務付けるよりも勧奨する」，「禁止するよりも思いとどまらせる」ことにあり，その性質を「法規範の強行性 (régle de droit) という古典的なシェーマ」からの離脱につながりうるものとし，法的仕組みに柔軟性をもたらす技術であると述べる[7]。

　そして，租税調整 (régulation fiscal) という概念のもと，課税方法の選択や課税庁とのネゴシエーションが認められ，納税者の自由な行動領域が広げられる一方で，租税回避行為など納税者の異常な行動に対するサンクションが用意され，納税者の行動は平準化されるとする。租税調整は，一見すると，法の後退のようにとらえられるかもしれないが，そうではなく，それらの制度の共通点は，「租税制度により全体的な効率性をもたらす」点にあり，そうした効率性への配慮から，伝統的な租税法の法制度を補完するものとして正当化される[8]。

　このように，コレ教授は，ネゴシエーションを含む現象（およびそれを可能にする制度）を租税法の強行性と緊張関係にあるとしながらも，まったく許されないものと否定的に評価するのではなく，むしろ，そうした強行性の支配する伝統的な租税法の法制度に，より柔軟性をもたらすことによって租税法の効率性を高める技術として積極的に評価する。

---

(5)　仏和大辞典（小学館，1988年）によれば，réglementation は①規制，統制，法規の制定，法制化，②法規，規則の意であり，régulation は①規制，制御，②規範化，正常化，③修正，調整などの意とされる。どちらも行動を制限する（規制する）という意味をもつ点で，類似の概念といえるが，後述のように，前者はより直接的・強力なものを，後者はより間接的でソフトなものを意味していると考えられる。中村紘一・新倉修・今関源成監訳・Termes juridiques 研究会訳『フランス法律用語辞典［第三版］』（2012年，三省堂）では，行政法分野における用語としての régulation に「調整」，同用語の説明文中における réglementation に「規制」との訳語をあてる。本稿は，これにならい réglementation fiscal を租税規制，régulation fiscal を租税調整と訳すこととした。

3　ネゴシエーションの位置付け

　コレ教授のテキストにおいて，納税者と課税庁との間のネゴシエーションという現象は，上述の租税調整という概念のもとに位置付けられ，納税者に認められる自由な領域（第1章）の一つとして把握されている。

　「納税者のための自由な領域の整備」というタイトルのもと，本章は，第1節「管理の選択」，第2節「課税庁とのネゴシエーションの余地」および第3節「課税庁と納税者との対話の改善」という3つの節から構成される。本稿の主な関心である税務行政過程における「合意・協議・和解」等の現象については，まさに第2節「課税庁とのネゴシエーションの余地」において検討されている。

　以上，コレ教授のテキストの全体像から，同書におけるネゴシエーションの位置付けを確認した。参考までに，以下に同書の目次（本章に関係する部分）を記した。コレ教授が，ネゴシエーションを含む現象を租税調整という観点から租税法体系の中に位置付け，整理・分析を試みていることがわか

（6）　前出の『フランス法律用語辞典［第三版］』によれば，行政法用語としてのrégulation とは，商工業的公役務や公企業の民営化によってそれらの活動が無秩序な競争のリスクにさらされることを避けることなどを目的として，国が法的枠組みを設け，公平性および柔軟性の確保のため，その法的枠組みの実施を独立行政機関に委ねることであるという。そして，そうした慣行は，国の機関によって直接的に行われる規制（réglementation）という伝統的手法から区別するために，調整（régulation）と呼ばれているという（なお，英語のregulation は，ここでいう réglementation にあたる）。この régulation という用語は，同書の第二版（2002 年）には収録されていない。同書［第二版］の原著は，1998 年に発行された Lexique des termes juridiques ,Dalloz の 11 版であり，同書［第三版］は 2007 年発行の 16 版であることから，この約 10 年の間に新たに追加された項目であり，比較的新しい（ないし新たに注目されるようになった）概念であると考えられる。コレ教授は，フランス行政法におけるréglementation と régulation との用語をもちいて，伝統的な租税法における法による厳格な規律に加えて，ネゴシエーションを含むさまざまな制度・慣行（前者を権力的手法，後者をソフトな手法といいかえてもよいかもしれない）を租税法体系の中に取り込むことを意図しているのではないだろうか。

（7）　Voir, surfra.,note(3),p.171.

（8）　Voir, surfra.,note(3),p.171.

る。以上をふまえて，次章では，コレ教授のテキストのうち，ネゴシエーションにかかわる部分の記述の内容を確認する。具体的には，同書の第2編第1章「納税者のための自由な領域の整備」の部分を中心に取り上げる。

参考：テキストの構成・目次
 第1部 租税法の諸原則および法技術の総体
     （L'unité des principes et techniques du droit fiscal）
  第1編 租税規制（La réglementation fiscal）
   第1章 租税法の法源（Les sources du droit fiscal）
   第2章 租税法の解釈（L'interprétation du droit fiscal）
   第3章 租税手続（Les procedures fiscales）
  第2編 租税調整（La régulation fiscal）
   第1章 納税者のための自由な領域の整備
     （L'aménagement d'espaces de liberté au profit du contribuable）
    第1節 管理の選択（Les choix de gestion）
    第2節 課税庁とのネゴシエーションの余地
     （Les marges de négociation avec l'administration fiscale）
    第3節 課税庁と納税者との対話の改善
     （L'amélioration du dialoge entre l'administration et le contribuable）
   第2章 納税者に委ねられた自由な領域に対する制限
     （La restriction des espaces de liberté laissés au contribuable）
    第1節 異常な管理行為（L'acte anormal de gestion）
    第2節 権利の濫用（L'abus de droit）
    第3節 国際的租税回避の予防の仕組み
     （Les mécanismes de prévention de l'évasion fiscale internationale）
 第2部 個別租税法
  （以下，略）

Ⅱ 「納税者のための自由な領域の整備」

　コレ教授は，租税調整を2つの章から構成する。一つは，本章で扱う第1章「納税者のための自由な領域の整備」であり，もう一つは，第2章「納税者に委ねられた自由な領域に対する制限」である。これらの章は対をなしている。つまり，第1章では，租税法領域において納税者の選択が認められる領域について取り上げ，その中では納税者の選択（行動）が尊重されることを述べる。一方で，納税者に選択の自由が認められるといっても，それには限界があり，そうした限界を越える納税者の行動を制限する仕組みを第2章で取り上げている。前者は，納税者の選択を尊重し，後者は，納税者の選択を制限するという意味では逆方向を向いてはいるが，両者とも，ある一定の枠組みの中で納税者の行動の自由を認める点が共通しているといえよう。

　ネゴシエーションを可能にしているのは，まさにこの「納税者のための自由な領域」にあると考えられる。したがって，本稿では，テキストに即してコレ教授が「納税者のための自由な領域」としてあげる諸制度の内容を中心に概観することとする。なお，以下の項目は，基本的にコレ教授のテキストの翻訳に基づき，その内容をまとめたものであるが，日本にとっても参考と思われる点については筆者の若干のコメントを付している。

1　管理の選択および選択に対する法的安定性の保障
(1)　管理の選択[9]
　租税法は，合法性，公平性および一方性（強行性）の性質をもっている。すなわち，租税法に関しては，同一の状況にある者は課税庁によって等しく扱われなければならず，具体的事実に適用すべき法規範はあらかじめ法律によって定められていると考えられる。しかし，一方において，租税法上，具

（9）　Voir, surfra.,note(3),p.174 et s..

体的事実に適用されうる選択肢が複数用意されている場合がある。例えば，所得税においては，必要経費の控除に関して，実額経費控除によるか，概算経費控除によるかを納税者が選択することができる（租税一般法典83条3項）ことなどがあげられる。

このような制度は，納税者により広い管理の自由を与え，また概算制度を用いることによって，納税者の負担を軽減するという意味をもつ。しかし，一方で，納税者の租税戦略の巧拙によって，租税負担が異なるという意味において，納税者間に不公平が生じることにもなる。

さらに，各種の政策目的の実行のため，租税特別措置が多用されており，こうした租税特別措置も管理の選択に位置付けることができる。

(2) **納税者の選択に対する保障**

ⅰ) 納税者の選択の承認，承認拒否に対する司法審査

法律が納税者に対し選択肢を与えている場合に，納税者の行った選択は尊重される。さらに，それがたとえ当該納税者によって不利なものであったとしても，当該納税者がこの適用の排除を主張することはできない。

納税者の選択は，課税庁の承認を必要とする。承認を与えるか否かは，課税庁の裁量事項ではなく，法律の目的と条件に従って行われなければならない。承認に対する拒否処分は，通常，越権訴訟（日本の行政訴訟でいえば取消訴訟にあたる）の対象となる。裁判所は拒否理由について，全面的に審査し，処分を行った課税庁の立場にたって判断をやり直し，その結果，裁判所の判断と課税庁の判断が異なる場合には，拒否処分は取り消される。

ⅱ) 事前照会回答（アドバンス・ルーリング）制度

納税者の法的安定性を保障するための制度として，納税者がこれから実行を予定している取引等について，それに対する課税関係について，課税庁に事前に照会する事前照会回答（アドバンス・ルーリング）制度（rescrit fiscal）がある[10]。納税者からの事前照会に対して，課税庁が回答を行った場合（一定期間内に回答がなかった場合には，事前照会の内容を承認したとみなされる黙示の

回答制度もある）には，後に課税庁は当該回答に反する課税処分を行うことはできない。このようなルーリングの制度が法律上の制度として整備され，ルーリングの法的効果についても法律上規定されている。ルーリングについては，一般的な制度のほか，移転価格税制についての特別なルーリング制度がある。

　納税者にとっては，ルーリングによって事前照会に反する課税処分が行われないという保障を得ることができるというメリットがある。一方，課税庁にとってもメリットがある。課税庁は，事前照会の段階において，租税法の適正な解釈・適用のために納税者の管理の選択に影響を与えることができ，また，事後的な税務調査を軽減することができるからである。

　ここでコレ教授が言及している事後的な税務調査負担の軽減という観点は，日本における事前照会制度の法制化を考えるにあたって参考になるように思われる。課税庁は，課税処分を行うにあたって，過去の課税年度における取引や事実を立証しなければならないが，いかに質問検査権があるとはいっても，根拠となる十分な資料を収集することができないことがありうる。事後的な税務調査に限界があることを考えれば，事前照会であらかじめ情報を得ておくことは，課税庁にとっても大きなメリットがあると思われる。

ⅲ）納税者による調査要求に基づく修正申告に対する保障

　また，ルーリング制度に類するものとして，調査要求（租税手続法典 L.13C 条）という仕組みが2004年に導入された[11]。これは，中小企業が，特定事

――――――――――――――

(10) フランスにおけるアドバンス・ルーリングについては，拙稿『フランス租税行政における文書回答制度』月刊税務事例41巻2号27頁（2009年）を参照。
(11) なお，この制度に関する部分は，テキストの第二版（Martin Collet,Droit Fiscal,2ᵉ éd.,2007. p.186.）による。しかし，同部分に関する詳しい説明は最新版である四版では削除され，かわって「当該手続はほとんど使われていない」と言及されるのみである（Voir, surfra.,note(3),189.）。鳴り物入りで導入されたが，実際にはほとんど機能しなかったということであろうか，この間の議論については別途検討することとしたい。

項について，自らに対する税務調査を要求できるもので，当該調査において納税者の申告に過誤が発見された場合，当該納税者が自発的に修正し，租税を完納したときには，特別な延滞税率が適用されるというものである。当該調査において課税庁が認めた納税者の選択については，課税庁は正式な見解をとったものとされ，事後的に追及することはできなくなる。

前述の事前照会回答制度が取引等の行為を行う前に課税庁に対して照会を行うというのに対し，この調査要求は，申告が行われた後に，すでに行った取引や行為に関する課税関係について行われるものである。

税務調査における過少申告の発見，納税者による自主的な修正申告・納税という過程に着目すると，日本でいうところの，修正申告の慫慂に近いものと考えられる。しかし，税務調査の端緒が納税者からの調査要求にあること，税務調査における課税庁の見解は公式のものとされ，これと異なる更正処分を事後的に行うことが制限されること，何よりこうした制度が法律上規定されている点は大きく異なるといえよう[12]。

2 課税庁と納税者とのネゴシエーション

フランス行政法において，広く契約化（contractualisation）の現象がみられる。行政過程に契約のメカニズムを取り入れることによって，規範の名宛人や関係人のさまざまな状況を考慮することが可能になる。しかし，こうした契約の手法を租税法において取り入れることには，合法性の原則や租税平等原則といった租税法の基本原則との抵触が問題となる。すなわち，契約の手法によって，個々の納税者の主観的状況に配慮して課税を行うようなこと

---

(12) 日本では，平成23年度税制改正によって，国税通則法に修正申告の勧奨に関する規定が新設されている。従来も，納税者が修正申告に応じた場合，課税庁はそれを尊重し，事後的にそれと異なる更正処分を行うことは差し控えられてきたであろうから，法律で事後的更正処分の制限を設ける必要はないかもしれない。そうすると，あえてそのような規定をもつフランスは，むしろ特殊ケースといえるのかもしれない。この点については，租税手続法典L.13C条の立法経緯を調査のうえ，今後の検討課題としたい。

は，法律のみが課税対象および税率を決定すると定める憲法典34条に反するし，課税庁は法律に規定された以上の課税を行うことができないのと同様，規定された課税の利益を放棄することもできないからである。したがって，課税庁と納税者との間で課税に関する契約そのものを行うことは認められないが，その一方で，ある種の「ネゴシエーション」が発達してきた。

(1) 租税確定手続における「合意」

フランスにおける租税確定手続の特徴は，その「対審性」にある[13]。課税庁によって行われる税務調査および租税確定手続は，対審的すなわち，課税庁と納税者との対話によって進められる。この対審的な手続において，納税者はその主張を述べる機会が保障されている（防御権の保障）。

このような対審的更正手続の過程において，納税者が他の更正処分の理由を受け入れることとひきかえに，課税庁が更正処分の一部を放棄するといったことや，各種加算税の額を減額するといったことが，実際によく行われている[14]。このように，課税処分に対する納税者の合意を得ることのメリット（課税庁側のメリット）は，立証責任の転換にある。租税手続法典R.194-1条1項は，納税者が同意した更正処分について事後的に争う場合，納税者側で更正処分の違法性（過大性）を立証しなければならないとしているからである。

しかし，このような合意は，契約の価値を有するものではなく，納税者は当該合意が維持されることにつき，いかなる既得権ももちえない。したがって，たとえ対審的手続における合意に反する場合であっても，課税庁が適法な更正処分を行うことは許される。この場合はもちろん，当該更正処分の立証責任は課税庁にある。

---

(13) フランスにおける税務調査について詳細な分析を行う，吉村典久「フランスにおける税務調査」日税研論集9号235頁（1989年）は，フランスの租税確定手続における「対審的更正手続」について，課税庁によってなされる「更正処分が最終的に確定する前に，納税義務者が処分庁と協議をなし，当該更正処分につき意見を表明するということにその本質がある行政手続」であるとする。

(14) Voir, surfra.,note(3),p.189 et s..

この対審的更正手続の過程における納税者と課税庁の「合意」の現象は、（本研究の関心たる）日本における税務調査過程における「ネゴシエーション」に近いものといえよう。フランスではこの「合意」は立証責任と密接にかかわっていることがわかる。また、事前に納税者に主張の機会を与え、その合意を得ることで、そもそも事後的紛争に発展すること自体を予防するという点でも意義があると思われる。

(2) **非訟的な紛争解決方法**

納税者と課税庁との紛争解決方法は、争訟的方法に限られない。租税法は、紛争解決の代替手法を整備している。

ⅰ) 恩恵的免除

租税手続法典 L.247 条 1 項は、納税義務者が困窮または貧困により租税の納付が不可能である場合について、確定した直接税等の一部または全部を免除することを定めている。納税義務者は、課税庁に対し、自らの置かれた状況の深刻さを説得しなければならない[15]。このような恩恵的免除は、住居税に関して最も多いという。

ⅱ) 加算税等の免除

租税手続法典 L.247 条 2 項は、各種加算税等が確定している場合について、課税庁がその一部または全部の免除を行うことを認めている。納税義務者は、本税についての異議を取り下げること等を条件として、課税庁は加算税等の軽減を行う。

ⅲ) 和解

さらに、租税手続法典 L.247 条 3 項は、本税または加算税等が確定していない場合についても、「和解」の方法によって、加算税等の軽減を行うことができると規定する。租税手続法典 L.247 条 3 項は、本税または加算税等の確定前において、「和解」の方法による加算税等の軽減について規定してい

---

(15) Voir, surfra.,note(3),p.193.
(16) Voir, surfra.,note(3),p.193.
(17) オルドナンスは行政立法の形式の一つである。

る[16]。

　この「和解」の権限は，1822年のオルドナンス[17]によって，すでに課税庁に与えられていたが，その慣行は極端に抑制されてきたという[18]。その背景には，行政活動は合法性の原則に服さなければならないという伝統的な行政像がある。また，実際に，課税庁が和解によって，租税法規に反するような恩恵に同意することによるリスクは大きいと考えられてきた。

　「和解」は，いかなる場合においても，本税それ自体については行うことができないとされ，サンクションとしての各種加算税や延滞税についてのみ可能である。納税者は，所定の期間内に租税の追納税額の納付を約束する，または争訟を放棄することにより，加算税等の軽減を主張することができる。和解は，課税庁によって承認され，納税者によって実行されると確定的なものとなる。このような「和解」は，毎年4000件ほど行われているという。

(3) その他さまざまな「協議」および「合意」の制度

ⅰ）農業所得概算課税制度 (forfait agricole)

　零細農業者の所得税については，農業所得の計算において，概算的な手法で決定する農業所得概算課税制度がある[19]。農業所得概算課税制度においては，農業所得における課税対象利益は，直接税事業税県委員会（司法官1名が主宰し，課税庁側代表3名と農業者側代表4名から構成される）における協議によって，当該地域および農業の種類に応じ，1ヘクタールあたりの平均額として評価決定される。当該委員会の決定する評価額は，課税庁を拘束するものではないが，課税庁は当該決定に従っている。当該委員会の決定は，越権訴訟の対象となり，評価方法の違法性は裁判所の審理の対象となる。しかし，そのような不服申立てはめったに行われず，課税庁と納税者側との間で「恣意的な妥協」が行われることを防止できていないといわれる。

---

(18)　Voir, surfra.,note(3),p.192.
(19)　Voir, surfra.,note(3),p.193.

ⅱ）物納における協議と合意

　連帯富裕税，相続税および贈与税について，金銭に代えて，美術品等または自然保護地区[20]に所在する不動産（通常は土地）をもって租税の納付にあてることが認められている。この物納制度の目的は，租税の納付を確保するだけでなく，「国家の文化的財産を増やすこと」にあるとされている[21]。当該物納については，納税者側からのみ課税庁に提案することができ，納税者の提案に対し財務大臣は物納に関する条件を提示する。当該条件を受け入れるか否かは納税者のみが決定する。

ⅲ）分納または延納に関する協議と合意

　相続税に関して，分納または延納による納付が認められている。納税者からの分納または延納の申出に対し，課税庁は一定の条件のもと，分納または延納に同意する。どのような分納にするか，また担保の提供などどのような条件を提示するか，その内容はネゴシエーションによって決まるところに特徴がある。

3　課税庁と納税者との対話の改善

　課税庁と納税者との関係を改善するため，1970年代から，さまざまな改革が行われてきた。事前照会回答制度や加算税に関する軽減措置などは，それらの改革の成果である。課税庁と納税者との関係改善の要請は，法制度のレベルだけでなく，実務上のレベルでも課税庁の行動を修正してきた。その目的は，納税者とのよりよい対話を行うことによって，租税法のルールの理解を促進し，もって租税法の実効性を高めることにある。

　こうした実務レベルの改革の一環として，電話やネットによる相談に対応

---

(20)　租税一般法典1716条の2によれば，同地区は，環境法典L.322－1条に規定される海岸湖岸地区保存官による介入のある地区をさす。同地区では，生態系や自然景観の保護を理由として，それらの森林や自然環境はそのままの状態で保存され，国の森林財産に組み込まれる。

(21)　Voir, surfra.,note(3),p.194.

すること，書式をより分かり易く簡素化することなどが実施されている。また，納税者権利憲章が制定され，税務調査の際に，納税者権利憲章に基づく納税者の権利の教示が行われている。

最後に，課税庁と納税者との間の紛争が，裁判になる前に，再度の対話を行う場として，前争訟的申立てと調停申立てがある。

(1) **前争訟的申立て**

租税確定手続において，更正処分についての諮問を行う各種の委員会が法定されている。まず，直接税事業税委員会がある。当該委員会は，納税者側代表（不服申立てを行った納税者の同業者から選出される）と課税庁側代表によって構成され，地方行政裁判所の裁判官がこれを主宰する。連帯富裕税・登録税および土地公示税に関する和解県委員会も同様の構成となっており，司法裁判所裁判官がこれを主宰する。当該委員会は，課税庁と納税者が「よりよく理解しあうための対話の場」となっており，課税庁は当該委員会の意見に拘束されないが，通常はこれを尊重するので，紛争の未然防止に役立っている[22]。

課税庁は，租税違反事件についての告訴を行う前に，租税違反委員会に付託しなければならないとされている。租税違反委員会は，司法裁判官によって構成され，当該委員会の意見は，課税庁を拘束する。つまり当該委員会は，参与機関と位置付けることができる。日本にはこのような制度はないので，告訴権の裁量統制の観点から注目されよう。

権利濫用委員会は，課税庁によって権利濫用とみなされた行為について審理を行う。権利濫用委員会については，課税庁側からだけでなく，納税者側からも付託することができる。

(2) **調停申立て**

実務上の慣行として，訴訟による紛争解決の前段階に位置付けられる，調停申立ての方法がある。2003年に租税総局（Direction générale des impôts）

---

(22) Voir, surfra.,note(3),p.201 et s.

によって設置された県租税調停員は，異議申立てに対する処分庁の回答に不服のある納税者の申立てを審理する。審査の対象は，税額の計算および納付に関することから，広く租税行政の運営に関することを含むが，臨場調査における調査手法については権限外である。県租税調停員の意見は，処分庁の見解に代替し，紛争の最終的解決を可能にする。県租税調停員への申立ては，争訟期間を中断しないので，納税者は申立てすると同時に，訴訟を提起することになる。県租税調停員が申立て人の請求を容認した場合，当該申立て人は，訴訟を取り下げることになる。

　次に，2002年のデクレ[23]によって租税オンブズマンが設置された。租税オンブズマンは，恩恵的免除や加算税に関する和解などについて，権限ある機関に対して，その裁量権の行使を方向付けるための「勧告」を行うものである。

Ⅲ　ま　と　め

　以上，コレ教授のテキストを参照しながら，フランス租税行政における「ネゴシエーション」に関する議論の一端を概観した。最後に，日本における「ネゴシエーション」研究にとって，参考となると思われる点を以下にまとめることとする。

　① 「ネゴシエーション」を租税法体系に位置付ける必要性

　日本においても，税務行政過程および税務訴訟過程における合意，協議，和解などが実際上広く行われていると考えられるが，租税法の研究において，こうした現象を正面から取り上げ，体系的に整理・把握するという作業は十分に行われてこなかった（まさに，この点に，この「ネゴシエーション」研究の問題意識があるわけであるが）。まして，租税法の教科書等において，これらの現象に関する記述がみられるものの，租税制度の中に一定の意義と領域

---

(23) デクレは行政立法の形式の一つである。

をもつものとして，位置付けられてきたとはいえないと思われる。

　この点において，コレ教授は「ネゴシエーション」や，その背景となる仕組みを，租税法の体系の中に取り込み，「納税者のための自由な領域」のもとに位置付け，その性質を明らかにしようとしているところに大きな違いがあるといえる。コレ教授の体系化への試みが，フランス租税法において受容されているかどうかはなお検討の余地があるが，少なくとも，このようにネゴシエーションを租税法体系に取り込む研究が存在することは，注目すべきであろう。

　②　租税法の効率的かつ適正な執行のための技術としての積極的位置付け
　一見，「ネゴシエーション」は，合法性の原則の要請に反し，租税法においては認めがたいもののように思われる。そのことが，こうした現象が広く存在すると考えられながらも，正面から取り上げられることのない日陰の存在にされてきたことと関係しているだろう。しかし，それではかえって納税者間に不公平が生じてはいないだろうか。納税者の立場からすれば，むしろこうした制度は，誰もが利用できるものとして，その仕組みを明らかにすべきではないか。

　また，「ネゴシエーション」は，課税庁の限られた人的資源と時間的制約の中で，より効率的で適正な租税法の執行のためのツールとして積極的に定義することができるのではないだろうか。コレ教授は，「ネゴシエーション」を租税法全体に効率性をもたらす仕組みの一つとして位置付ける。そして「ネゴシエーション」は，納税者とのよりよい「対話」の場であり，それにより紛争を事前に（裁判に至る前に）解決することをめざすものとされ，フランスでは，そのような場を保障するための，さまざまな手続（対審的更正手続や，各種の委員会等による諮問手続など）が整備されているという。紛争に発展した場合に納税者や課税庁，そして裁判所が負うさまざまなコストを考慮すれば，事前の紛争回避という意味で，「ネゴシエーション」のもつ役割は大きいと考えられる。

　③「ネゴシエーション」の限界を明らかにすることの必要

フランスにおいては,「ネゴシエーション」を認める制度が,法令上および実務上,さまざまに存在している。「ネゴシエーション」の限界を明らかにするためには,まずは,そうした仕組みを整理し,体系的に把握することが必要であろう。そして,それらの仕組みの合理性・必要性（コレ教授は,それを効率性に求める）を検証することで,合法性の原則との関係における「ネゴシエーション」の限界を示すことができるのではないかと考えられる。しかし,本稿は,この点につき検討することができなかった。また,本稿はコレ教授の議論を中心に紹介したものであり,フランス租税法における「ネゴシエーション」についての学説の議論状況や判例について分析できていない。これらの点については,あわせて今後の検討課題としたい。

税務行政におけるネゴシエーション

日税研論集 第65号 (2014)

平成26年7月20日 発行

定　価　（本体3,000円＋税）

編　者　公益財団法人　日本税務研究センター

発行者　宮 田 義 見

　　　　東京都品川区大崎1−11−8
　　　　　　日本税理士会館1F

発行所　公益財団法人　日本税務研究センター
　　　　　　電話 (03) 5435-0912（代表）

製　作　第一法規株式会社
